선택의 뇌과학

WHAT WE VALUE
The Neuroscience of Choice and Change

Copyright © 2025 by Emily Falk
All rights reserved.

Korean translation copyright © 2025 by Influential, Inc.
Korean edition is published by arrangement with Park,
Fine & Brower through Danny Hong Agency.

이 책의 한국어판 저작권은 대니홍 에이전시를 통해
저작권자와 독점 계약한 ㈜인플루엔셜에 있습니다.
저작권법에 의해 국내에서 보호를 받는 저작물이므로 무단 전재와 복제를 금합니다.

선택의 뇌과학

What We Value

더 좋은 결정을 만드는 가치 판단의 비밀

에밀리 포크 지음
김보은 옮김

인플루엔셜

어머니 캐서린, 그리고 할머니 비벌리에게
이 책을 바칩니다.

차례

프롤로그 우리는 왜 같은 실수를 반복하는가 9

1장 선택의 순간, 뇌에서 벌어지는 일
―― 뇌는 가치를 어떻게 계산하는가 26

2장 뇌는 나다운 것을 선택한다
―― 정체성과 뇌의 선택 기준 56

3장 변화는 어떻게 시작되는가
―― 타인의 생각과 감정을 읽는 뇌 86

4장 당신이 눈앞의 유혹에 약한 이유
―― 뇌의 가치 산출에 영향을 미치는 것들 118

5장 의미 있는 변화를 만드는 법
―― 자기 보호에서 벗어난 심리적 거리 두기 152

6장 무엇이 선택에 영향을 미치는가
── **사회 연결망 구조를 학습하는 뇌** 190

7장 소통하며 연결하는 뇌
── **뇌의 동기화와 타인과의 연결** 220

8장 뇌를 변화시키는 연결과 공유
── **가치는 공유를 통해 확장된다** 248

9장 세상을 바꾸는 더 큰 선택
── **어떤 미래를 만들 것인가** 284

에필로그 뇌를 들여다보면 보이는 것들 309

연구에 대해 덧붙이는 말 314
감사의 말 318
주 325
찾아보기 359

프롤로그

우리는 왜 같은 실수를 반복하는가

여느 때와 다름없는 평범한 저녁이었다. 한 아이는 소파의 팔걸이 사이를 뛰어다니면서 새로 배웠다는 기타 곡을 연주하고 있었다. 다른 아이는 새로 만든 레고 작품을 증조할머니의 눈앞에서 위험하게 흔들며 자랑하고 있었다. 접시끼리 부딪치는 소리와 스마트폰 알림 소리까지 뒤섞이자 익숙한 압박감이 엄습해왔다. 압박감이 느껴질 때면 나는 점점 조여오는 벽에 둘러싸인 채 동굴에 갇힌 듯한 기분이 들었다.

우리 대부분이 이런 감정을 알고 있다. 저마다 중요하지만 동시에 여러 가지를 선택할 수 없는 여러 가지 일들 사이에서, 줄타기를 하는 듯한 감정. 주말에 직장 동료를 도와주는 것과 가족과의 소중한 시간을 지키는 것 사이에서 나는 언제나 모든 것을 다 선택할 만큼 충분하지 않다고 느낀다.

그날 저녁, 나는 세상에서 가장 사랑하는 사람 중 한 명인 비벌리 할머니와 의미 있는 시간을 보내는 일을 우선했다. 할머니의 손을 잡은 채 레고 더미를 피하고 무너진 나무블록 성을 지나서 문밖으로

나갔다.

아흔아홉 살 할머니의 손은 부드럽고도 강인했다. 나는 부드러운 티슈처럼 얇은 할머니의 손을 잡고는 그 촉감을 마음 깊이 새겨 넣었다. 바깥으로 나오니 그제야 다시 숨을 쉴 수 있었다. 옳은 선택이었다는 생각에 잠시 안도하던 중 할머니가 이야기를 시작하셨다. 할머니는 손녀의 집에 들러서 증손주들을 돌보는 일이 즐겁지만, 우리가 함께하는 시간이 충분하지 않아 아쉽다고 하셨다.

"그렇지 않아요." 나는 할머니의 손을 놓으며 항변했다.

"내 말이 맞아. 함께 있어도 너는 내게 집중을 못 하잖니."

할머니는 더 말씀을 잇지 않으셨지만, 아마도 이렇게 생각하셨던 것 같다. '넌 우리가 좋은 시간을 보내고 있다고 생각하겠지? 하지만 우리는 집 주변을 맴도는 10분짜리 산책보다 더 의미 있는 시간을 보낼 수도 있단다.'

인정하기 싫었지만 할머니의 말씀이 옳다는 걸 내심 알고 있었다. 종종 마음 한편에서 할머니와 더 의미 있는 시간을 보내야 한다는 속삭임이 들려왔지만, 그 소리는 너무 작았고 더 큰 외침들에 이내 묻히곤 했다. 할머니 댁으로 놀러 오라고 하셨을 때도 마음속에서 아우성이 쏟아졌다. '아이들은 누구에게 부탁하지? 연구는 어쩌고? 교통난이 심할 텐데 할머니 댁 근처 주차장에 빈자리가 있을까?' 탁 트인 밤하늘 아래에서 나는 다시 동굴에 갇히고 말았다. 긴장감으로 몸이 움츠러들었다. 이 답답한 기분을 어떻게 풀까?

어쩌면 당신도 이런 상황을 겪은 적이 있을지 모르겠다. 꼭 해야 하는 중요한 일이 있는데도 하지 못하는 상황 말이다. 병원에서 건강에 주의하라는 말을 들은 뒤 더 열심히 운동해야 한다는 사실을 알면서도, 예능프로그램을 보는 데 짧고 귀중한 여가 시간을 다 써버린 적이 있지 않은가? 앞날이 유망한 후배에게 시간을 더 내서 일을 봐주고 싶었지만, 급한 마감에 쫓기느라 그럴 여유가 없었던 적은? 새로운 사람을 만나고 싶지만, 늘 익숙한 친구들과만 대화하거나 파티에서 스마트폰만 들여다보는 최악의 상황일 수도 있겠다.

우리는 이런 상황에 꽤 익숙하다. 무언가를 하고 싶고 그것이 중요하다는 사실도 알지만, 막상 행동으로 옮기기는 너무 어렵다. 여기에는 여러 이유가 있다.

선택의 순간 머릿속에서 일어나는 일

예전에는 미처 몰랐지만, 이 문제의 본질은 내가 평생 연구해왔던 '인간의 선택 과정'과 닿아있었다. '변화를 선택하는 과정'도 포함해서 말이다. 나는 매일 아침 펜실베이니아 대학교의 커뮤니케이션 신경과학 연구실 Communication Neuroscience Lab 까지 걸어서 출근한다. 이곳에서 연구팀과 함께 '사람들이 가치 있게 여기는 것', '사람들의 선택', '외부 세계가 선택에 영향을 미치는 과정' 사이의 상호 관계를 탐색하는 실험을 설계한다. 좀 더 구체적으로 설명하자면, 뇌영상 neuroimaging 을 촬영해서 선택 과정을 처리하는 뇌 체계를 관찰하고, 이를 바탕으로 사람들이 시간을 활용하거나 행동을 바꾸며 타인과 관계 맺는 방식을 연구한다. 이처럼 나는 '전문가'이고, 할머니는 내게 가장 중요한 사람 중 한 명이다. 그렇다면 나는 할머니와의 시간을 우선시하여 선택하는 법을 알고 있어야 하지 않았을까? 그리고 내게 가치 있는 것을 제대로 관리하고 있어야 했던 게 아닐까?

하지만 그렇지 않았다. 나는 할머니의 말씀이 틀렸다고 항변하는 방어기제를 억제할 여유도 없었고, 하물며 스스로 물을 수조차 없었다. 대체 나한테 무슨 일이 일어나고 있지? 왜 이렇게 사랑하는 할머니의 댁에 가기 싫은 거야? 어째서 나는 이런 선택을 했지? 심지어 왜 이런 선택을 반복하는 걸까?

만약 내 친구가 이런 딜레마에 관해 물었다면 다음과 같이 설명했을 테다. 인간은 종종 선택의 결과에 지나치게 집중한 나머지, 애초에 그런 선택을 한 이유를 이해할 기회를 놓친다. 그 결과 영속적인 변화는 더 어려워진다. 이런 사고를 바로잡으려면 수많은 선택의 근간을 이루는 두뇌 시스템을 이해해야 한다. 신경과학자들은 이를 '가치 체계$^{value\ system}$'라고 부른다.

신경과학자가 '가치 체계'와 '인간이 가치 있게 여기는 것'에 관해 이야기하면 사람들은 놀랍다는 반응을 보이곤 한다. '가치'라고 하면 무엇이 떠오르는가? 행동 규범, 선하고 올바른 것을 판단하는 감각, 살면서 지키기로 선택한 몇 가지 중요한 원칙 등 도덕적 가치가 가장 먼저 떠오를 것이다. 혹은 가격에 대해 토론하는 경제학자나 시장분석가, 가게에서 괜찮은 가격으로 상품을 샀을 때의 만족감 정도를 생각할 것이다. 그러나 신경과학자들이 말하는 가치란, 기본적으로 '특정 순간에 특정 행동을 통해 얻으리라고 인간의 뇌가 기대하는 보상의 양'[1]을 뜻한다.

가치 체계는 선택 과정에 영향을 끼치는 개별 요소를 평가하는 작업을 수행하는데, 나와 동료들은 이를 '가치 산출$^{value\ calculation}$'이라고 부른다. 이때 '개별 요소'는 도덕적 가치와 경제적 가치라는 선택지, 과거에 경험했던 선택의 결과, 감정, 주변인의 의견 등을 포함한다. 그리고 '보상'은 돈이거나 우정일 수 있다.[2] 이 세상에 선향 영향력을 끼치는 일일 수도 있고, 소박한 목표의 달성일 수도 있으며, 에너지를 충분히 비축해서 마라톤을 완주하는 일[3]일 수도 있다.

우리 뇌는 수많은 대상에 가치를 부여하며, 다양한 방식으로 보상을 얻을 수 있다.[4] 하지만 실제로 우리는 같은 선택을 반복하며 살아가기에 그 가능성을 충분히 체감하지 못하곤 한다. 배달음식 주문이 은퇴 준비보다 우선시되고, 마감을 맞추는 일이 자기계발보다 더 중요해진다. 인터넷에 빠져있는 시간이 사랑하는 사람과 함께 보내는 시간을 쉽게 압도한다. 이렇듯 뇌의 선택이 우리가 가장 가치 있다고 인식하는 것과 항상 일치하지는 않는다.

뇌의 작동 원리를 알면 다른 길이 보인다

우리 뇌가 항상 우리에게 가장 가치 있는 것을 선택하지는 않는 이유는 외부의 기대가 비합리적인 탓일 수도 있지만, 우리 내부의 통제력이 종종 다른 선택으로 이끌기 때문이기도 하다. 인간이 선택을 바꿀 때 핵심이 되는 것은 가치 체계이다. 나는 2000년대 후반부터 2010년대 초반 사이에 사람들이 행동을 바꾸기로 선택할 때 그들의 뇌에서 어떤 일이 일어나는지를 연구하면서 커리어를 시작했다. 지도교수 맷 리버먼Matt Lieberman, 대학원 동료 엘리엇 버크먼Elliot Berkman과 함께한 연구에서 우리는 사람들이 선크림 사용이나 금연을 권하는 메시지를 듣는 순간에 뇌를 스캔하는 작업을 반복했다.[5] 내가 교수가 된 뒤에는 사람들에게 운동이나 안전 운전을 권유하는 순간 그들의 뇌를 스캔하는 작업을 계속했다.[6] 이 연구의 목표는 사람들이 변화를 결심하는 순간 뇌에서 무슨 일이 일어나는지, 그리고 이후에 그들이 정말로 바뀌는지를 확인하는 것이었다. 처음에는 뇌영상을 관찰해서 알아낸 내용으로 실제 행동 변화를 이끌어낼 수 있으리라고 누구도 예상하지 못했다. 하지만 데이터에서 일정한 패턴을 확인하면서 우리는 사람들의 변화를 촉진할 수 있는 중요한 개입점을 발견했다.

선크림 사용과 금연, 운동에 관한 메시지를 접했을 때 내측전전두피질medial prefrontal cortex의 활성화가 증가하면 해당 메시지를 따르기 위해 행동을 바꿀 가능성이 더 커지는 것을 발견했다. 피험자가 그 메시지에 효과가 있다고 의식적으로 생각했는지는 상관없었다. 이는 가치체계가 연구실 밖의 실제 삶에서 중대한 선택과 어떻게 연결되는지를 어렴풋이 밝혀낸 최초의 성과였다. 다른 연구팀들의 논문에서도 사람들이 무엇을 먹을지,[7] 어떤 것을 살지,[8] 은퇴 자금을 얼마나 모을지[9]

등을 결정할 때 비슷한 결과를 보였다.[10]

처음에는 뇌의 활성화가 사람들의 선택과 상관관계가 있는지만 관찰했다. 실제로 그렇다는 사실이 관찰되자 또 다른 의문이 떠올랐다. 사람들의 변화를 촉진하는 데 이 지식을 활용할 수 있지 않을까? 그러려면 어떻게든 가치 체계 내의 활성화를 증가시켜야 했는데, 이 과정을 이해하려면 수십 년의 연구가 필요했다.

그사이에 다양한 실험이 이루어졌다. 동료의 경험에 대해 피드백하는 실험, 피험자에게 자신의 핵심 가치를 인식시켜서 변화에 더 열린 마음이 되도록 돕는 실험, 즉각적 보상과 미래의 보상을 두고 가치 체계의 반응을 비교하는 실험 등이 이어졌다. 그 결과 연구자들은 간단한 개입만으로도 가치 체계의 활성도를 높이거나 낮출 수 있다는 사실을 발견했으며, 실제로 이를 통해 사람들의 행동을 바꾸기도 했다. 과거의 경험, 현재의 욕구, 미래에 대한 바람 등 집중하는 대상을 바꾸면 가치 산출 결과도 달라졌다. 또한, 가치 체계의 활성이 단순히 다음에 무엇을 할지를 결정하는 본능을 넘어서서 때로 '사람들이 말하는 것'과 '사람들이 실제로 하는 것' 사이에 괴리가 나타나는 현상을 설명할 수 있다는 점도 확인했다.

관련 연구가 진전되면서, 가치 체계의 역할이 '우리가 해야 한다고 막연히 생각하는 일'이나 '이상적 자아가 하고 싶어 하는 일'을 평가하는 데 그치지 않는다는 사실이 밝혀졌다. 수면 아래에서 욕망과 이성의 단순한 줄다리기를 넘어서는 일이 일어나고 있었다. 가치 체계는 과거에 우리가 했던 일과 그 결과를 함께 고려하면서 '지금 당장 내게 필요한 것은 무엇인가?'라고 묻는다. 알아서 훌륭한 결정을 내리고 자기 통제력을 발휘하여 근원적 충동을 억누르도록 그저 더 열심히 노력하는 것은 진정한 해결책이 될 수 없다. 뇌가 의사 결정을 내리는 과정과 그 이유를 이해하면, 우리가 어떤 선택을 하고 그것을 어떻게 느낄지를 결정하는 가치 산출의 다양한 입력값을 주목하게 된다. 이는 새로운 개입점이 존재할 가능성을 시사하며, 하나하나의 입력값은 변화의 발판이 될 수 있다.

나는 가치 체계를 '동굴을 비추는 손전등'이라고 생각한다. 이 손전등은 선택을 이루는 요소들을 선명하게 이해하도록 돕는다. 수많은 과학자가 '우리가 원하는 것'과 '그 이유를 명확하게 아는 것'이 행복과 웰빙의 핵심 요소[11]라는 사실을 발견했다. 하지만 자신이 어떤 행동을, 왜 하는지[12]를 이해하는 수준은 개인마다 상당히 다르다. 이런 이해는 우리가 자신과 타인을 향해 연민을 품을 수 있게 해준다. 이상적 자아라면 다른 선택을 할지도 모르고, 훗날 지금의 선택을 후회할 수도 있겠지만, 지금 우리가 이 선택을 하는 데는 나름의 이유가 있다고 말해주기 때문이다. 물론 연민은 그 자체로도 변화의 원천이 될 수 있지만, 연민을 넘어서는 이해는 우리가 다른 선택을 할 수 있도록 도우며 일상 속 의사 결정이 원대한 목표와 가치에 더 잘 부합하도록 한다. 캄캄한 동굴 안으로 빛을 비추면 문을 여는 도르래 장치나 채광창을 여는 레버 장치가 보일지도 모른다. 때로는 어둠 속에 묻혀서 존재조차 몰랐던 새로운 길을 발견할 수도 있다. 이와 마찬가지로, 우리 내면의 작동 원리를 알게 되면 자신과 타인을 이해하고 앞으로 나아갈 길을 탐색하기가 더 쉬워질 것이다.

후회 없는 결정을 위한 새로운 시도

나는 할머니의 말씀을 곱씹어봤다. 할머니와 더 많은 시간을 보내고 싶다는 바람은 예전부터 있었고, 할머니 댁에서 단둘이 보내는 시간의 의미가 남다르리라는 말씀이 옳다는 것도 알고 있었다. 할머니 댁을 방문할 때면, 할머니와 산책을 가거나 심부름을 다녀오고 근사한 빈티지 가게를 둘러보는 기분으로 할머니의 옷장을 구경하곤 했다. 그곳에서 어떤 방해도 없이 할머니와 끊임없이 대화하고 서로의 마음을 확인하며 보내는 시간은 정말 소중했다. 하지만 동시에 나는 연구실의 성실한 책임자이자 교수이며, 관리자로 보이고 싶기도 했다. 이메일과 마감의 홍수 속에서 누군가가 오늘 안에 보고서나 피드백을 요구할 때 '할머니와 시간을 보내야 해서 안 될 것 같다'라는 말을 하기는 어려웠다.

내 이상적 자아는 할머니와 함께하길 원했지만, 내 가치 체계는 시급한 업무와 내 정체성, 주변 사람들의 의견을 중시하며 우선순위를 저울질하고 있었다. 그 순간에 한 걸음 물러서서 진정으로 중요한 목표가 무엇인지 숙고했더라면, 이런 가치들이 예상보다 훨씬 더 큰 영향을 미쳤다는 사실을 눈치챘을지도 모른다. 이런 일이 일어나는 이유는 가치 체계가 독립적으로 작동하면서 객관적 보상을 예측하고 어떤 상황에서도 항상 같은 선택을 하는 구조가 아니기 때문이다. 오히려 가치 체계는 우리가 자신을 어떻게 생각하는지를 다루는 자기 관련성 체계self-relevance system, 타인의 생각과 감정을 추론하는 사회 관련성 체계social relevance system 등 다른 뇌 체계와 활발히 상호작용한다. 내가 할머니보다 다른 일들을 우선했을 때도 이러한 뇌 체계가 활발히 작동하고 있었다. 스스로를 연구실의 근면한 리더라고 생각했고, 주변 사람들도 할머니와 시간을 보내기보다는 일이나 육아, 막장 예능을 섭렵하는 일을 우선했다. 나의 뇌 체계는 가치 산출 과정에서 이런 정보를 전면에 내세웠고, 할머니 댁을 찾아갈까 고민할 때 이 일이 내게 얼마나 중요한지를 판단하는 기준에 영향을 미쳤다.

하지만 할머니와 이야기를 나눈 뒤, 나는 내게 정말 중요한 존재인 할머니를 위해 달라지고 싶어졌다. 목표가 명확해지자 접근법을 바꿔야 한다는 사실을 깨달았다. 그간의 연구 결과를 떠올려보니, 내 가치 체계에서 가장 중요한 입력값은 늘 내가 원하는 행동과는 다른 해답을 내놓고 있었다는 걸 알게 되었다. 생각을 바꾸려면 생각의 초점을 달리할 필요가 있었다. 가치 체계가 '할머니 댁을 방문하는 일이 나의 정체성과 욕망에 가장 일치하는 결정이다'라는 결론에 도달하도록 상황을 다른 시선으로 바라보게 만드는 계기를 찾아야 했다.

때로 이런 일은 한 걸음 물러서서 현안을 바라보는 데서 시작되기도 한다. 먼저 나는 가치 산출에서 어떤 입력값을 우선할지 살펴본 뒤 다른 가능성을 찾아보고자 했다. 이런 시도는 이전까지 보이지 않던 것을 드러내거나, 새로운 목소리를 통해 대상을 이해하는 방식을 변화시키기도 한다. 나는 새로운 개입점, 즉 이전까지 발견하지 못했던 레버 장치를 찾기 시작했다.

새로운 개입점은 전혀 예상치 못한 곳에 있었다. 팟캐스트 〈지구를 구하는 법 How to Save a Planet〉에서 미국의 저널리스트 켄드라 피에르루이 Kendra Pierre-Louis가 자전거를 더 자주 타면서[13] 삶의 즐거움을 누리라고 권하는 방송을 들었을 때 머릿속이 번쩍했다. 이전에도 필라델피아에서 종종 자전거를 타긴 했지만, '도시에서 자전거를 탄다'라고 했을 때 가장 먼저 떠오르는 이미지는 자전거를 탄 배달원들이 땀과 스트레스에 푹 절은 채 자동차 사이를 질주하는 모습이었다. 하지만 팟캐스트 출연자들이 자전거를 타고 비틀비틀 나아가면서 속도를 내며 유쾌하게 웃는 소리를 듣고 있자니 이것이 바로 내가 찾던 레버 장치가 아닐까 싶었다. 할머니 댁까지 적당한 속도를 내면서 자전거 도로를 달리면 교통 체증과 배달원들을 피할 수 있을 뿐 아니라 여정 자체도 즐거울 것 같았다.

피부에 내려앉는 햇볕이 따사로웠던 어느 아름다운 가을날, 나는 집 앞에서 자전거 페달을 밟기 시작해 최근에 새로 아스팔트 포장을 한 스프루스가의 자전거 도로까지 속도를 높이며 달렸다. 남자 대학생들의 사교 클럽인 프랫하우스의 작은 탑을 지나자 길이 울퉁불퉁해졌고 덜컹거리는 채로 병원 단지를 지나 스퀼킬강으로 향했다. 한적한 도로 옆으로 흐르는 강물은 햇빛을 받아 반짝거렸다. 강가를 조깅하는 사람들이 산책을 즐기는 사람과 반려견 들을 제쳤고, 나는 그들 모두를 지나쳐서 달렸다. 자전거를 타니까 달리는 것보다 더 빠르게 이동할 수 있었다. 도시 전체가 완전히 다른 방식으로 유용하게 느껴졌고, 무엇보다 너무 자유로웠다. 그리고 재밌었다.

할머니 댁에 도착해서는 할머니와 함께 산책을 즐기면서 가게에서 물건을 사고, 할머니가 좋아하는 옆 동네의 구불구불한 주택가를 걸었다. 그렇게 필라델피아 미술관까지 가서 그 뒤에 서있는 카지미에시 푸와스키^{Kazimierz Pulaski} 장군 동상의 주변을 거닐었다(우리 할머니는 푸와스키 장군이 잘생겼다고 생각하셨다).

다음부터는 더 쉬웠다. 단 한 번의 방문이 많은 것을 바꿨다. 자전거를 타고 간 경험은 내 선택이 옳았다는 확신을 줬고 기분도 좋아졌다. 이 선택은 '할머니 댁 방문하기'라는 사안에 대한 가치 산출 저울의 추를 살짝 건드렸다. '할머니 댁까지 가기'라는 요소가 짜증 나는 일에서 즐거운 일로 바뀌었고, 그 덕분에 내가 좋아하는 나머지 요소들에 초점을 맞출 수 있었다. 할머니를 도와 집안일을 하고, 함께 산책을 다녀오고, 할머니의 어린 시절과 어머니를 키우던 때의 이야기를 듣고, 나이 드는 일은 어떤지 이야기를 나누는 데 집중할 수 있었다. 그토록 힘들게 느껴졌던 감정은 어디로 갔을까? 내게 진정으로 가장 중요한 것에 초점을 맞추니, 할머니 댁을 방문하는 일이 생각만큼 어렵지 않았다. 게다가 자전거 여행을 하고 할머니와 즐겁게 보낸 시간 덕분에 할머니 댁에 간 일을 한 번도 후회하지 않았다.

업무가 쌓여가거나 어떤 친구와 제대로 대화한 지 한참 됐다는 사실을 문득 깨달을 때 나는 여전히 압박감을 느끼곤 한다. 그러나 이러한 자기 이해의 순간, 그리고 그에 따른 변화들은 새로운 여지를 만들어낸다. 빛이 스며들 수 있는 작은 틈이 생겨서 이전까지 존재하지 않았던 가능성이 태어난다. 이는 우리가 어떤 행동을 하는 이유에 대한 호기심에서부터 시작돼 변화의 가능성을 쌓아간다. 어떤 일을 제대로 해내지 못할까 걱정하는 와중에도 새로운 시도를 해볼 수 있고, 자신과는 상당히 다른 타인의 관점에 귀를 기울여볼 수도 있다. 이런 시도들은 다른 가능성이 뿌리내리고 자라나게 하여, 틈새를 조금 더 벌리고[14] 새로운 길을 찾아 앞으로 나아가게 한다. 작은 틈새가 크게 벌어지면 더 많은 것이 보이고, 자신뿐만 아니라 주변에도 영향을 미칠 수 있게 된다. 자녀가 두려워하던 일에 도전하도록 격려할 수 있고, 과로에 시달리는 동료가 추가 업무를 거절하도록 도울 수도 있다. 이러한 변화들은 언뜻 사소해 보이지만, 때로는 이런 선택들이 큰 의미를 지닌다. 결국 우리는 자신이 선택한 대로 자신을 만들어가기 때문이다.

뇌를 들여다보면 보이는 것들

어떻게 하면 선택의 가능성을 넓힐 수 있을까? 이 책은 우리가 무엇을, 왜 선택하는지를 결정짓는 뇌 체계의 핵심을 탐구한다. 선택의 이유를 이해하고 나면, 일상의 의사 결정이 원대한 목표와 가치에 더 부합하도록 의도적으로 조율할 수도 있다. 그러기 위해서, 먼저 1~3장에서는 '가치 체계와 가치 산출의 기본적인 작동 원리'를 살펴보고 여기에 영향을 미치는 방법을 소개한다. 사안에서 한 걸음 물러서서 자신에게 진정으로 중요한 것을 되돌아보는 방법을 찾고, 가치 산출에서 입력값에 가중치를 부여하는 현재 방식이 자신의 핵심 목표와 일치하는지도 확인할 것이다. 우리 팀의 연구 결과에 따르면, 자기 이해가 분명할수록 행복감이 더 커지고 목적의식도 더 강해진다.[15] 이렇듯 가치 체계를 이해하면, 자신이 어떤 선택을 하는 이유를 알 수 있고, 그 선택을 후회할 때 스스로를 더 쉽게 용서할 수 있으며, 좀처럼 동의하기 어려운 타인의 선택도 잘 받아들일 수 있다. 결국 이는 더 큰 변화를 위한 토대가 된다.

4~6장에서는 '행동을 바꾸는 방법'을 알아본다. 우리 뇌가 미래의 자신을 타인으로 여긴다는 사실을 알고 나면, 미래에 초점을 맞추어 스스로를 변화시키는 일이 그토록 어려운 이유를 이해할 수 있을 테다. 장수를 위해 꾸준히 운동하거나 장기적 관점으로 볼 때 분명히 우리에게 도움이 될 행사에 참석하는 일이 유독 성가신 이유가 여기에 있다. 그러므로 이 통찰을 바탕으로 더 주체적으로 행동하며, 일상적 선택을 목표 실현의 도구로 활용할 방법을 살펴보겠다. 할머니 댁까지 가는 나의 자전거 여행처럼, 이 도구를 잘 활용하면 선택의 순간마다 더 큰 즐거움과 보상을 얻을 수 있을 것이다. 그리고 그 과정에서 자신의 가치 체계와 협력하는 방법을 익힐 수도 있다. 덧붙여서, 방어적 태도가 어떻게 변화를 가로막는지도 살펴보려 한다. 이를 위해 가치 산출에 필요한 입력값을 제공하는 자기 관련성 체계를 점검할 것이다. 그리고 이 내용들을 바탕으로 새로운 관점, 피드백, 변화에 더

욱 열린 태도를 갖추고, 더 나아가 이것들을 추구하는 법까지 익힐 것이다.

마지막으로 7~9장에서는 시야를 더 넓혀서 거대한 영향력의 네트워크가 사회 관련성 체계 및 가치 체계와 어떤 식으로 상호작용하는지를 탐구한다. 그러면서 우리가 현 상태를 유지하거나 변화하도록 유도하는 과정을 확인하고, 이런 영향력을 좀 더 의식적으로 강화하는 방법을 알아본다. 그리고 우리가 타인과 효과적으로 소통하며 연결될 때와 그렇지 않을 때 뇌에서 무슨 일이 일어나는지도 확인한다. 이를 위해, 우리의 뇌가 어떻게 타인의 뇌와 동기화하는지, 그리고 우리가 서로 어떻게 소통하고 연결되는지를 알려주는 뇌영상을 자세히 살펴보려 한다.

실제로 학생들의 뇌가 교사의 뇌와 더 많이 동기화할수록 학생들의 학업 성취도가 더 높아진다는 연구 결과도 있었다.[16] 뇌 활성brain activity이 동기화된 팀원들은 특정 유형의 문제를 더 잘 해결하기도 했다.[17] 하지만 우리는 타인과 항상 동기화된 채로 있고 싶어 하지는 않는다. 다양성에도 분명한 장점이 있다. 사람들은 다양한 주제의 대화를 더 즐겁게 여기며[18] 특정 분야에 낯선 이들이 복잡한 문제를 해결하기 위해 협력하면 더 훌륭한 대안이 나오곤 한다. 우리가 타인과 협력하거나 협력하지 않을 때 가치 체계가 어떤 역할을 하는지를 이해한다면, 강력한 영향력을 발휘하는 관계를 구축할 수 있을 것이다. 이는 우리가 본받고 싶은 롤모델에 가까워지도록, 그리고 차이를 넘어 협력하면서 이상적 문화를 창조하도록 돕는다.

나는 여러분이 뇌의 의사 결정 과정을 이해하여 자신과 타인을 위한 가치를 창조하는 새로운 길을 찾아내기를 바란다. 동굴 벽이 밀려오는 듯한 압박감에 괴롭다면, 다른 방향에서 빛이 들어오게 하면 된다. 그러면 새로운 길을 드러내는 레버, 채광창을 열어주는 도르래가 서서히 보이기 시작할 것이다. 이는 삶에 변화를 일으키거나, 존경하는 인물의 관점으로 새로운 길을 발견하거나, 개인의 힘만으로는 어려운 변화를 실현하기 위해 공동체에서 대화를 시작하는 일을 의미할 수도 있다.

표면적으로 이 책은 '뇌의 가치 체계에 기반한 개인의 선택'을 설명한다. 하지만 내가 연구 과정에서 진정으로 깨달은 것은, 인간에게는 생각보다 훨씬 더 광범위한 선택을 고려할 능력이 있다는 사실이었다. 인간의 선택은 절대 단독으로 이뤄지지 않으며, 수많은 선택이 쌓여서 개인과 세계가 만들어진다.

그렇다면 이 능력을 어떻게 받아들여야 할까? 내가 난관에 부딪혔을 때 새로운 길을 보여준 팟캐스트 〈지구를 구하는 법〉의 공동 프로듀서인 아야나 엘리자베스 존슨$^{Ayana\ Elizabeth\ Johnson}$의 경우를 보자. 존슨은 사람들이 환경과 다양한 방식으로 상호작용하도록 돕는 일을 해왔는데, 자연에 대한 존슨의 사랑은 불과 여덟 살 때 시작됐다. 여덟 살 소녀는 바닥이 유리로 된 배를 탔다가 산호초 사이를 헤엄치는 형형색색의 물고기 떼를 유리 너머로 보고는 바다를 완전히 새로운 관점에서 이해하게 됐다고 한다.[19] 때로 새로운 관점은 삶의 궤적을 송두리째 바꾸기도 한다.

우리에게는 그 대상이 바다가 아니라 '마음^{mind}'이다. 마음속에는 무엇이 있을까? 가치 체계는 무슨 일을 하고 있을까? 어떻게 해야 손전등을 찾아서 마음속을 비추고, 크고 작은 선택에 관한 새로운 해답을 발견할 수 있을까?

1장

선택의 순간,
뇌에서 벌어지는 일

**뇌는
가치를
어떻게 계산하는가**

제니 래드클리프 Jenny Radcliffe는 온라인상에서 '인간 해커 The People Hacker[1]'로 통한다. 제니는 자신의 직업을 '합법적 도둑', '사기 전문 아티스트', '사회공학 전문가'라고도 부르지만, 공식 명칭은 '침투 테스트 전문가 penetration tester'이다. 기업은 보안 인프라의 취약점을 찾아내기 위해 보안 컨설턴트인 제니를 고용해 자사 건물과 컴퓨터 시스템을 일부러 해킹하게 한다.

제니의 작업에는 물리적 힘이나 자물쇠, 컴퓨터 코드가 사용될 때도 있지만, 주된 작업 도구는 '심리학'이다. 그는 사람이나 상황을 꿰뚫어 보고 자신의 행동에 상대 혹은 집단이 어떤 반응을 보일지 예측한다. 그리고 예측한 반응을 이용해 자신이 의도한 목표와 결과로 이어지는 상황을 만들어낸다.

독일의 어느 은행에 고용됐을 때도 같은 방법을 썼다. 제니의 임무는 영업 시간 중 은행에 들어가서 보안 검색대를 통과한 뒤 특정 사무실 안으로 들어가는 것이었다. 그리고 사전에 회사로부터 받은 USB 드라이브를 사무실 내 컴퓨터에 연결하면 제니의 임무는 끝이었다.

USB에 내장된 프로그램이 자동으로 컴퓨터에 설치되고 나면 회사는 제니가 성공적으로 보안 체계를 뚫었다는 사실을 알게 되는 식이었다.

침투 작업이 있는 날 아침, 제니는 의상과 소품을 준비했다. 먼저, 손과 손목에 붕대를 감았다. 제니가 환자처럼 보이면 다른 사람들이 대신 문을 열어줄 터였다. 서류가 가득한 커다란 상자도 준비해서 낯선 사람들이 대신해서 문을 열어줄 확률을 높였다. 준비를 마친 제니는 가죽 소파가 놓인 널찍한 은행 로비를 가로질러서 직원 전용 구역으로 통하는 거대한 문 앞에 섰다.

이 문은 제니가 거쳐야 할 첫 번째 관문이었다. 지문 인식으로 열리는 문이었는데, 제니는 그저 은행 직원인 척을 하고 있을 뿐이니 당연히 지문이 등록돼 있을 리가 없었다. 성큼성큼 다가가서 스캐너 위에 손가락을 올렸더니 '삐' 소리가 났다. 운도 없지. 이곳을 수월하게 통과하리라고 기대하진 않았지만, 보안 체계를 검사하기 위해서는 이 과정도 필요했다.

이제 제니는 선택의 기로에 섰다. 로비에서 근무하는 경비원에게 문을 열어달라고 할까? 경비원의 임무는 수상한 사람을 막는 건데 순순히 문을 열어줄까? 여기서 제니는 속이 뻔히 보이는 수작을 부리기로 했다. 아주 큰 소리로 욕설을 내뱉기 시작했더니 경비원이 무슨 일인가 싶어 달려왔다.

"보안 장치는 신경 쓸 필요가 없어요." 제니가 나중에 설명했다. "신경 써야 할 건 그 뒤에 있는 사람이죠. 어떤 장치인지는 별로 중요하지 않아요. 보안 장치에 접근 권한을 가진 사람이 있다면 나는 그들에게 접근합니다. 그럼 문제는 나와 그 사람 사이로 좁혀지죠."

경비원이 다가오자 제니는 조바심을 내면서 "장치가 고장 났나 봐요. 어제는 멀쩡했는데"라고 투덜거렸다. 경비원은 스캐너에 다시 손가락을 대보기를 권했다. 제니는 한 번 더 큰 소리로 욕을 한 다음, 붕대를 감은 손으로 커다란 서류 상자를 어설프게 고쳐 들면서 짜증을 냈다. 제니가 다시 한번 손가락을 대니 역시나 '삐' 소리가 났다. 경비원은 손가락으로 스캐너를 더 세게 눌러보라고 조심스럽게 말했다. 제니가 마지못해 스캐너에 다시 손가락을 올리니, 경비원이 제니의 손을 잡고 손가락을 꾹 눌렀다.

제니는 고통스러운 표정을 짓고는 요란하게 욕설을 내뱉으면서 서류 상자를 슬쩍 떨어뜨렸다. 사방으로 흩어진 서류를 줍는 척하면서 계속 욕설을 해댔다. 이제 제니는 모두의 시선을 한 몸에 받고 있었다. 로비에 있는 사람들 모두 제니를 쳐다봤다.

"이런, 그냥 들어가세요"라면서 경비원이 문을 열어줬다. "고마워요, 당케 쉰." 감사 인사를 전한 제니는 그대로 걸어가서 복도를 지나 목적한 사무실에 도착했다. 그리고 USB를 컴퓨터에 연결했다.

대체 무슨 일이 일어난 걸까? 일부러 큰 소란을 일으키는 제니의 방식이 모든 장소에서 혹은 모든 사람에게 통하지는 않는다. 상대에게 아첨을 하거나 호의를 베풀 기회를 주는 편이 더 효과적일 때도 있다. 또한 똑같은 행동이라도 행위자의 개인적 특성과 환경에 따라 위협 수준이 다르게 해석될 수 있다. 하지만 이 경우에 제니는 소란을 일으키면 은행 안으로 들어갈 수 있을 거라고 확신했다. 독일인은 대체로 소란이 일어나면 크게 당황하는 경향이 있고, 제니는 여성이라는 성별과 외모 덕분에 해커로 보이지 않았으며 신체적으로도 그다지 위협적이지 않은 인상을 줬기 때문이다. 이런 상황에서 경비원에게 '소란'을 가장 중요한 사건으로 인식시키면, 그의 마음속에서 이루어지는 의사 결정의 저울추를 살짝 기울일 수 있게 된다. 제니는 경비원이 자신을 저위험 인물군으로 분류하고, 구경거리가 되는 불편과 소란을 감수하느니 들여보내리라고 예상했다. 그리고 이 생각은 정확히 맞아떨어졌다.

어쩌면 여러분은 제니를 들여보낸 경비원을 비난할지도 모르겠다. 이 은행의 보안 수칙 역시 경비원이 낯선 사람을 통과시켜서는 안 된다고 강조하고 있으니 말이다. 만약 제니가 악의를 품은 해커였다면, USB 드라이브로 바이러스를 감염시켜서 고객 정보를 빼내거나 예금을 훔치고 은행 시설을 망가뜨렸을 수도 있다. 하지만 사실, 사람들 대부분은 이런 상황을 맞닥뜨리면 이 경비원과 비슷하게 행동한다. 대부분 자신이 타인을 돕는 친절한 사람으로 보이기를 바라며, 타인이 자신을 속이고 있다고 생각하지 않는다. 만약 제니가 손에 상처를 입은 채 사무실로 출근하는 평범한 직원이었다면, 경비원의 행동은 은행에 해가 되기는커녕 오히려 도움이 된다.

제니는 사람들의 의사 결정 메커니즘, 즉 선택지들 사이에서 무의식적이며 거의 즉각적으로 이뤄지는 계산 과정을 잘 알고 있었다. 그리고 이 메커니즘에 영향을 미치는 방법도 숙지하고 있었기에 은행에 성공적으로 침입할 수 있었다. 최근 신경과학이 발전하면서, 제니가 내렸던 판단의 근본이 되는 뇌의 내부 체계를 더 잘 이해할 수 있게 됐고, 이에 저항하는 방법도 함께 연구되고 있다. 그중 하나가 과학자들이 '가치 체계'라고 부르는 것이다.[2]

가치 체계는 의사 결정을 위해 다양한 정보를 한데 모은다. 앞서 제니를 상대했던 경비원의 사고가 어떻게 흘러갔는지를 살펴보면 가치 체계를 이해하는 데 도움이 될 것이다. 경비원의 뇌 속에서 작동하는 가치 체계는 여러 선택지의 가치를 계산했을 것이다. 욕설을 내뱉는 여성이 계속 소란을 피우게 둘까? 그냥 들여보낼까? 그러고는 가장 가치가 높은 선택지를 골라서 제니를 들여보냈다. 마지막으로 그는 선택의 보상을 확인했을 것이다. 이제 은행 로비가 조용하고, 다친 사람을 도왔다는 생각에 기분이 좋아진다. 이런 과정을 거치는 '가치 산출'은 인간의 뇌 속에서 빠르고 매끄럽게 일어난다. 제니가 정확하게 짚어냈듯이, 가치 산출의 순간에 뇌가 무엇에 집중하는가에 따라 결과가 달라진다는 점이 중요하다. 찰나에 이뤄지는 가치 산출은 개인의 목표·감정·정체성, 타인에 관한 생각, 타인의 행동, 문화 규범과 기대, 사회적 지위 등 수많은 요인의 영향을 받는다.

제니는 가치 산출에 관한 지식을 활용해서 계약대로 은행에 침투했다. 이제 자사의 취약점을 인지한 은행은 앞으로 비슷한 상황에서 경비원의 가치 산출 결과가 바뀌도록 조치할 것이다. 제니의 침입법을 경계하도록 교육받은 경비원은 비슷한 상황에서 더 주체적으로 의사 결정을 내리고, 앞으로 제니와 비슷한 방식으로 의사 결정에 개입하려는 시도에 저항할 수 있게 된다. 혹은 경비원들이 다른 부서 직원들을 더 자세히 파악하도록 조치하여 낯선 이가 새로 온 직원인지 수상한 자인지 명확히 판단하게 할 수도 있다.

최대한 많은 선택지를 고려하기 위해서는 다양한 측면에서 사고할 필요가 있다. 은행의 전체적 목표와 경비원의 개인적 목표를 함께 고려하고, 그 사이의 교집합에서 더 나은 가능성을 모색해야 한다. 어떻게 해야 앞으로 경비원이 다른 선택을 할 가능성을 높일 수 있을까? 어떻게 해야 우리의 가치 산출이 우리의 이익에 아무런 관심도 없는 사람에게 휘둘리고 있다는 사실을 더 빨리 알아챌 수 있을까? 이 질문들에 답하기 위해서는 선택의 순간에 우리 뇌에서 무슨 일이 일어나는지를 알아야 한다.

주관적 가치 vs. 객관적 가치

가치 체계에는 놀라운 힘이 있다. 복잡하고 혼란스러운 현실 세계의 결정을 비교 가능한 수치로 단순화할 수 있게 만든다는 점이다. 이렇게 단순화되면, 뇌는 종종 거의 즉각적으로 상당한 내적 일관성을 가지고 여러 선택지 중에서 하나를 선택할 수 있다.

가치 산출을 일종의 '밸런스 게임$^{Would\ You\ Rather}$'이라고 생각하면 좀 더 이해하기 쉬울 것이다. 이 게임은 (보통은 우스꽝스러운) 두 가지 선택지를 제시하면, 어느 쪽을 선택할지 대답하는 식으로 진행된다. 게임의 질문은 다음과 같은 것들이다. 고양이 혀와 롤러스케이트 중 어느 쪽을 만질 것인가. 세상의 모든 언어를 구사하는 능력과 세상에서 가장 아름다운 목소리로 노래하는 능력 중 어느 쪽을 가질 것인가. 세상 모든 책과 영화를 다 가지고 무인도에서 혼자 살기와 미디어 없이 단 한 사람과 함께 살기 중 어느 쪽을 선택할 것인가.

곰곰이 생각해보면 '어느 쪽을 선택할 것인가'라는 질문에 답할 수 있다는 것은 마법이나 다름없다. 친구들과 밸런스 게임을 즐기는 가벼운 상황부터 날마다 실생활에서 의사 결정을 내리는 상황까지, 가치 체계는 우리의 선택을 안내하는 역할을 한다. 그런데 뇌는 어떻게 이런 작업을 수행하는 걸까?

아주 오랫동안 아무도 이 물음에 대한 답을 알지 못했다. 뇌는 하나의 선택을 이루는 다양한 요소를 각각 따로 관찰하는 체계를 가졌을까? 그렇다면 무엇을 먹을지 고민 중인 상황에서 메뉴마다 설탕이나 소금이 얼마나 들어있을지 관찰하는 체계, 얼마나 뜨겁거나 차가울지 관찰하는 체계, 얼마나 자연 친화적인지 관찰하는 체계가 제각각 존재하게 된다. 그게 아니라 각각의 선택 분야에 따라 전담해서 처리하는 별개의 뇌 체계가 있는 걸까? 이 경우에는 어떤 메뉴를 먹고 싶은지 결정하는 뇌 체계, 함께 저녁을 먹는 사람들이 얼마나 유쾌한지 기록하는 뇌 체계, 외식을 할 만한 여유가 있는지 재정 상황을 확인하는 뇌 체계가 따로 존재할 것이다.

이러한 의사 결정의 신경학적 기반에 대한 현재의 사고방식의 토대는 1950년대에 확립됐다. 당시 연구자들은 단순한 형태의 보상을 추적하고, 동물이 그 보상을 극대화하도록 행동을 유도하는 일련의 뇌 영역을 지도로 만들었다. 비록 그 보상을 선택하는 것이 동물의 장기적 안녕[3]에 해롭더라도 말이다.

캐나다 맥길대학교의 두 과학자 제임스 올즈James Olds와 피터 밀너Peter Milner는 실험을 통해 이런 사실을 발견했다.[4] 쥐들에게 특정 부위의 뇌를 자극하는 전극이 연결된 레버를 누르게 했을 때, 쥐들은 그 레버를 반복해서 눌렀다. 전기 자극이 쥐들의 뇌 속 특정 영역을 자극해 '좋은 기분'을 느끼게 했기 때문이다. 쥐들은 자기 뇌의 어떤 영역을 자극하는 것을 '보상'이라고 느꼈으며, 제임스와 피터는 그 자극된 영역을 '보상 체계reward system'라고 인식했다. 보상 체계를 자극하면 쥐의 행동에 강력한 영향을 미칠 수 있었다. 보상 체계를 자극하는 레버를 누를 기회가 주어졌을 때, 쥐들은 생존의 필수 요소인 먹이조차 포기하면서 계속해서 레버를 눌렀다.[5]

다른 동물들의 행동 역시 마찬가지였다. 이윽고 과학자들은 붉은털원숭이에게서도 유사한 보상 체계[6]를 발견했고, 결국 모든 포유류의 뇌에 이와 비슷한 체계가 존재한다는 사실을 밝혀냈다. 뇌 깊숙한 곳에 있는 선조체striatum, 혹은 뇌 앞쪽 전두피질frontal cortex의 특정 영역에 있는 신경 세포를 자극하면 어떤 종의 동물이든 보상을 느끼는 듯했다. 동물들은 계속 자극을 추구하는 행동을 보였고, 일부는 인간처럼 즐거움을 표현하는 표정을 짓거나 소리를 내기도 했다.

특정 보상 영역을 자극하면 동물이 무언가를 원하게 된다는 사실은 진작 밝혀졌지만, 이 현상을 바탕으로 인간의 복잡한 의사 결정을 설명하기까지는 수십 년이 더 걸렸다. '먹이를 얼마나 먹고 싶은지',

'레버를 몇 번이나 누르고 싶은지'를 추적하는 체계가 여러분이 '누구를 대통령으로 뽑고 싶어 하는지', '어떤 영화를 보고 싶어 하는지'를 설명할 수 있을까? 정말로 단 하나의 뇌 체계가 '지금이냐 나중이냐' 같은 다양한 시간대에 걸친 선택, 어떤 간식을 먹을지와 같은 구체적 보상, 사회와 도덕에 관한 추상적 질문을 전부 비교하고 처리할 수 있을까?

  2000년대 중반, 뇌 체계가 광범위한 재화와 아이디어의 상대적 가치 산출에 대해 어떻게 더 복잡한 계산을 산출하는지에 관한 통찰들이 연이어 나왔다. 그중 하나가 원숭이에게 과일 맛 분말주스를 주는 실험이었다. 이 실험의 주역은 하버드 대학교 의학전문대학원에서 의사 결정과 경제적 선택을 연구하던 카밀로 파도아스키오파Camillo Padoa-Schioppa와 존 아사드John Assad[7]로, 두 과학자는 쥐를 비롯한 여러 동물에게서 발견된 보상 체계가 원숭이들이 더 복잡한 의사 결정을 내리는 데도 도움을 줄지 그렇다면 그 방법은 무엇인지 궁금했다. 이들은 보상 체계를 담당하는 영역이 잠재적 보상의 객관적 특성에 반응한다는 가설을 세웠다. 이를테면 주스에 든 당분 함량 같은 특성 말이다. 만약 당분이나 섬유질 같은 특정 영양소가 진화 과정에서 종의 생존에 중요했고, 먹이의 색깔이나 단단함 같은 물리적 특성이 그 영양소가 얼마나 들었는지를 잘 보여주는 지표였다면 이들의 가설은 옳을 터였다. 또한 먹이의 생물학적·화학적 특성과 뇌의 보상 체계 반응 사이에는 밀접한 상관관계가 나타나야 한다. 반면에, 보상 체계가 훨씬 다양한 요인을 고려해서 예상보다 주관적으로 가치를 산출한다면 어떻게 될까? 그렇다면 원숭이가 선호하는 먹이가 시시때때로 달라지는 이유를 설명할 수 있지 않을까? 어쩌면 원숭이의 기분을 짐작할 수 있을지도 몰랐다.

카밀로와 존은 '기즈모^{Gizmo}'라는 이름의 원숭이에게 다양한 선택지를 보여주면서 뇌 속에 있는 신경 세포의 활성도를 측정했다. 기즈모는 '레몬 맛 분말주스 한 방울'과 '페퍼민트 차 두 방울' 중 어느 쪽을 선택할까? '우유 다섯 방울'과 '포도주스 한 방울' 중 어느 쪽을 선택할까? 기즈모가 오른쪽이나 왼쪽을 돌아보는 것으로 그의 결정을 확인할 수 있었다.

연구팀은 선택 실험을 수없이 반복한 끝에 기즈모가 각각의 음료에 책정한 상대적 가치를 파악할 수 있었다. 이를 '주관적 가치$^{subjective\ value}$'라고 하는데, 음료의 가치가 그 속에 든 당분의 양이나 농도, 음료의 정확한 온도나 양 같은 객관적 특성에 따라 결정되지 않기 때문이다. 기즈모를 비롯한 원숭이들이 대체로 음료를 많이 마시는 쪽을 선택한다는 사실을 발견하긴 했지만, 원숭이들도 인간처럼 특정 음료(레모네이드와 포도주스)를 더 선호했다. 원숭이들은 때로 '양이 많지만 덜 선호하는 음료'보다 '양이 적더라도 더 좋아하는 음료'를 선택했다. 원숭이들에게 다양한 비율로 음료를 제공하는 실험을 거듭하면서 카밀로와 존은 원숭이들의 음료 선호도를 수학적으로 정리할 수 있었다. 기즈모가 포도주스를 선호해서 '물 세 방울' 대신 '포도주스 한 방울'을 선택했다면, '물 한 방울'의 가치는 1점이고 '포도주스 한 방울'의 가치는 3점이라고 평가하는 식이었다.

실험 데이터를 분석한 결과, 전두엽 앞쪽 중앙에 자리한 안와전두피질orbitofrontal cortex의 신경 세포들이 원숭이들의 주관적 음료 선호도에 반응하여 활성화하는 현상이 포착됐다. 신경 세포들의 활성도는 카밀로와 존이 원숭이들의 선택을 바탕으로 계산했던 총비율과 연관성을 보였다. 원숭이가 어떤 음료를 세 배 더 선호하면, 신경 세포들은 그에 조응하여 더 강하게 활성화하는 식이었다. 흥미롭게도, 신경 세포들의 활성도는 선택의 객관적 측면들과는 관계가 없는 듯했다. 음료의 특정 성분(당분의 양을 추적하는 신경 세포가 존재하는 경우), 스크린에서 주스가 나온 방향(주스를 얻으려면 어떤 행동을 해야 하는지 추적하는 신경 세포가 존재하는 경우), 제공된 주스의 총량(주스를 더 많이 마시는 편이 항상 더 좋은 경우) 같은 객관적 측면들은 영향을 미치지 못했다. 그 대신 신경 세포들은 전반적으로 주관적 가치를 추종했다.[8]

이 주관적 가치는 원숭이들의 선택과 밀접하게 연결돼 있었다. 기즈모에게 다양한 선택지를 제시하면서 그의 안와전두피질을 지켜보기만 해도, 연구팀은 기즈모가 무엇을 선택할지 놀라울 정도로 정확하게 예측할 수 있었다.[9] 원숭이의 뇌는 일정한 기준을 따라서 각 선택지의 주관적 가치를 산출했고[10] 이를 바탕으로 사과주스와 오렌지주스를 비교하여 의사 결정을 내렸다.

그렇다면 인간의 경우는 어떨까? 원숭이들의 뇌가 객관적 가치보다 주관적 가치에 반응한다는 사실이 밝혀진 시기에, 과학자들은 인간의 뇌에서도 유사 반응을 찾기 시작했다. 2000년대 초반, 과학자들은 주관적 선호도에 따라 무언가를 선택할 때 인간의 뇌에서 일어나는 일을 수백 번의 실험을 통해 분석했다.

  캘리포니아 공과대학교의 신경과학자 힐케 플라스만Hilke Plassmann의 연구도 그중 하나였다.[11] 힐케의 연구팀은 피험자에게 간식마다 돈을 각각 얼마나 낼지 선택하게 했을 때, 원숭이들이 레모네이드와 포도주스 사이에서 선택할 때 사용했던 뇌 영역과 비슷한 곳에서 인간의 뇌도 유사한 활성도를 보인다는 사실을 알아냈다. 연구팀은 공복 상태의 사람들에게 감자칩과 초코바처럼 짭짤하거나 달콤한 정크푸드의 사진을 보여주면서 기능적 자기공명영상functional magnetic resonance imaging, fMRI으로 그들의 뇌를 스캔했다. 이런 유형의 뇌 스캔을 활용하면 뇌의 특정 부위들이 언제 활성화하는지를 볼 수 있으며, 뇌의 활성도를 다양한 심리적 과정 및 행동과 연관 지을 수 있다.

  힐케의 연구팀은 피험자들에게 화면으로 다양한 음식을 보여주면서 그들을 위해 특별히 배정한 예산이 있다고 알려줬다. 그러고는 각각의 음식을 먹기 위해 예산에서 얼마나 사용할 용의가 있는지를 물으면서 fMRI로 그들의 뇌를 찍었다.[12] 그 결과, 인간도 자신이 가치를 가장 높게 매긴 음식을 봤을 때 원숭이 뇌에서 활성화됐던 영역에 상응하는 복내측전전두피질ventromedial prefrontal cortex(내측전전두피질이라는 더 넓은 뇌 영역의 하위 영역)의 활성도가 가장 높아졌다. 피험자들은 '1달러를 내겠다'라거나 '사지 않겠다'라고 대답한 간식보다 '3달러를 내겠다'라고 대답한 간식을 봤을 때 뇌의 활성도가 더 높아지는 모습을 보였다. 이처럼 인간의 뇌는 다양한 음식의 주관적 가치(사람마다 다르다)를 기억해뒀다가 그에 맞춰 선택한다.[13]

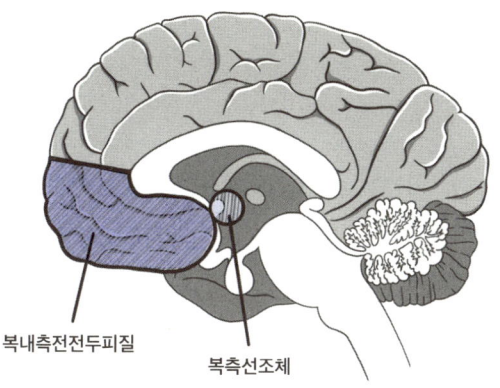

복내측전전두피질   복측선조체

인간이 다양한 분야에서 결정을 내릴 때 주관적 가치를 추적하는 광범위한 체계가 존재한다. 복측선조체와 복내측전전두피질은 이 체계를 구성하는 핵심 영역이다.

이는 획기적인 발견이었다. 하지만 우리가 일상에서 맞닥뜨리는 선택은 두 가지 간식 중 하나를 고르는 일보다는 더 어려운 편이다. 그렇다면 '커피를 마실지, 차를 마실지'를 선택하는 뇌 영역은 전혀 다른 보상이 주어지는 선택에도 관여할까? 예를 들면, '포도주스를 마실지, 영화를 볼지'와 같은 선택 말이다. 혹시 이런 선택은 이 뇌 영역이 담당하는 의사 결정 역할을 넘어서는 일일까?

이 질문에 대답하기 위해, 캘리포니아 공과대학교와 트리니티 칼리지 더블린의 과학자들이 밸런스 게임의 딜레마를 변형하여 새로운 실험을 설계했다.[14] 연구팀은 피험자들에게 각각 12달러씩 지급한 뒤 달고 짭짤한 과자부터 DVD, 캘리포니아 공과대학교 기념품, 돈을 건 도박까지 다양한 상품을 살 수 있게 하고는 fMRI를 찍었다. 그 결과, 피험자들이 간식 말고 대학 기념품이나 DVD 같은 상품에 돈을 얼마나 낼지 결정할 때도 복내측전전두피질 영역이 활성화한다는 사실을 발견했다. 그즈음 다른 연구팀에서는 인간이 다양한 가격대의 여러 소비재를 구매할 때 내측전전두피질과 복측선조체 같은 영역이 활성화한다는 사실을 발견했다.[15] 이런 연구 결과들은 하나의 뇌 체계가 광범위한 유형에 걸친 다양한 선택의 가치를 계속 추적한다는 사실을 암시했다.

연구가 더욱 진전되면서, 복측선조체와 복내측전전두피질을 포함한 특정 뇌 영역이 '가치 체계'라 불리기 시작했다. 2010년대에 접어들어서는, 가치 체계의 활성도가 인간이 다양한 상품에 매기는 가격뿐 아니라 다른 경제적 선택에도 관여한다는 사실이 밝혀졌다. 여러분은 '100퍼센트의 확률로 10달러를 얻는 것'과 '50퍼센트의 확률로 20달러를 얻는 것' 중 어느 쪽을 선호하는가?[16] '지금 당장 10달러를 받기'와 '6개월 뒤에 20달러를 받기' 중에서는?[17] 이런 유형의 선택들은 모두 유사한 메커니즘을 거치는 듯 보였다. 가치 체계가 선택지들의 주관적 가치를 식별하여 평가하면, 이것들을 비교해서 행동에 나서는 식이었다.

2011년 무렵, 연구자들은 다양한 상품을 보고 있는 피험자들의 뇌에서 가치 체계의 활성도를 관찰해서 이들이 나중에 무엇을 살지 예측할 수 있게 됐다. 뇌영상을 촬영하기 시작하면서 피험자들에게 상품을 선택하라고 딱히 말하지 않았는데도 말이다.[18] 요컨대 가치 체계는 우리가 어떤 대상에 대해 의식적으로 결정을 내리지 않을 때도 그것의 주관적 가치를 계산하는 듯하다. 가게에서 계산하려고 줄을 서있는 동안 우리의 가치 체계는 계산대 주변에 진열된 초코바의 가치를 가늠하고, 신문 기사의 제목과 잡지 표지에서 정보를 흡수한다. 소셜 미디어를 스크롤하면서 별생각 없이 광고를 지나칠 때 특별히 주의를 기울이지 않아도 우리의 가치 체계는 그 정보를 인식하고 기억한다.

10년쯤 지난 이제는 인간의 뇌가 본질적으로 비교할 수 없는 것들을 비교할 수 있게 해주는 '공통 가치common value' 척도를 사용해 계산할 수 있다는 것이 폭넓게 받아들여지고 있다.[19] 아마도 여러분은 지금 당장 강아지를 품에 안고 싶은지, 지금 당장 5달러를 받고 싶은지 두 가지 선택지가 있다면 쉽게 결정할 수 있을 것이다. 이는 우리 머릿속의 가치 체계가 각각의 선택지를 공통된 척도로 환산해서 비교하기 때문이다. 제니가 경비원 앞에서 소란을 피울 때도 마찬가지였다. 경비원은 제니에게 사원증을 요구하는 대신 지문 인식기 사용을 돕는 쪽을 재빨리 선택했다. 그리고 결국 다른 경비원의 지원을 요청하거나, 제니에게 나가라고 하거나, 데이트를 신청하는 대신 제니를 문안으로 들여보내기로 결정했다.

의사 결정의 메커니즘

'좋은 선택'과 '나쁜 선택'이 따로 있다는 생각은 상당히 매력적이지만 사실 그것들은 계속 움직이는 과녁과 비슷하며, 가치 체계는 경쟁하는 여러 이익과 상황을 끊임없이 저울질하면서 역동적으로 작용한다. 이는 선택 과정에서 어떤 선택지를 떠올리는지, 그리고 어떤 측면에 집중하는지에 따라 우리의 결정이 달라진다는 뜻이다. 예를 들어, 당신에게 어린 아들이 있고 이 아이가 남성 간호사를 본 적이 없다고 하자. 그럼 이 아이는 공감 능력이 뛰어난 자신의 성격에 잘 맞는 직업을 고를 때 간호사를 배제할 것이다. 게다가 우리가 어떤 선택지에 부여하는 주관적 가치는 과거의 경험과 현재 상황, 미래의 목표와 관련된 요인들에 따라 시시각각 변화한다. 만약 당신의 아들이 부모님이 사람들을 돕는 직업을 선택하기를 바란다고 믿는다면 이 측면에 가중치가 부여된다. 또는 아들의 친구가 텍사스주 오스틴시에 대해 신나게 떠들면, 당신의 아들은 직업을 고를 때 다른 지역에서 일하는 데 무게를 둘 수도 있다. 바로 이것이 사회심리학자들이 '상황의 힘 the power of the situation'이라고 부르는 개념이다. 우리의 결정은 현재의 맥락에 따라 달라지며, 이 맥락은 가치 산출에서 특정한 입력값들에 훨씬 큰 가중치를 부여한다.

샐러드를 먹을지 초콜릿케이크를 먹을지 선택해야 하는 상황을 가정해 보자. 인간의 뇌가 '객관적인' 규칙만을 따른다면, 두 음식의 포만감이나 칼로리만 신경쓰면 된다. 실제로 이런 식의 사고는 인류 진화의 초기 단계에서 생존에 도움이 되기도 했다. 하지만 우리의 뇌는 이렇게 움직이지 않는다. 당신 역시 무엇을 먹을지 결정할 때 음식의 맛이 어떤지, 먹은 뒤 기분이 어떨지, 데이트 상대가 무엇을 먹는지, 건강검진 결과가 어땠는지, 신진대사가 활발한 편인지, 누군가의 생일

인지, 가격은 얼마인지, 방금 마라톤을 뛰고 왔는지, 지금 기분이 나쁜지 등 다양한 요소를 고려하지 않았던가. 뇌는 이런 요소들을 재빨리 처리하지만, 어떨 때는 모든 측면을 다 고려하지 못해서 가중치가 제한되기도 한다. 우리의 뇌는 가중치가 부여된 요소들을 바탕으로 공통된 기준을 마련하고, 이를 바탕으로 샐러드와 초콜릿케이크의 주관적 가치를 산출하며, 그 결과 가치가 더 높은 쪽을 선택한다.

일단 선택 과정이 끝나면, 가치 체계는 이를 결정에 따라 행동하는 뇌 영역에 전달한다. 그럼 당신은 선택한 음식을 먹는 행동을 하게 된다. 그리고 나서 가치 체계는 결정의 결과가 당신의 예측에 비해 얼마나 만족스러운지를 계속 관찰한다. 다시 말해, 당신의 선택에 따른 보상을 얼마나 정확하게 예측했는지를 추적하는 것이다. '맛있어 보이는 케이크네! 어렸을 때 즐거웠던 생일 파티가 생각나잖아!' 처음에 이런 식으로 예측했다고 하자. 당신의 뇌는 예측만 하는 것이 아니라 '예측 오류prediction error', 즉 예측과 실제 결과 사이의 격차도 추적한다.[20] '정말 맛있는 케이크였어! 먹을 가치가 있었네!' 이렇게 선택에 대한 보상이 예측보다 더 크면 인간의 뇌는 '긍정적 예측 오류positive prediction error'를 일으키며, 이는 선택 후 가치 체계의 활성도 증가로 이어진다. 반대로 케이크 맛이 형편없었다면? 선택에 대한 보상이 예측보다 나쁘다면 인간의 뇌는 '부정적 예측 오류negative prediction error'를 일으키고, 이는 선택 후 가치 체계의 활성도 감소로 이어진다. 예측 오류는 미래를 대비해 학습하도록 돕고, 시간의 흐름에 발맞추어 뇌의 가치 산출 방식을 업데이트한다.[21]

'가치 기반 의사 결정value-based decision-making'에는 세 가지 단계가 있다.[22] 첫 번째 단계에서는 뇌가 어떤 선택지들이 있는지 확인하고, 각각의 선택지에 주관적 가치를 부여하며, 그 순간에 가장 가치가 높은 선택지를 확인한다. 즉, 인간의 선택은 애초에 가능하다고 생각한 선택지들에 한정된다고 할 수 있다. 두 번째 단계에서는 뇌가 가장 가치가 높다고 인지한 선택지를 향해 움직인다. 원대한 목표나 장기적 행복이라는 맥락에서 보면 이는 최상의 선택이 아닐 수도 있다. 즉, 단 하나의 정답이란 존재하지 않으며, 뇌가 현재 '가장 높은 가치'를 지녔다고 인지한 선택지는 다른 관점에서 볼 때 그렇지 않을 수도 있다. 예를 들어, 좋은 친구가 되고 싶다고 생각할 때와 경력상의 목표를 이루고 싶다고 생각할 때 선택의 가치는 각각 달라진다. 마지막으로 세 번째 단계에서는 뇌가 선택에 대한 보상을 추적해서 이를 다음 가치 산출에 반영한다. 인간은 선택 과정을 개선하기보다는 선택 결과에 더 큰 비중을 두는 편이다.[23] '가치 기반 의사 결정'의 세 단계를 고려하면 우리에게 최소한 세 가지 개입점이 있다는 말이 된다. '더 다양한 가능성을 상상하기', '기존의 가능성을 다른 관점에서 고려하기', '결과의 다른 측면에 주의하기'가 그렇다.

여기서 경비원의 사례를 다시 생각해보자. 만약 당신이 경비원으로 일하는 중인데 출입문 앞에서 꼼짝달싹 못 하고 소란을 일으키는 사람을 들여보냈다고 하자. 이때 당신의 예측보다 더 만족스러운 사회적 보상을 받았다면(그 사람이 당신에게 함박웃음을 지으며 감사하다고 말하면), 당신의 뇌는 긍정적 예측 오류를 일으킬 것이다. 이 데이터는 당신의 뇌에 저장된 뒤 언젠가 비슷한 소동을 일으키는 사람을 만나면 또다시 그를 들여보내게 한다. 그러나 안 좋은 일이 일어나고 보상이 예측보다 나쁘다면(소란을 일으킨 사람이 모니터 요원이었고, 그에 따라 특별교육을 받게 된 동료 경비원들이 당신에게 짜증을 낸다면), 당신의 가치 체계는 이 데이터 역시 저장할 것이다. 그리고 다음에는 낯선 사람을 들여보내기 전에 한 번 더 생각하게 된다.

물론 그 경비원의 뇌를 스캔해본 적은 없다. 지금까지 살펴본 연구들 대부분은 고도로 통제된 실험실 환경에서 나온 결과이다. 그렇다면 실험실 밖의 현실 세계에서는 실제로 어떤 일이 일어나고 있을까? 과연 가치 체계의 활성도를 일상적 행동과 연결 지을 수 있을까?

선택은 어떻게 만들어지는가

2000년대 초반, 아직 햇병아리 신경과학자였던 나는 학계에 처음 등장한 가치 체계를 보고는 뇌영상을 이용하여 건강과 관련한 의사 결정에 대해 통찰을 얻을 수 있을지 궁금해졌다. 당시 나는 사람들이 더 건강하고 즐겁게 살기 위한 선택을 하도록 돕고 싶었지만, 이것이 꽤 어려운 일이라고 생각하고 있었다. 변화는 어렵다. 심지어 변화하려는 동기가 있을 때조차도 사람들은 자신이 왜 그 행동을 하는지, 그리고 어떤 사고방식이 목표를 이루는 데 유용하고 그렇지 않은지를 숙고하지 않는다.

우선 나는 건강에 관한 조언과 홍보 캠페인을 개선할 방안을 찾으려 했다. 또한 가족과 친구, 룸메이트, 동료와 대화를 나누면서 건강을 위해 변화하도록 그들에게 동기를 부여할 수 있을지, 그리고 그들이 자신과의 대화를 통해 목표에 부합하는 의사 결정을 내리게 할 수 있을지에 대해 궁리했다. 그러는 와중에 뇌영상이 이런 의사 결정을 들여다보는 새로운 길을 열어줄 수 있을지 궁금해졌다. 건강에 관한 조언과 캠페인에 뇌가 어떻게 반응하는지를 관찰하면, 무엇이 사람들을 변화시키는지, 그리고 어떻게 해야 그들의 욕망을 거스르지 않고 활용할 수 있을지 알게 될 것 같았다. 이를 이해하면 더 나은 메시지를 설계하고 선택할 수 있을 터였다.

나는 UCLA 대학원의 맷 리버먼 교수 연구실에 지원했다. 그의 연구실은 인간이 자신과 타인을 이해하고 중요한 결정을 내리는 과정을 연구하는 과학자들로 가득했다. 당시 맷은 젊은 교수들과 함께 사회심리학과 인지신경과학을 통합한 새로운 연구 분야에 불을 붙인 참이었다. 이전까지 신경과학자들은 시각과 기억, 보상과 운동 행동 motor action 같은 주제에 집중했었다. 그래서 '자아는 어디에서 생겨나는가?', '타인의 생각과 감정을 어떻게 이해할 수 있는가?', '상상력은 어떻게 작동하는가?'처럼 존재의 핵심에 다가서는 주제를 파고드는 신경과학자는 그리 많지 않았다.

그때는 연구실의 뇌영상으로 알아낸 사실과 연구실 밖 현실 세계의 행동 변화를 연결될 가능성이 크지 않아 보였다. 하지만 이건 중요한 문제였다. 현실 세계에서 도움이 되지 않는다면 이 연구가 무슨 소용일까? 다행스럽게도 내가 대학원을 다니던 시기에 둘 사이에 연관성이 보이기 시작했다. 메시지를 듣고 행동을 바꿀 가능성이 있는 사람은 누구인지, 어떤 유형의 메시지가 뇌 활성도를 높일 가능성이 가장 큰지를 암시하는 패턴이 뇌의 가치 체계에서 발견된 것이다.

먼저 우리는 선크림 사용에 초점을 맞췄다. 나는 화창한 날이 계속되는 로스앤젤레스에서 피부에 닿는 햇볕이 아무리 따사로워도, 이는 화상을 입히거나 눈에 보이지 않는 자외선으로 피부암을 유발할 수 있다[24]는 사실을 매일 떠올렸다. 그래서 맷과 나는 fMRI를 사용하는 실험을 설계하여, 선크림을 매일 발라야 한다는 메시지를 보여주는 동안 피험자들의 뇌를 스캔했다.

실험 결과는 단순했다. 메시지에 반응해서 가치 체계(특히 복내측전전두피질)의 활성도가 높아진 사람일수록 다음 주에 선크림을 사용할 가능성이 더 커졌다. 이는 가치 체계가 실험실에서의 간단한 선택만이 아니라 실험실 밖 현실 세계에서 행동 변화를 이끌 수 있다는 사실을 보여줬다.

나는 데이터를 확인한 뒤 연구실 소파에서 껑충 뛰어올랐다. 연구실 동료였던 실비아^{Sylvia}는 그때 내가 "오늘은 위대한 과학의 날이 될 거야!"라고 소리쳤다고 아직도 우기지만 내가 그랬을 리가 없다. 과학자가 아닌 사람들도 이 데이터를 보고 흥분할지는 모르겠지만, 아무튼 내게는 엄청난 순간이었다. 이 최초의 연구 결과는 피험자들이 선크림을 사용했다고 스스로 보고한 내용에 기반했지만, 이후 내가 펜실베이니아 대학교에서 이어간 실험, 그리고 다른 연구팀의 실험에서는 더 객관적으로 행동 변화를 측정했을 때도 유사한 결과를 보였다.

정적인 생활 습관을 지닌 성인들에게 더 열심히 운동하라고 조언했을 때, 피험자들의 뇌에서 나타난 가치 체계 활성도는 훗날 이들의 운동량과 연관성을 보였다.[25] 이때 피험자들의 운동량은 손목에 차는 활동 추적기를 통해 객관적으로 측정했다. 마찬가지로, 금연을 권장하는 조언에 가치 체계가 더 강력하게 반응한 흡연자들은 다음 달에 흡연량을 줄일 가능성이 훨씬 더 컸다.[26] 사람들이 흡연량을 얼마나 줄일지 예측하는 능력은 뇌 반응 정보와 자기보고 설문조사 정보를 모두 포함했을 때, 설문조사 정보만 포함했을 때보다 두 배 더 뛰어났다.[27] 이는 설문 조사만으로는 알 수 없는 정보까지 가치 체계가 포착했다는 사실을 시사한다.[28] 왜 이런 일이 일어나는지, 얼마나 더 먼 미래까지 예측할 수 있는지를 알아내는 것이 현재 연구의 최전선에 놓여 있다.

또 다른 연구 과제는 이 책에서 주로 다루는 내용으로, 다른 유형의 결정과 비교하여 사람들이 의도적 결정을 언제, 어떻게 내리는지 이해하는 것이다. 인간의 행동 대부분은 습관적인 루틴에 따른다는 사실이 점점 분명해지고 있다.[29] 이런 유형의 선택은 이 책의 관심사는 아니다. 그러나 습관 중 일부는 의도적 선택에서 시작되며, 바로 이것이 우리가 집중할 부분이다. 내 출근길을 예로 들어 두 선택 사이의 차이점을 설명해 보겠다.

처음에 필라델피아로 이사 왔을 때, 나는 자동차나 지하철을 타는 대신 걸어서 출근하고 싶었다. 바깥 활동을 늘리려는 의도적 선택이었다. 지도 앱을 활용해서 최단 루트를 찾았고, 이 또한 의도적 선택이었다. 그러나 시간이 흐르고 계속 같은 길로 출근하면서 이 선택은 습관이 됐다. 특별한 노력 없이도 무의식적으로 출근할 수 있었다(그리고 그렇게 해왔다). 반면에 자동차를 운전하거나 트롤리 버스를 타거나 다른 길로 걸어가는 일에는 좀 더 의식적인 노력이 필요했다. 요컨대 처음에 목표를 세워서 가치에 기반해 내린 결정도 계속 반복하면 루틴이 되고, 내 출근길처럼 자동으로 이루어지는 행동을 다루는 다른 뇌 체계가 담당하게 된다. 이 책은 첫 번째 유형의 결정, 즉 습관이 되기 전 무언가를 의도적으로 선택하고 행동 경로를 정할 때 어떤 일이 일어나는지를 탐구한다.

새로운 가능성은 언제나 가까이에 있다

평소에 나는 남편 브렛Brett과 함께 출근하지 않는다. 그런데 어느 날 아침, 출근길에 우연히 미니 데이트를 하게 됐다. 집을 나선 뒤 브렛은 파인가로 올라가는 대신 오세이지가로 내려갔다. '여긴 학교로 가는 길이 아닌데'라는 생각에 짜증이 치밀었다. 그러나 그는 함께 걸어가는 동안 거리에 늘어선 프랫 하우스들에서 자신이 좋아하는 아름다운 건물과 흥미로운 작은 탑들, 아치, 매력적인 세부 양식에 관해 설명해 줬다. 브렛은 매일 아침 다양한 길을 탐험하면서 이런 것들을 발견한다고 했다. 그는 나처럼 같은 길만 고집하지 않고 출근길을 새로운 발견과 하루를 풍성하게 해주는 작은 모험이 깃든 산책로로 활용하기를 선택했다. 사실 우리 집에서 펜실베이니아 대학교까지 이어진 길들은 모두 거리가 엇비슷해서 새로운 길로 간다고 특별히 더 시간이 드는 것도 아니었다. 이날의 산책은 내가 주변 세상에 더 큰 관심을 갖고, 사랑하는 사람들과 흥미로운 이야기를 더 많이 나누며, 매일 작은 모험에 뛰어드는 사람이 되도록 이끌었다. 나는 그동안 얼마나 많은 기회를 놓쳤을까?

그래서 우리는 가끔 스스로를 점검하며, 자신이 어떤 행동을 하는 이유를 이해하려고 노력할 필요가 있다.[30] 나는 매일 어떤 선택을 하고 있을까? 그리고 어떻게 선택하고 있을까? 새로운 선택이나 다른 선택을 할 수 있을까? 내가 생각지 못한 가능성이 어딘가에 있지 않을까? 이 선택이 내가 진정으로 원하는 삶을 이루거나 원하는 모습이 되는 데 도움이 될까? 이것들은 지나치게 단순화한 질문들이긴 하지만, 이런 질문들을 던지는 행위는 뇌 체계를 움직여서 가치 체계의 작동 방식을 탐구하고 형성하는 데 도움을 준다.

가치 체계는 다양한 뇌 체계와 조화를 이루며 작동한다. 감각적 입력값(나는 무엇을 보고, 듣고, 냄새 맡고, 만지고, 맛보고 있는가?), 기억 체계(예전에 내게 보상이 됐던 것은 무엇인가?)[31], 집중 체계(지금 내가 집중하는 대상은 무엇인가?)[32] 같은 것들이 이러한 뇌 체계에 포함된다. 감정을 추론하고 조절하는 뇌 체계[33]는 우리가 다양한 입력값에 부여하는 가중치에 변화를 줄 수도 있다. 무엇을 먹을지 선택할 때 내 목적에 따라

'음식의 맛'과 '건강에 좋은 정도'에 서로 다른 가중치를 두는 상황이 바로 그것인데, 이에 대해서는 4장에서 더 자세히 살펴볼 예정이다. 선택을 앞둔 사람의 뇌에서 일어나는 일을 관찰함으로써, 신경과학자들은 가치 체계가 여러 유형의 정보를 합성하고 활용해서 결정에 이른다는 사실을 확인했다.

2장과 3장에서는 가치 평가^{valuation}에 영향을 미치며, 의사 결정에서 특히 중요하게 부상하는 두 가지 뇌 체계에 초점을 맞춘다. 먼저, 인간이 자신을 이해하도록 돕는 '자기 관련성 체계^{self-relevance system}'를 살펴볼 것이다. 자기 관련성 체계는 '나다운가, 나답지 않은가^{Me or Not Me}'란 질문에 집중한다. 현재 나는 무엇에 관심이 있나? 과거에 내게 무슨 일이 일어났나? 미래에는 무엇을 해야 할까? 이런 질문들에 대한 답이 '나다움'을 형성한다. 개인이나 상황에 따라 조금씩 사정은 다르겠지만, 대개 인간은 자신에게 중요한 정도(자신과 관련이 있는지 아닌지)에 따라 대상을 분류한다. 이러한 판단은 개인이 선택에 쏟는 노력과 그로부터 기대하는 보상에 영향을 미친다. 그러고 나면 뇌는 내 취향 및 가치와 연관 지어서 어떤 것이 나답고, 나답지 않은지에 관한 감각을 생성한다. 제니는 자기 관련성 체계 덕분에 자기가 고난도의 연기를 펼칠 수 있는 사람이라는 자신감을 얻었을 것이다. 반면에 경비원의 자기 관련성 체계는 그에게 '남을 돕는 사람'이라는 정체성을 떠올리게 했을 것이다. 이런 정체성을 떠올린 상태에서는 지문 인식에 어려움을 겪는 직원을 도와줄 가능성이 크다. 이처럼 주어진 선택지가 '나다운가, 나답지 않은가'란 감각은 가치 산출 결과에 큰 영향을 미칠 수 있다. 이에 대해서는 2장에서 자세히 다루기로 한다.

가치 산출에서 또 하나 중요한 입력값은 '사회 관련성 체계^{social} $^{relevance\ system}$'에서 나온다.^{34} 사회 관련성 체계는 타인의 생각과 감정을 이해하는 데 기여한다. 그 사람은 무엇에 관심이 있나? 그 사람이 이미 알고 있는 지식은 무엇인가? 그 사람은 다음에 무엇을 할까? 이런 지식을 갖고 있으면 '왜 그 사람은 내 메시지에 답을 하지 않을까?', '그 사람은 농담을 좋아할까?'와 같이 좀 더 구체적인 질문에 답하는 데도 도움이 된다. 인간의 뇌는 타인을 이해하고, 타인이 어떻게 생각하고 느낄지를 예측하는 방향으로 진화했다. 제니는 은행에 침입하려는 계획을 세울 때 사회 관련성 체계를 활용해서 경비원의 반응을 예측했다. 마찬가지로 경비원이 제니가 벌인 소동이 미치는 영향을 보고 그녀를 들여보내기로 선택했을 때, 경비원의 뇌도 사회 관련성 체계에서 보내온 정보에 의존했을 것이다. 우리는 사회 관련성 체계 덕분에 타인의 마음속에서 무슨 일이 일어나는지를 시뮬레이션할 수 있으며(때로는 부정확할 때도 있지만), 가치 체계는 이 정보를 바탕으로 선택을 이끈다. 사회 관련성 체계에 대해서는 3장에서 더 상세히 알아본다.

신경과학자로서, 나는 이러한 지식이 굉장히 중요하다고 생각한다. 가치 체계가 얼마나 유연하고 역동적이며 영향력이 큰지(얼마나 다양한 요인이 선택에 가중치를 부여할 수 있는지)를 깨달으면, 나와 타인이 변화하고 적응하며 성장할 능력과 가능성을 더욱 실감할 수 있다. 뇌가 어떻게 선택지들의 가치를 평가하는지 이해하고 나면, 우리는 자신의 결정을 더 넓은 관점에서 조망할 수 있게 된다. 나는 이것을 '가능성이 어디에 있을까?'라는 질문을 탐색하는 하나의 방법이라고 생각한다. 마치 손전등의 불빛으로 어둠을 비춰서 이전까지 있는 줄도 몰랐던 틈이나 탈출구, 앞으로 나아갈 길을 찾는 것과 같다.

앞서 살펴봤듯이, 뇌가 어떤 선택지에 부여하는 가치는 절대적인 고정값이 아니다. 인간의 행동은 유전자나 교육 수준, 성격만으로 결정되지 않으며, 그보다는 맥락과 문화에 더 크게 좌우된다. 제니 같은 사람은 이 사실을 이용해 타인의 가치 산출에 작용하는 몇 가지 요인을 추측하고 자신의 목표에 도움이 되는 요소들을 부각시키는 상황을 만들어낼 수 있다. 이는 위장 은행 강도에게만 유용한 지식은 아니다. 이 원리를 이해하면, 은행 경영진은 경비원의 관점에서 상황을 바라보고 '도움을 주는 사람'이라는 경비원의 정체성에 부합하면서도 은행을 보호하는 해결책을 제시할 수 있게 된다. 같은 방식으로 우리는 자신과 타인의 가치 산출이 어디에 집중하게 할지 영향을 미칠 수 있으며, 이를 통해 결과를 바꿀 수 있다. 눈앞에 있는 선택지의 범위를 확장하고 목적과 가치에 반하는 부분을 찾아서, 일상의 선택이 더 원대한 목표에 부합하도록 조정하면서 결과를 바꾸는 것이다. 그러나 이러한 가능성을 이해하려면, 먼저 '나는 누구인가?'라는 마음속 질문에 답할 수 있어야 하며, 그 대답이 선택 과정과 어떤 관계가 있는지를 알아야 한다.

2장

뇌는 나다운 것을 선택한다

정체성과
뇌의 선택 기준

당신이 평소에 미국 대중문화를 즐기는 편이라면, 배우이자 코미디언인 제니 슬레이트Jenny Slate의 작품을 한 번쯤은 봤을 가능성이 크다(변명 같긴 하지만, 이 책에 등장하는 모든 인물이 제니라는 이름을 가진 건 아니다). 〈새터데이 나이트 라이브Saturday Night Live〉에 출연한 모습이나, 드라마 〈팍스 앤 레크리에이션Parks and Recreation〉에서 무례하고 교양 없는 모나리사 세이퍼스틴Mona-Lisa Saperstein 역, 뉴포트비치 영화제에서 수상한 로맨틱코미디 영화 〈오비어스 차일드Obvious Child〉에서 도나 스턴Donna Stern 역을 연기하는 제니를 봤을지도 모른다. 혹은 자신의 이름을 내건 넷플릭스 다큐멘터리 〈제니 슬레이트: 무대 공포증Jenny Slate: Stage Fright〉을 봤을 수도 있다. 당신은 어쩌면 제니의 목소리만 알고 있을지도 모르겠다. 〈주토피아Zootopia〉와 〈슈퍼배드Despicable Me〉, 〈빅 마우스Big Mouth〉, 〈밥스 버거스Bob's Burgers〉와 같은 애니메이션 작품들, 그리고 아카데미상 후보작이었던 스톱모션 영화 〈신발을 신은 조개껍데기 마르셀Marcel the Shell with Shoes On〉에서 제니의 목소리를 들었을 수 있다.

어떤 캐릭터를 연기하든 '나다움'이 두드러지는 것이 제니의 매력이

2장 뇌는 나다운 것을 선택한다

다. 하지만 처음부터 그랬던 건 아니다. 〈새터데이 나이트 라이브〉에 출연하던 시절, 제니는 다른 사람들의 롤모델로 주목받는 코미디언이 되고 싶었다. 이 프로그램은 여러 세대에 걸쳐 수많은 코미디언이 출연하고 싶어 했던 미국 대중문화계의 전설이었고, 제니는 같이 일하는 동료들을 좋아했다. 하지만 이따금 위화감이 느껴졌고, 자기답지 않은 행동을 하고 있다는 생각이 들곤 했다.

당시 제니에게는 '코미디언은 이래야 한다'라는 믿음이 있었다. 코미디언이라면 대담하고 뻔뻔한 개성을 보여줘야 한다고 생각했다. 그래서 그 틀에 맞춰서 자신을 보여줄 방법을 오랫동안 궁리했다. '어떻게 해야 냉소적으로 보일까?'[1] 같은 고민을 하면서 말이다. 문제는 표현하려는 그 캐릭터가 실제 제니와 꽤 다르다는 데 있었다. 제니는 다른 사람을 아주 많이 배려하는 성격이었다. 그래서 그는 코미디언이란 직업이 자신과 맞지 않으며, 자기가 실패했다고 느꼈다. 모든 문제가 자신에게 있다고 생각했다.[2]

그러던 어느 날, 제니는 자신의 새로운 목소리를 발견했다. 다정하면서도 까슬한 어린아이 같은 목소리였다. 그때 제니는 결혼식에 참석하기 위해 사람들로 빽빽한 호텔 방에 있었는데, 갑갑한 마음에 즉흥적으로 자연스럽게 나온 그 목소리는 평소에 제니가 자신을 얼마나 작고 답답하게 여기는지를 여실히 드러냈다. 제니의 본래 목소리는 아니었지만, 분명 제니의 목소리였다. 주변에 있던 친구들이 제니의 목소리를 듣고 웃음을 터트렸다.

결혼식이 끝난 뒤, 제니는 당시 함께 일하던 딘 플라이셔 캠프Dean

Fleischer Camp 감독에게 이 목소리를 들려주고 새로운 캐릭터를 만들었다. 딘은 수공예품을 파는 상점에서 필요한 소품들을 사 왔고, 두 사람은 여러 물건을 이어 붙여서 마르셀을 만들었다. 이렇게 해서 조개껍데기로 만든 작은 몸에 커다란 눈이 달렸고 작은 분홍색 신을 신은 마르셀이 탄생했다. 두 사람은 마르셀의 일상과 그가 좋아하는 것들을 보여주는 짧은 스톱모션 영상을 찍었다. 이 영상에서 마르셀은 렌틸콩 모자를 쓰고 도리토스 나초칩으로 행글라이더를 만들어 모험을 즐긴다. 조개껍데기 마르셀은 카메라를 향해 "개를 키우지 못하는 게 제일 아쉬워"라고 말한다. 그러고는 이렇게 덧붙인다. "그 대신 머리카락 한 올로 보풀 덩어리를 묶어서 끌고 다니곤 해." 마르셀은 자기 자신을 불만스럽게 생각하지 않는다. "가끔 사람들은 내 머리가 몸에 비해 너무 크다고 해. 그럼 나는 이렇게 말하지. 뭐에 비해?!"

제니와 딘은 〈신발을 신은 조개껍데기 마르셀〉 영상을 유튜브에 올린 뒤 가족과 친구에게 보여줬다. 있는 그대로 감정을 드러내고, 겸손하거나 수줍음을 탈 때도 있지만, 직설적이고 솔직하며 매력적이고 진실한 마르셀은 제니와 상당히 닮았는데, 미국의 전형적인 코미디 작품에서는 절대 볼 수 없는 캐릭터였다. 그래서 제니는 마르셀에게 쏟아지는 열렬한 반응에 깜짝 놀랐다. 몇몇 친구와 가족만 보리라는 예상과 달리, 3600만 명 이상이 마르셀의 영상을 시청했다. 그리고 제니의 친구들처럼 수많은 사람이 마르셀과 사랑에 빠졌다.

자신을 진솔하게 드러낸 작품이 대중에게 받아들여진 경험은 일종의 계시처럼 느껴졌다. "그 순간 그게 가치 있는 일이라는 사실을 깨달았어요. (…) 마치 마법이 존재한다는 사실을 알게 된 기분이었죠"라고 제니는 말했다.

이 일을 계기로 제니는 관객과 공감하기 위해 자신이 아닌 다른 사람인 척을 하거나 냉소적인 캐릭터를 연기할 필요가 없다는 점을 깨달았다. 이제 본래의 자아에 맞서거나 이를 억누르는 대신 자신을 표현하는 예술을 창조할 수 있었다. 그렇게 해서 삶과 일에서 자주적이고 자신과 조화를 이루며 편안하게 느껴지는 새로운 가능성을 발견했다. 코미디의 세계가 갑자기 확 넓어진 듯했다.

그 후, 제니가 느낀 '나다움'은 마르셀 시리즈(쇼츠·어린이책·장편 영화)뿐만 아니라 스탠드업 코미디, 저서 《작은 괴짜들 Little Weirds》 등 다양한 프로젝트로 이어졌다. 뭔가 잘못됐다고 말하는 목소리("이건 나답지 않아")에 귀를 기울이고, 진짜 자신이라고 느껴지는 목소리("이게 나다워")에 집중한 결과, 제니는 재밌으면서도 공감을 불러일으키는 예술을 창조할 수 있었다.

'나다움'을 알아내고 인지하는 제니의 능력은 뇌의 '자기 관련성 체계 self-relevance system'에서 비롯한다. 신경과학자들은 과거 경험과 현재 상황, 미래 목표를 바탕으로 '나답거나, 나답지 않은 것'에 관한 감각이 형성될 때 어떤 뇌 영역이 사용되는지를 발견했다. 자기 관련성 체계는 현재의 심리 상태와 전반적 성향, 인생의 선택과 경험이 더 일관된 방향을 이루도록 하는 법, 자신에게 만족스러운 선택을 하는 법을 찾을 수 있게 돕는다.

방금의 설명이 가치 산출과 비슷하게 들렸다면 이는 결코 우연이 아니다. 자기 관련성 체계와 가치 체계는 뇌 속에서 매우 밀접하게 얽혀있으며, 자기 관련성은 가치 산출에 투입되는 주요 입력값이고 그 역도 성립한다. 직장에서 누구와 사이좋게 지낼지, 어떤 책을 읽을지, 어떤 영화를 볼지, 어떤 취미를 시작할지 등의 결정을 내릴 때, 뇌는 눈앞에 놓인 선택지들이 '나다운가, 나답지 않은가'를 평가한다.

정체성과 일치하는 선택을 하면 만족감을 느끼게 되고, 맞지 않는 선택을 하면 버겁게 느껴질 수 있다. 가치 산출은 '뇌에서 나답다고 느끼는 선택'을 선호하는 경향이 있다. 이것이 바로 자기 관련성이 의사 결정 과정에 강력한 영향을 미치는 이유이다.

그렇다면 뇌는 무엇이 '나다운지'를 어떻게 결정할까? 정체성과 일치하는 선택을 하면 왜 큰 만족감이 느껴질까?

뇌의 선택 기준은 '나다움'이다

제니는 자신이 어떤 사람인지, 그리고 그 특징을 어떻게 마르셀에게 반영했는지 질문받았을 때, '공리주의적 긍정주의 utilitarian positivity'라는 용어로 이를 설명했다. '공리주의적'이라고 표현한 이유는 마르셀과 제니 모두 근면한 지략가 스타일이기 때문이었다. 그리고 '긍정주의'라는 표현은 둘 다 긍정적 관점을 갖고 무수한 가능성을 내다보는 낙관론자라는 점을 표현하기 위해 사용했다. 개를 키울 수 없었던 마르셀이 대신 보풀 덩어리를 끌고 다녔다는 사실을 떠올리면 바로 이해가 될 것이다. "내 신조 같은 말이에요. 그리고 영화에서는 이게 마르셀이 살아가는 방식이죠"라고 제니가 이야기했다. 마르셀과 제니는 다른 사람과 진심으로 교감하고 싶어 한다. 마르셀을 보고 있는 사이 우리는 제니의 마음속을 들여다보는 셈이다.

나는 예술을 매개로 자신이 어떤 사람인지를 대중에게 전하는 제니의 창의력에 감탄했지만, 그녀를 포함하여 우리 인간의 뇌가 '나는 누구인가?'와 같은 질문에 답할 수 있다는 점에 신경과학자로서 특히 깊은 감명을 받았다. 자신이 어떤 사람인지, 그리고 그 특징을 마르셀에게 어떻게 투영했는지처럼 언뜻 간단해 보이는 질문들에 답하기 위해 제니의 뇌가 수행해야 하는 다양한 기능을 떠올려보라. 제니는 자신이 어떤 사람인지 알아내기 위해 수많은 기억을 떠올리고, 마르셀을 창조했던 기억도 함께 떠올린 뒤, 두 기억을 하나로 이어서 해답을 찾아야 한다. 이때 제니의 뇌에서는 무슨 일이 일어날까?

뇌가 어떻게 자기 관련성을 추적하는지를 조사한 초기 연구에서는 피험자들에게 자신의 특성, 현재의 생각과 감정, 신체적 특징에 관해 숙고하게 했다.[3] 뇌영상을 촬영하는 동안 피험자들은 자신의 성격이 어떤지 생각했다(나는 지적인가, 지저분한가, 신경질적인가?). 이러한 '성격 판단 과제'trait judgment task'는 자기 관련성을 추적하는 뇌 영역을 관찰할 때 자주 활용된다. 뇌 스캔의 다른 파트에서는 피험자들이 현재 기분이 어떤지(나는 지루한가, 흥미로운가, 행복한가?) 점수를 매겼고, 마지막으로 자신의 신체적 특성(나는 키가 큰가, 주근깨가 있나, 근육질인가?)을 생각했다.[4] 이런 세 가지 사고는 공통으로 내측전전두피질을 활성화했는데, 이는 인간에게 '특정 순간의 자신'과 '보편적 자신'에 대해 고찰하는 능력을 뒷받침하는 공통 신경 구조가 있다는 사실을 시사했다.

내측전전두피질 같은 자기 관련성 체계는 '나는 예의 바른 사람인가?', '나는 지저분한 편인가?'와 같은 기본적 질문에 답하는 일을 도울 뿐만 아니라, 자아의 다양한 특성이 자신에게 얼마나 중요한지도 추적한다.[5] 어떤 특성은 우리 존재의 '핵심'에 가깝지만, 또 다른 특성은 그 핵심에서 파생된다. 제니의 경우에는 타인과 교감하고 싶다는 욕망과 타인에 대한 신뢰가 핵심 특성이고, 상냥함 같은 다른 특성은 핵심에서 파생된 지엽적 특성이다.

인간이 자기 자신이나 자신의 성향에 대해 생각할 때는 내측전전두피질과 함께 후대상피질posterior cingulate cortex, 쐐기앞소엽precuneus 같은 뇌의 자기 관련성 체계에서 활성도가 증가한다. 이 뇌 영역들은 경험을 기억하고 떠올리는 일을 도우며(이는 우리가 자신에 대해 학습하는 주요한 방식이다), 미래를 상상할 수 있도록 해준다(이는 우리가 자신과 관련된 목표를 추구하게 한다).[6] 이러한 유형의 사고는 어떤 대상이 우리와 관련이 있는지 아닌지를 결정할 때 꼭 필요하다.

실제로 자기 관련성 체계는 인간의 경험을 '개인적 중요도'와 '감정적 강도'에 따라 걸러낸다. 피험자들에게 인생의 다양한 경험을 떠올려 보라고 요청한 연구가 있었는데, 내측전전두피질의 활성도가 단순히 객관적 관점에서 무슨 일이 일어났는지를 넘어서 그 기억이 얼마나 중요한지를 추적한다는 사실을 알 수 있었다.[7]

한층 더 깊이 파고들면, 이런 유형의 뇌영상 연구는 자기 관련성 체

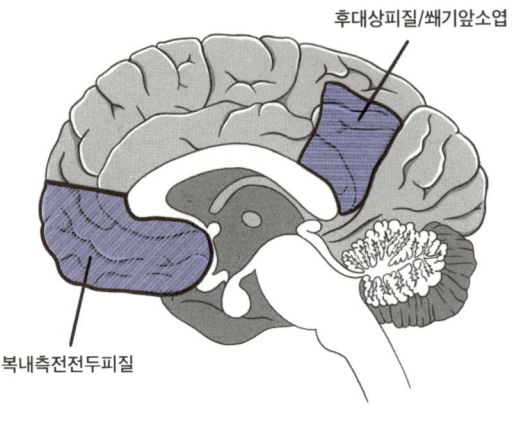

복내측전전두피질, 후대상피질, 쐐기앞소엽은 뇌의 다른 영역들과 함께 자기 관련성, 즉 무엇이 나답거나 나답지 않은지를 판단하는 데 관여한다.

계 내의 다양한 영역이 자기 관련성의 각기 다른 측면을 추적한다는 사실도 알려준다. 예를 들어, 과거에 일어났던 일을 기억하고(우리가 어디에 있었는지, 누가 함께했는지, 무슨 일이 일어났는지 등 자전적 기억을 떠올리는 것), 거기에 의미를 부여하는 일(그 사건이 자신의 성격에 대해 무엇을 말해주는지, 자신이 어떻게 바뀌었는지, 그 사건이 삶의 핵심 경험들과 어떻게 연관되는지를 생각하는 것)은 자기 관련성 체계의 각기 다른 영역에서 일어난다.

자기 관련성 체계 내의 여러 영역은 어떤 사건이 우리에게 얼마나 긍정적이거나 부정적인지, 그리고 그 사건을 얼마나 생생하게 떠올리는지를 추적할 때도 활성화됐다.[8] 미래에 일어날 일을 상상할 때 뇌의 자기 관련성 체계가 작동한다는 연구 결과도 있었다(우리는 현재를 가장 생생하게 경험하며, 미래를 선명하게 상상하는 일을 어려워한다. 이는 우리가 미래의 목표에 우선순위를 두기 어렵게 만든다. 이에 대해서는 뒤에서 자세히 설명할 예정이다).[9] 피험자들이 복권 당첨처럼 좋은 일이나 집에 불이 난 것처럼 나쁜 일을 상상하면, 이들의 내측전전두피질과 후대상피질 같은 자기 관련성 체계가 각각의 사건이 얼마나 긍정적이거나 부정적인지를 추적했다. 쐐기앞소엽 같은 영역들은 피험자들이 사건 장면을 더 생생하게 상상할수록 더 활성화했다. 나는 사고의 감정가^{valence}(특정한 사건이나 대상, 상황에 대해 좋거나 싫은 정도를 나타내는 심리학 용어-옮긴이)와 생생함을 뇌의 서로 다른 영역이 담당한다는 사실이 꽤 중요하다고 생각하는데, 이를 바탕으로 사고 과정을 촉진하거나 억제할 수 있기 때문이다.[10]

이쯤에서 뇌영상을 촬영하는 fMRI라는 도구가 과학계에서 어떤 위치인지 짚어볼 필요가 있다. 만약 fMRI로 뇌를 스캔할 수 없었다면, 이 과정들이 서로 어떻게 연관됐는지 영영 알지 못했을 것이다. 과학자들은 표면적으로 서로 달라 보이는 생각과 감정이 실제로 뇌 속에서 유사한 처리 과정을 거친다거나, 유사해 보이는 것들이 실제로 뇌 속에서 서로 전혀 다른 처리 과정을 거친다는 사실을 뇌 스캔을 통해 알 수 있었다. 기억을 떠올리고(우리가 어디에 있었는지, 누가 함께했는지, 무슨 일이 일어났는지 등 구체적 사실을 기억하는 것), 거기에 의미를 부여하는(그 기억이 삶의 다른 경험과 어떻게 연관되는지, 자신에 관해 무엇을 말해주는지 생각하는 것) 과정이 자기 관련성 체계의 서로 다른 영역을 활용한다는 점은 분명하게 드러나지 않는다. 반면에 자신의 특성에 관한 사고는 자전적 기억을 떠올리고 미래를 상상하며 전반적 선택을 내리는 영역과 비슷한 곳에서 관장한다.

자기 자신에 대한 긍정적 환상

뇌영상으로 밝혀진 놀라운 사실이 또 한 가지 있다. 자기 관련성 체계와 가치 체계가 꽤 많이 겹친다는 점이다.[11] 자기 관련성과 가치를 계산할 때는 내측전전두피질 같은 뇌 영역이 크게 활성화된다. 사실, 자기 관련성과 가치는 매우 긴밀히 얽혀있기에 실험 환경에서도 이 둘을 분리하기가 매우 어려운 편이다.

나는 예전에 대학원생 크리스틴 숄츠Christin Scholz(크리스틴은 당시에 내 연구실에 소속된 대학원생이었는데, 현재는 암스테르담 대학교 교수로 재직 중이다), 신경과학자 니콜 쿠퍼Nicole Cooper와 함께 자기 관련성 체계와 가치 체계 중 하나를 분리해서 추적하는 실험을 했었다. 우리는 두 체계를 구별할 수 있다면 서로 다른 처리 과정이 언제, 왜 행동을 변화시키는지 파악하여 어떤 유형의 개입이 각 과정에 효과적인지 알아낼 수 있으리라 생각했다. 앞에서 설명했던 성격 판단 과제를 실험에 활용하기로 하고, 피험자들에게 '지적인, 예의 바른, 게으른, 지저분한' 등의 단어를 보여줬다. 피험자들이 각각의 단어가 자신에게 해당하는지를 결정하는 동안, 다시 말해 자기 관련성을 따져보는 동안 우리는 이들의 뇌를 스캔했다. 나중에 스캔 결과들을 비교하면, 뇌의 어느 영

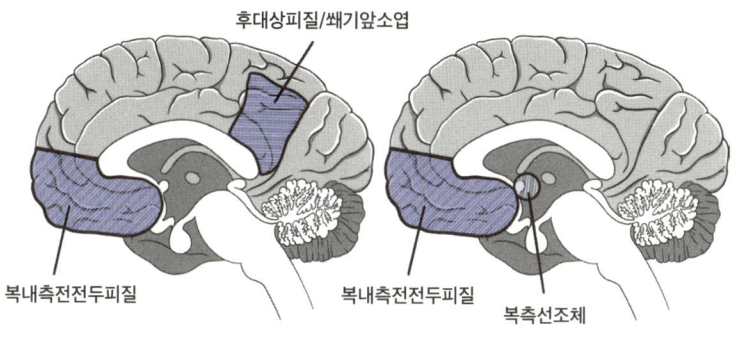

자기 관련성 체계의 핵심 영역(왼쪽)과 가치 체계의 핵심 영역(오른쪽)을 비교하면, 내측전전두 피질과 여러 영역이 중첩된다. 사람들이 좋아하는 것을 판단할 때 보이는 뇌 활성화 패턴은 자기 관련성을 예측할 때도 나타나며, 그 역도 성립한다.

역이 자기 관련성을 처리하는지, 그리고 어느 영역이 가치를 처리하는지 알 수 있을 터였다.

그러나 문제가 있었다. 피험자들이 자기 관련성과 가치를 판단할 때 이를 분리해서 따로 확인할 만한 단어를 찾기가 상당히 어려웠다. 피험자들은 자신을 잘 묘사한다고 느낀 단어들에 대해 자기 관련성이 높을 뿐만 아니라 더 가치 있다고 평가했다. 실험이 제대로 성립하려면 '좋지만 나답지 않은 단어' 그리고 '나답지만 나쁜 단어'를 찾아야만 했다. 결국 예비 실험을 여섯 번이나 거친 뒤에야 '나다움/나답지 않음(me/not me)', '좋음/나쁨(good/bad)'에 대한 평가를 바탕으로 나올 수 있는 단어 조합(나다움+좋음/나다움+나쁨/나답지 않음+좋음/나답지 않음+나쁨)을 최종적으로 정할 수 있었다. 예를 들어, '나답지 않음+좋음(not me+good)'의 조합에는 '귀족적인·유연한·부유한' 같은 단어가 들어갔다. '냉소적인·수줍은·성급한' 같은 단어들을 '나다움+나쁨(me+bad)'의 조합에 올려놓는 피험자들도 있었다. 그런데도 어떤 특성에 대해 자기 관련성을 평가할 때 나타나는 뇌 패턴은, 가치를 평가할 때 나타나는 뇌 패턴과 여전히 매우 유사했다.[12]

우리 뇌는 매우 빈번하게 자기 관련성과 가치를 동일시한다. 다른 연구팀에서도 피험자가 긍정적 이미지나 부정적 이미지를 볼 때(귀여운 강아지 사진과 선혈이 낭자하는 자동차 사고 현장의 사진) 나타나는 뇌 패턴이 자신과 타인에 관해 생각할 때(나는/내 친구는 예의 바른 사람인가?) 똑같이 나타난다는 사실을 발견했다.[13]

이를 확인하기 위해 굳이 뇌를 스캔할 필요는 없다. 예를 들어, 누군가에게 자신에 관해 설명해야 하는 경우를 생각해보자. 아마도 당신의 설명은 좋아하는 것과 싫어하는 것으로 채워질 것이다. 이런 식으로 말이다. "저는 스카이다이빙을 좋아합니다. 다정한 사람들이 나오는 드라마를 즐겨 보죠. 시끄러운 파티는 좋아하지 않고요." 데이트 앱을 보면 '해변 산책과 클래식 음악을 사랑함', '기후변화 문제에 관심이 많음', '온종일 문자로 농담 따먹기를 즐기고 숯검댕이 눈썹에 진심임' 이런 자기소개를 확인할 수 있다. 우리는 취향과 정체성, 가치 있게 여기는 것을 자신의 존재와 너무나 밀접하게 연결 짓기 때문에 이런 몇 가지 정보만으로도 상대방을 어느 정도 안다고 믿는다. 실제로 우리는 자신이 어떤 사람인지 보여주기 위해 데이트 앱이나 소셜 미디어 계정에서 좋아하는 것과 싫어하는 것을 밝힌다.[14]

또한, 당신의 자기소개에는 자신의 핵심 특성도 포함될 것이다. 제니에게 자신을 설명하라고 하면, 아마도 긍정적이고 아이디어가 풍부하며 타인과 교감하려는 욕구가 강하다고 말할 가능성이 크다. 누군가는 자신이 친절하고 호기심이 많으며 공정하다고 할지도 모르겠다. 이때 흥미로운 점은, 대부분 자신의 핵심 특성을 설명할 때 부정적인 단어는 잘 고르지 않는다는 사실이다.

왜 그럴까? 연구 결과에 따르면, 좋든 싫든 인간은 대개 자신에 대해 긍정적 환상을 품는다. 사실이 아닌데도 자신을 '평균 이상'이라고 생각하는 것이다(보통 사람보다 운전을 잘하고, 평균보다 똑똑하다 등).[15] 인간의 이런 성향을 밝힌 연구에서는 학생들에게 다양한 성격 특성을 제시하고 자신과 평균적인 대학생을 얼마나 잘 설명하는지 평가하게 했다.[16] 대체로 학생들은 긍정적 특성(협조적·사려 깊은·공손한)에 대해 자신을 평균보다 더 높게 평가했다. 그리고 부정적 특성(기만적·속물적·악의적)에 대해서는 자신을 평균보다 더 낮게 평가했다. 이러한 현상은 특히 자신이 통제할 수 있다고 믿는 특성(냉정한·정직하지 않은·친절한·충직한·진실한)에서 두드러지게 나타났고, 통제가 어렵다고 여기는 특성(창의적·성숙한·까먹는·수줍은)에서는 잘 목격되지 않았다. 대부분의 경우 사람들이 일부러 자신을 왜곡하진 않는다(면접이나 애인의 가족을 처음 만나는 자리, 데이트 앱 프로필을 만들 때는 예외다). 하지만 자기 관련성 체계가 '당신은 친절한가?'와 같은 질문에 반응할 때, 그 답은 낙관적이고 편향됐으며 불완전하다. 그리고 이건 중요한 문제이다.[17] 앞에서 자기 관련성 체계와 가치 체계가 꽤 중첩된다고 했던 이야기를 기억하는가? 우리는 이렇게 결함을 품고 지나치게 단순화한 자아상을 바탕으로 중요한 의사 결정을 내리곤 한다.

변화를 유도하는 맞춤형 조언

정체성은 가치 산출에 투입되는 핵심 입력값이다. 흔히 나의 선택과 행동이 자신의 존재를 정의한다고 하지만, 사실 그 반대도 성립한다. 내가 자신을 어떻게 인식하는가 하는 '자아 개념self-conception'이 나의 선택을 이끌 때도 있다.

연구자들은 개인의 정체성, 목표 혹은 가치관에 맞춘 '맞춤형 메시지'가 일반적인 '포괄적 메시지'보다 더 효과적으로 행동을 유도한다는 사실을 입증했다.[18] 맞춤형 메시지는 특정한 개인이나 청중을 대상으로 한 것처럼 보이도록 메시지 내용을 개인화하기도 한다. 예를 들어, 이름 같은 명확한 단서를 넣거나("제시카, 당신만을 위한 특별한 제안이에요!") 대상과 유사한 인구 집단에 속하는 전달자를 활용할 수도 있다(내 SNS 피드에는 나와 비슷한 연령대의 백인 여성이 내가 입을 법한 옷을 입고 등장하는 광고가 가득하다). 맞춤형 메시지는 포괄적 메시지보다 대체로 더 효과적이지만, 개인의 특별한 필요나 가치관, 목표를 더 자세히 반영한 메시지는 더 큰 효과를 거둔다. 흡연자 수천 명을 무작위로 나누어 각각 맞춤형 메시지와 포괄적 메시지를 들려주는 '무작위 대조 실험randomized trial'을 한 결과, 포괄적인 금연 조언을 들은 대조군보다 개인적인 흡연 이력, 금연 동기, 금연 중에 마주할 어려움을 반영한 맞춤형 조언을 들은 실험군에서 금연 성공 확률이 더 높았다. 6주 뒤에 확인해보니 맞춤형 조언을 들은 흡연자는 29퍼센트가 금연에 성공했지만, 포괄적 조언을 들은 대조군에서는 24퍼센트만 금연에 성공했다. 12주 뒤에는 맞춤형 조언을 들은 실험군의 23퍼센트가 금연을 유지했지만, 대조군은 18퍼센트뿐이었다.[19]

그런데 이 과정은 뇌에서 어떻게 진행될까? 미시간 대학교의 해나 추아(Hannah Chua)와 빅 스트레처(Vic Strecher)가 수행한 연구는 흡연자 개개인의 동기에 맞춘 조언이 포괄적 조언에 비해 자기 관련성 체계와 사회 관련성 체계의 활성도를 높인다는 사실을 알아냈다.[20] 이들은 30일 이내에 금연에 성공하고 싶어 하는 흡연자 91명의 뇌를 스캔하는 동안 맞춤형 조언과 포괄적 조언을 보여줬다. 스캔에 앞서 실시한 설문 조사를 바탕으로, 비용에 민감한 피험자에게는 당신은 '담배에 돈을 낭비하는 게 넌더리 나서 금연하고 싶어 한다'라는 맞춤형 조언을 제시했다. '흡연자는 비흡연자보다 병원에 더 자주 입원한다'라는 포괄적 조언도 이어서 들려줬다. 반면, 건강 문제에 더 큰 관심을 보인 흡연자에게는 '당신은 계단을 오르기조차 힘들 정도로 건강이 좋지 않다고 느낄 때가 있다'라는 맞춤형 조언을 제시했다. 그러고는 '많은 흡연자가 담배에 낭비하는 돈이 아까워서 금연한다'라는 포괄적 조언을 들려줬다. 요컨대 같은 메시지라도 개인의 관심사와 동기에 따라 누군가에는 맞춤형 조언이, 다른 누군가에는 포괄적 조언이 될 수 있다.

뇌영상은 포괄적 조언보다 맞춤형 조언이 자기 관련성 체계의 핵심 부위들을 더 강하게 활성화한다는 사실을 보여줬다. 특히 내측전전두피질과 쐐기앞소엽이 활발하게 반응했는데, 이들은 어떤 것이 나답거나, 나답지 않은지를 판단하는 데 관여하는 부위이다.[21] 물론, 포괄적 조언도 이 부위들을 활성화하긴 했지만 맞춤형 조언에 더 큰 반응을 보였다. 결정적으로, 연구팀은 맞춤형 조언을 듣고 자기 관련성 체계가 특히 활성화한 사람들이 이후 4개월간 금연을 지속할 가능성이 더 크다는 사실을 발견했다.

우리가 마주한 선택이 금연처럼 거창한 문제가 아닐 수도 있다. "당신의 개성을 표현하고, 독창적이며 혁신적인 해결책으로 놀라움을 선사하면서 끝없는 가능성을 제공하는 (…) 이 배낭은 이제 발견과 희열, 자유의 상징이 됐다." 자신을 자유로운 영혼으로 정의하는 사람은 이런 식으로 감성을 건드리는 설명에 주목할 때 객관적 품질("내부에 주머니가 많아서 필요한 것들을 전부 담을 수 있으므로 유용하고 편하다")에 주목할 때보다 자기 관련성 체계와 가치 체계에서 더 높은 활성도를 보인다.[22] 자신이 사실을 중시하며 합리적 의사 결정을 한다고 믿는 사람들에게는 그 반대가 성립한다.[23]

'자기 관련성의 힘'은 정체성과 일치하거나 모순되는 선택에 의식적으로 집중하는 것이 가치 산출에 영향을 미치고 일상의 행동에 변화를 일으킬 수 있다는 사실을 시사한다.[24] 광고와 정치 선전, 공중보건 캠페인이 이를 가장 잘 보여준다. 우리는 이 지식을 활용해서 타인의 정체성에서 핵심이 되는 부분에 초점을 맞추어 상대를 설득할 수 있고, 반대로 누군가가 이 방식으로 우리를 설득하려 한다는 사실을 알아차릴 수도 있다. 예를 들어, 회사에 자신을 똑똑하지는 않지만 분위기 메이커라고 생각하는 후배가 있다고 하자. 그렇다면 이 후배에게 업무용 프레젠테이션을 가르칠 때 사람들을 사로잡는 일에 빗대어 설명하는 것이 효과적일 수 있다. 이 지식을 자기 자신에게 활용하면, 힘들지만 하고 싶은 일에 도전하도록 스스로를 설득할 수도 있다. 당신이 외향형 인간이고 밖으로 나가면 기분이 좋아지리라는 사실을 알면서도 좀처럼 밖에 나가서 몸을 움직이기가 힘들다고 해보자. 이때 당신이 자신을 사교적인 사람이라고 인식한다면, 단체 하이킹이 이러한 자아 개념과 어떻게 부합하는지에 집중함으로써 하이킹에 나설 동기를 더 쉽게 찾을 수 있다(당신이 내향형 인간이라면 혼자만의 시간을 위한 활동이라는 측면에 집중하면 된다). 이는 평소에 신체적으로 활발히 움직이는 편이 아닐수록 더욱 효과적인 방법이다.

다만, 무엇이 '나답거나, 나답지 않은지'를 구분하는 기준이 절대적이지 않다는 사실을 염두에 두고 있어야 한다. 우리의 자아는 특성과 정체성의 집합체다. 나는 자신을 성실한 노동자, 충실한 친구, 신중한 과학자, 인내심 있는 부모, 힘이 되는 상사라고 생각한다. 그러나 때로는 어리석은 짓을 할 때도 있고, 멍청한 교수, 참을성 없는 부모, 건망증이 심한 상사이기도 하다. 하버드 대학교의 심리학자 엘런 랭어Ellen Langer는 같은 선택도 관점에 따라 자신의 정체성과 완전히 들어맞을 수도, 그렇지 않을 수도 있다고 지적한다.[25] 어떤 사람은 자신을 '믿음직스럽고 자발적이며 타인을 신뢰하는 성격'이라고 낙천적으로 생각하지만, 그 사람에게 덜 호의적인 타인은 '융통성이 없고 충동적이며 잘 속는 성격'이라고 판단할 수도 있다. 자 그럼, 나는 핼러윈에 열리는 과학 토크 행사에서 망치 분장을 할 수 있는 사람일까? 맞다……. 나는 그럴 수 있는 사람이다.

이러한 유연성을 활용할 수도 있다. 내가 원하는 선택을 정체성과 일치시킴으로써, 자신의 행동과 경험에 대해 주체성과 자율성을 더 크게 느끼도록 하면 된다. 같은 방법으로 타인을 도울 수도 있다. 예전부터 나는 스스로가 운동을 잘한다고 생각해 본 적이 없었다. 어렸을 때 나는 공부를 잘 했다. 수학과 과학을 사랑했지만, 운동에는 별 재능이 없었다. 성인이 되고 나서 스트레스를 해소하고 긴장감을 풀려고 조깅을 시작했지만, 자신을 '러너^{runner}'라고까지 생각한 적은 없었고 더 빨리 달리고 싶다는 욕심도 전혀 없었다. 그러던 어느 날, 운동 신경을 타고난 내 남동생 에릭^{Eric}이 목표를 세우고 한두 달 달리기 훈련을 해보라고 제안했다. 그러면 내가 더 빠르게 달릴 수 있을 뿐만 아니라, 그 속도가 쉽게 느껴질 거라고 했다.

나는 깜짝 놀랐다. 어째서 에릭은 내가 빨리 달리고 싶어 한다고 생각했을까? 운동 실력은 내게 중요한 것이 아니었고, 에릭도 그 사실을 알고 있었다. 하지만 동시에 에릭은 내가 무엇을 중요하게 여기는지도 잘 알았다. "학자 중에는 훌륭한 러너도 많아"라고 에릭은 서두를 뗐다. "훌륭한 러너이든 성공한 학자이든, 둘 다 목표를 이루려면 많이 노력해야 하잖아. 누나는 이미 그런 정신력을 갖췄어."

그제야 에릭의 의도를 이해할 수 있었다. 에릭은 내 정체성의 핵심과 반대되는 측면("나는 운동과는 거리가 먼 범생이야") 대신 일치하는 측면("학자들은 집중력을 갖췄기 때문에 훌륭한 운동선수가 될 자질이 충분해")을 보여주면서 나를 격려하고 있었다. 에릭의 의도를 간파했는데도 훈련은 효과가 있었다. 다음 날 아침 우리 3남매(내 여동생도 훌륭한 러너이다)는 함께 트랙을 달렸고, 그대로 다음 주까지 나 자신을 밀어붙였다.

에릭은 성실한 노동자라는 내 정체성과 더 빠른 러너가 되기 위한 훈련이 양립할 수 있다고 알려주면서, 내가 목표를 이룰 수 있다고 생각하고 더 노력하도록 동기를 부여했다. 혼자 있을 때는 그렇게 강도 높은 훈련을 이어가지 못하지만, 내가 할 수 있는 정도를 파악하고 조금씩 더 빨리 뛰려고 하면서 달리기가 끝날 때쯤 종종 전력 질주를 하곤 한다. 이때 피드포워드 사이클$^{feedforward\ cycle}$이 작동하는데, 더 나은 러너가 되기 위해 작은 실천을 쌓아갈수록 달리기가 점점 더 '나다운' 일로 느껴지게 된다. 심리학자 겸 신경과학자인 엘리엇 버크먼은 이를 '자기 통제 하의 정체성-가치 모델$^{identity\text{-}value\ model\ of\ self\text{-}control}$'이라고 부른다.[26] 하고 싶은 일이 자신의 정체성과 잘 부합하도록 만들면, 그 일은 훨씬 자연스럽게 일상에 자리를 잡는다. 그리고 내가 일상적으로 하는 일과 자아감$^{sense\ of\ self}$, 핵심 가치를 일치시키면, 주체성과 자율성을 갖게 된다. 제니가 마르셀을 만들면서 느낀 것들을 생각해보라.

자기 관련성은 (우리 자신을 포함해서) 사람들이 내키지 않는 일을 하도록 설득하는 강력한 도구가 될 수 있다. 이는 우리를 설득하려는 미디어나 자신을 이해해 주는 친구와의 연결감, 목표를 추구할 때의 자기 대화$^{self\text{-}talk}$에서도 확인된다. 또한, 우리가 스크롤하는 메시지들이 자아를 자극해서 정체성을 서서히 바꾸고 있다는 사실을 인식할 필요가 있다. 특히 온라인에서 점점 더 많은 시간을 보내는 요즘, 기술 플랫폼의 이익 구조는 우리의 행복과 일치하지 않을 때가 많다. 기술 플랫폼은 허위 정보를 확산하는 강력한 유인을 가졌고, 인공지능을 사용해서 맞춤형 메시지를 대량으로 생산할 수도 있다. 이럴 때는 일단 멈춰서서, 나와 비슷한 것이 옳고 좋다고 믿는 인간의 편향을 이용하여 이익을 취하려는 메시지가 숨어있진 않은지 살펴봐야 한다.[27] 자기 관련성 체계와 가치 체계는 자존감을 북돋는 데 유용하지만 때로는 발목을 잡기도 한다.[28] 특히나 우리가 고려하는 변화가 정체성의 핵심 요소를 위협하는 것처럼 보일 때는 더욱 그렇다.

어떤 사람이 될지 선택하라

제니 슬레이트는 자기만의 방식으로 코미디를 할 수 있다는 사실을 깨닫고서 변화를 경험했다. 자아감과 공명하는 일들을 하기 위해 직업을 바꿨고 그 과정에서 깊은 충족감을 얻었다. 그러던 중 그는 또 다른 변화를 마주했다. 제니는 작가 겸 예술가인 벤^{Ben}과 사랑에 빠졌고, 2020년에 딸을 임신했다.

이때 나는 우연히 제니를 만났다. 코로나19 팬데믹이 시작된 직후, 우리 가족은 브렛의 어머니 댁이 있는 매사추세츠주에서 한동안 머물렀다. 아이들의 학교가 문을 닫았고 우리 부부가 재직 중인 펜실베이니아 대학교도 원격 강의 방식을 채택했기에 브렛의 어머니와 함께 지내기로 한 터였다. 2020년 어느 봄날, 우리 가족은 해수 소택지salt marsh를 산책하다가 근처 주차장에서 브렛의 어린 시절 친구인 벤을 우연히 만났다. 벤이 우리에게 약혼녀 제니를 소개했을 때, 우리 아이들은 예의 바르게 인사를 하거나 "만나서 반가워요"라고 말하는 대신 차 뒤쪽으로 뛰어가서 흙먼지를 일으키며 숨어서 키득거렸다.

제니도 따라 웃으면서 아이들의 사회적 거리두기 기술이 훌륭하다고 농담을 건넸다. 당시에 나는 제니가 유명한 배우라는 사실을 몰랐다. 〈팍스 앤 레크리에이션〉의 모나리사 세이퍼스틴과 굉장히 닮았다고는 생각했지만, 몇 번 더 만나면서도 제니가 그 배우라는 사실을 눈치채지 못했다. 이후 몇 달간 제니와 교류하면서 나는 그의 명확한 자아감과 가치관에 감탄했다. 그는 일에 진지하게 임했고, 사랑과 기쁨을 열린 마음으로 받아들였다.

자신이 어떤 어려움을 겪고 있는지 토로하는 데도 주저함이 없었다. 그해 늦가을, 제니는 출산일이 가까워지면서 매사추세츠를 떠나 로스앤젤레스로 갈 준비를 하고 있었다. 제니는 내게 이런 내용의 이메일을 보냈다. "여기서 지낼 시간이 한 주밖에 남지 않았다니 슬프고 불안해져요. 가장 두려운 일은 아기가 태어난 뒤에 내가 최악의 상태가 되면 어쩌나 하는 거예요. 혹시라도 내가 죽는다면?! 물론 그런 일은 없으리라고 확신하지만 가끔 두려움이 밀려오곤 해요. 이럴 땐 그냥 정면으로 마주해야겠죠."

제니에게 보낸 답장에서 나도 종종 그런 기분을 느낀다고 했다. 새로운 곳으로 이사하거나 부모가 되거나 부모를 떠나보내는 거대한 변화의 순간을 맞닥뜨렸을 때 말이다. 아마 여러분도 이런 기분을 느껴 봤을 것이다. 개인의 정체성이 삶의 특정 영역(직업·연애·친구·고향 등)과 긴밀하게 이어져 있을 때, 이것들을 잃으면 삶의 일부가 변하는 데 그치지 않고 자기 자신을 잃은 듯한 느낌을 경험할 수도 있다. 연이 다한 오래된 관계를 끝내고 싶어 하면서도 '솔로인 나'를 상상할 수 없어서 질질 끌고 있는 경우가 그렇다. 좋아하지 않는 일을 그만두고 진로를 바꾸고 싶지만 망설여지는 경우도 마찬가지이다. 사람들 대부분은 직업에서 정체성을 찾는다. 최고의 영업 사원이라는 명성이 사라진다면 나는 어떤 존재일까?

"돌이켜 보니 나라는 본질을 잘 유지하면서 계속 나 자신으로 있는 것이 내 장점이었어요." 제니는 이렇게 덧붙이며 이메일을 마무리했다. 그는 불안에 떨면서도 변치 않는 핵심 자아가 존재한다는 느낌에서 위안을 얻었다. 이 점은 대부분의 사람에게 해당한다. 상대적으로 굳건한 자아감은 경험을 구조화하고, 그동안 겪어온 관계와 경험 속에서 자신이 어디에 위치하는지를 파악할 수 있게 해준다.

하지만 확고한 핵심 정체성에 얽매이면 변화가 더 두려워지기도 한다. 안정적이지만 경직되거나 시대에 뒤떨어진 자아감을 강조하면, 그것이 절대로 바뀌지 않는다고 생각하게 될 수도 있다. 제니의 굳건한 정체성은 평소에 위안을 줬지만, 인생의 중대한 전환점을 앞두고는 그 정체성이 어떻게 바뀔지에 대한 걱정으로 불안의 근원이 됐다. (내가 그랬듯이) 우리가 '나'를 '좋은 사람'으로 생각하면, 변화를 앞두고 있을 때 무슨 일이 일어날까?

자기 관련성 체계가 떠올리는 우리의 '자아' 버전은 객관적이고 사실적인 모습이라기보다 데이트 앱의 프로필에 더 가깝다. 변화에 직면했을 때 순조롭게 전환을 이루어내기 위해서는 다가오는 변화를 자아감과 일치시킬 방법을 찾아야 한다. 에릭 덕분에 내가 스스로를 부지런한 러너라고 생각하게 됐을 때처럼 말이다. 또한, 제약을 넘어서려는 노력도 도움이 되니 자신이 어떤 사람인지에 관한 기존의 관념을 털어버리거나 여기에 너무 집착하지 말도록 하자.[29] 에릭은 내게 학자와 러너 사이의 유사점을 강조하면서 두 정체성이 상반된다는 생각을 극복하도록 했다. 우리도 이렇게 하면 된다. 나는 어린 시절에 '운동선수'라는 정체성을 가져본 적이 없었지만, 그때 그렇게 느끼게 만든 이유들이 여전히 유효한지, 아니면 몸을 움직이고 그 효과를 누리기 위해서 '운동선수'라는 정체성이 필요할지 자문해볼 수 있다.

마르셀을 창조했던 제니의 경험처럼, 자신이 진정성을 느끼는 일을 하면 기분이 좋아진다. 하지만 종종 이런 일들은 내가 어떤 사람인지, '나 같은' 사람이 해야 할 행동이 무엇인지를 제한하면서 변화를 가로막기도 한다. 게다가 구조적 장벽이나 차별은 우리가 진실한 자아에 따라 행동하는 것을 방해하는 걸림돌이 될 수도 있다. 전통적 통념에서 벗어나는 행동을 하면 반발에 부딪히는 식으로 말이다. 이는 사회 변화를 위한 행동이기도 하지만, 종종 대가를 치러야 할 때도 있다. 우리는 변할 수 있으며 실제로 변화하고 있다. 그리고 우리가 생각하는 '자신'은 예상보다 포용력이 큰 편이다. 무엇이 보람 있는가에 관한 생각의 폭을 넓힐 수 있듯이 우리 안에 잠재된 더 많은 자질들을 상상하도록 노력할 수 있다.

명상은 우리가 누구이며 무엇을 할 수 있는지에 대해 경직된 생각을 버리도록 돕는다. 불교 승려처럼 명상을 많이 하는 사람은 보통 사람과 확연히 다른 뇌 패턴을 보이는데, 특히 자아감을 구축하는 뇌 영역에서 큰 차이를 보인다. 명상 같은 수련은 우리가 누구인지, 혹은 어떤 사람이 될 수 있는지에 대한 새로운 생각에 더 열린 마음을 가지도록 돕는다는 연구 결과도 있다. 예를 들어, 수년간의 명상을 통해 변화를 경험하고 나면 종종 개인의 핵심적인 자아감이 더는 개별적이고 독특하게 느껴지지 않기도 한다.[30] 실제로 장기간 수행한 명상가들은 내측전전두피질을 다른 방식으로 활용한다고 주장하는 연구도 있다. 휴식 상태(특별한 자극에 노출되지 않은 상태)에서 명상가의 내측전전두피질은 명상을 하지 않는 사람들보다 더 긴밀한 연결성을 보인다.[31] 개인이 가진 특성이 변할 수 있다는 점을 알려주고, 순간의 느낌에 집중하는 법을 가르치는 간단한 개입만으로도 내측전전두피질의 활성도를 낮추고 이 영역이 다른 뇌 영역과 소통하는 방식을 바꿀 수 있다.[32] 환각제도 이와 유사한 방식으로 내측전전두피질의 활성도를 낮추는 것으로 밝혀졌다. 이는 '자아 해체^{ego dissolution}'와 관련이 있는데, 자아에 대한 제한된 인식을 내려놓은 상태를 가리킨다.[33]

프린스턴 대학교의 신경과학자 몰리 크로켓^{Molly Crockett}의 연구는, 변화를 가져오는 경험이 자아감을 확장하는 특징이 있다는 사실을 보여준다. 몰리는 버닝맨^{Burning Man}(매년 8~9월에 네바다주 블랙록 사막에서 1주간 열리는 축제로, 인간 형상의 거대한 나무를 태우며 끝난다-옮긴이) 같은 축제를 연구하면서 변화를 가져오는 경험은 대부분 타인과의 폭넓은 유대감을 동반한다는 결론을 내렸는데, 유대감은 평소에 뇌가 '나다운 것'과 '나답지 않은 것' 사이에 경계선을 그어서 억누르는 감정이기도 하다.[34] 그러므로 환각제를 복용하거나 완전히 새로운 방식으로 공동체를 경험하면, 수많은 의사 결정에 강력하게 작용하던 굳건한 자아감에서 벗어날 수 있다. 명상이나 여타의 사색적 실천은 자아의 경계선을 더 유연하게 만들어 우리가 타인과 연결되는 다양한 방식을 인식하고 활용할 수 있게 한다.

우리는 타인과의 관계를 강화하거나 뒤흔드는 경험을 통해 변화할 수 있다. 부모가 되고, 사랑하는 사람을 잃고, 사랑에 빠지고, 세상을 새로운 관점에서 보게 하는 선생님이나 친구와 만나는 경험은 우리가 자신에 대해 알고 있는 것, 의사 결정을 내리는 법, 가치 있게 여기는 것을 체계화하거나 재구성한다. 이는 결국 우리의 선택, 그리고 우리가 어떤 사람이 될지를 결정한다.

개인적으로 나는 내 뇌의 자기 관련성 체계가 변화할 수 있으며, 실제로 그러리라고 믿으려 한다. 내가 누구인지에 관해 마음속에서 제일 먼저 떠오르는 생각에 꼭 수긍할 필요는 없다고, 사회적 규범 및 기대가 내 자아감과 가치 산출에 영향을 미치는 방식을 이해할 수 있다고 생각하려 노력한다. 이런 것들에 주의를 기울이면 내게 다른 가능성과 변화를 상상할 자격이 주어진 듯한 기분이 든다. 나는 스카이다이빙 강사가 될 수 있는 사람일까? 수학자나 벤처 투자가가 될 수도 있을까? 미디어와 사회 전반의 규범은 내 뇌 속에 이 직업들에 관한 고정 관념을 심어놓았고, (이 직업들을 가질 기회를 창출하고 실제로 일을 하게 됐을 때 어떨지의 측면에서) 사회적 제약이 존재하는 것도 사실이다. 하지만 내가 이 직업들을 가질 수 있는 사람인지를 상상하는 것과는 다른 문제이다.

제니의 딸 아이다^{Ida}가 태어나고 어느덧 2년이 지난 8월의 어느 날 오후, 우리는 언덕 꼭대기에 자리한 제니의 작업실에 모여있었다. 맑고 푸른 하늘을 향해 창과 문이 활짝 열려있었고 집 주변을 둘러싼 나무들이 바람결에 푸른 잎을 살랑거렸다. 나는 제니에게 예전에 그녀가 고민했던 일에 관해 물었다. 부모가 된 뒤에도 여전히 자신을 지키며 살아갈 수 있을지 혼란스러워했던 때의 이메일 말이다.

제니는 생각에 잠긴 채 고개를 옆으로 기울였다. 그러고는 자신이 '선행 에너지$^{anticipatory\ energy}$'라고 불렀던 무시무시한 감정, 즉 거대한 변화를 앞둔 사람이 느끼기 마련인 감정을 떠올렸다. "사람들이 더 훌륭하게 변하기 위해 분해되기 직전에 느끼는 감정이었죠." 이렇게 말하고는 부드럽게 웃었다. 부모가 되는 것, 그리고 이 변화가 벤과의 관계에 미칠 영향, 앞으로 자기 자신을 어떻게 생각할지를 두고 품었던 두려움에 관해서도 설명했다. 제니는 부모님의 양육 방식이 불만스러웠던 때를 떠올리면서 '지금 하려는 일은 내가 감당할 수 있는 범위를 넘어서니까 나를 파괴하고 말 거야'라며 걱정하곤 했었다.

하지만 아이다가 태어나고 자신과 주변 사람들이 할 수 있는 일을 깨달으면서 제니는 새롭게 확장된 감각의 힘을 느꼈다. "내가 할 수 있는 일을 깨닫고, 아이를 낳고, 이 과정에서 나를 지탱해주는 배우자를 보고, 아이를 보면서 완전히 새로운 감정을 느꼈어요. 너무 순수하고 좋은 감정이었죠. (…) 그러다가 불현듯 깨달았어요. 맞아요, 내게 가장 중요한 것은 사랑이었어요. 내가 사랑하는 사람들과 위대한 연결 고리를 만드는 엄청난 힘이죠." 새로운 감정과 경험, 그리고 타인과의 연결을 경험하고 나니 제니는 사람들을 이어주는 리더가 된 듯한 기분이 들었다. 이 연결감이 제니를 지금의 모습으로 만들었다.

제니가 마르셀을 창조한 것은 '나다운' 일을 탐색하는 과정의 일환이었고, 부모가 되는 것은 또 다른 영역의 일이었다. 제니의 자기 관련성 체계는 무슨 일들이 벌어지는지 식별하고, 그 속에 어떤 의미가 담겼는지를 확인했다. 하지만 고도로 사회화된 종種인 우리 인간은 타인의 시선을 바탕으로 자신의 존재를 결정하기도 한다.[35] 수백만 명이 마르셀을 따뜻하게 받아들였을 때 제니는 보람을 느꼈고, 자신에게 잘 맞는 일을 하는 것이 가치 있다는 감각을 강화했다. 제니만 이렇게 생각하진 않는다. 우리 대부분은 타인이 나를 어떻게 바라보는지에 관한 정보를 바탕으로 자신이 어떤 사람인지를 알아내려 한다.[36] 이러한 피드백은 우리가 앞으로 나아가거나 정해진 길에서 벗어나게 한다. 그런데 타인이 우리의 생각과 감정, 선택에 정확히 어떤 영향을 미치는 걸까? 그 답은 또 다른 뇌 체계인 사회 관련성 체계에서 찾을 수 있다.

3장

변화는 어떻게 시작되는가

타인의
생각과
감정을 읽는 뇌

타비다 카반Tabitha Carvan은 배우 베네딕트 컴버배치Benedict Cumberbatch를 무척 좋아한다. 그를 너무나 사랑한 나머지, 그 열정으로 책까지 한 권 썼다. 물론 그 책의 공식적인 주제가 베네딕트 컴버배치는 아니다. 타비다의 저서 《이 책은 베네딕트 컴버배치에 관한 책이 아니다This is Not a Book About Benedict Cumberbatch》는 몰입하는 즐거움에 관한 책이다. 타비다의 경우에는 그 대상이 셜록 홈스Sherlock Holmes와 닥터 스트레인지Dr. Strange를 연기한 영국 배우였을 뿐이다.

내게 이 책을 선물한 친구는 동료 신경과학자인 레베카 색스Rebecca Saxe였다. 처음에 책을 펼쳤을 때만 해도 나는 베네딕트 컴버배치에게 별 관심이 없었다. 잡지 《글래머Glamour》의 주장처럼 그가 세계에서 가장 섹시한 남자라고 생각하지 않았고, 그에게 유명세를 안겨준 드라마 시리즈 〈셜록Sherlock〉을 본 적도 없었다. 이 작품은 타비다를 비롯하여 수많은 팬을 만들어냈지만 나는 그 대열에 끼지 않았다.[1] 그의 외모에 대한 내 솔직한 감상은, 두 눈이 서로 멀리 떨어져 있고 치켜 올라간 데다가 얼굴이 유난히 길고 전체적으로 평범하다는 결론이었다.

3장 변화는 어떻게 시작되는가

컴버배치의 온몸에 바치는 200쪽가량의 찬사를 읽은 뒤 인터넷에서 그의 사진을 다시 찾아봤다. 그런 것도 같았지만, 여전히 확신은 들지 않았다.

다음 날 아침, 나는 같이 조깅을 하던 친구에게 이 책에 관해 이야기했다. 7월 말, 매사추세츠의 햇볕이 빽빽하게 선 나무들이 엉기성기 드리운 그늘을 뚫고 나와 미처 더위에 대비하지 못한 러너들에게 쏟아져 내렸다. 그때 나는 속도를 맞춰 친구와 함께 달리는 기쁨을 누리고 있었다. 내가 진입로로 들어서자 부모님 댁에서 뛰어나온 친구는 대화하기에 딱 좋은 속도로 달렸다. 그러다가 내가 컴버배치 이야기를 꺼내자 자리에 멈춰 섰다.

"그렇지!" 얼굴이 순식간에 밝아진 채 열변을 토하는 모습을 보고 있자니 그녀도 타비다 그리고 《글래머》와 같은 의견인 것 같았다. 내 친구 역시 컴버배치에게 푹 빠져있었다. 친구의 격정적인 이야기를 듣던 중 호기심이 차올랐다. 내가 뭔가를 놓치고 있나?

그날 밤 아이들을 재운 뒤 브렛에게 〈셜록〉을 보자고 했다. 내가 모르는 사이에 브렛은 이미 이 시리즈를 전부 본 상태였지만 그래도 기꺼이 다시 보고 싶다고 했다. 부엌에서 샐러드를 만들던 브렛에게 더 자세히 설명해달라고 했다(브렛도 컴버배치의 팬이었다니! 브렛 그에게 홀딱 빠졌을까?). 브렛은 이렇게 대답했다. "그러니까, 셜록은 매력적인 캐릭터지."

첫 에피소드를 보면서 내가 셜록의 유능함, 디테일에 대한 집착에서 매력을 느꼈다는 사실을 순순히 인정하겠다. 하지만 완전히 내 마음을 사로잡은 것은 인터넷에서 본 어느 인터뷰 영상이었다. '올여름 가장 핫한 인물'로 뽑힌 소감을 묻자 컴버배치는 "그냥 웃기던데요"라고 답했다.[2] 자연 다큐멘터리의 내레이션을 맡았을 때 펭귄을 '펭윙', '펭글링' 등으로 계속 잘못 발음했던 일을 말하면서 자조 섞인 농담을 하는 인터뷰 영상도 있었다.[3]

이처럼 다른 사람들의 의견은 내 시야를 확장했고, 컴버배치의 매력과 유머 감각, 펭원에 눈을 뜨게 했다. 나는 겨우 몇 주 사이에 베네딕트 컴버배치에 대해 아무 생각이 없던 사람에서 (명백하게) 대다수 의견에 동조하는 사람으로 바뀌었다. 그는 정말 매력적이었다. 그런데 어째서 오스트레일리아에 사는 작가의 생각, 타비다가 인터뷰한 사람들과 《글래머》 독자들의 의견이 베네딕트 컴버배치에 대한 내 생각을 바꿨을까? 이들은 내가 평생 마주칠 일이 없는 사람들인데 말이다.

베네딕트 컴버배치라는 인물은 내 전문이 아니었지만, '타인의 열정이 내게 영향을 미치는 이유'를 탐구하는 일은 내 전문 분야였다. 나 같은 신경과학자들은 타인의 생각, 더 정확하게는 타인의 생각에 대한 예측이 어떻게 우리의 의견과 행동을 바꾸는지를 연구한다. 이를 달리 표현하면, 선택의 사회 관련성 social relevance 에 대한 뇌의 평가가 가치 산출에 얼마나 강력한 영향을 미치는지를 연구한다고 할 수 있겠다.

실제로 〈셜록〉이 공개되기 몇 년 전부터 신경과학자들은 내가 훗날 고민하게 될 문제, 바로 '사람들이 타인의 외모를 평가하는 방식을 사회 관련성이 어떻게 바꿀 수 있는가?'라는 문제를 탐구했다. 바실

3장 변화는 어떻게 시작되는가

리 클루카레프$^{Vasily Klucharev}$와 에일 스밋츠$^{Ale Smidts}$의 네덜란드 연구팀이 2009년에 발표한 논문을 보자. 연구팀은 젊은 여성 24명을 모집해서 200명 이상의 여성 사진을 보여주고 그들의 외모를 평가하게 하면서 뇌를 스캔했다.[4] 그다음, 파리와 밀라노 대학교의 피험자 동료들이 같은 얼굴을 평가한 결과를 알려줬다. 그리고 나서는 뇌 스캐너에서 나온 뒤 같은 얼굴을 다시 평가하게 했다.

연구팀은 피험자가 동료의 의견에 따라 자신의 평가를 바꿀지, 그리고 동료의 평가를 알았을 때 뇌에서 무슨 일이 일어나는지를 알고자 했다. 여기서 중요한 점은 '동료'의 평가가 실제로는 컴퓨터가 무작위로 내린 평가였다는 사실이다. 이로써 모든 얼굴이 재평가를 받을 기회를 갖게 됐다. 이렇게 해서 연구팀은 본질적이며 '객관적인' 매력 때문이 아니라 동료의 영향을 받아 평가가 바뀐다는 결과를 확인할 수 있었다.[5]

이러한 연구 결과는 뇌의 가치 체계가 자신의 의견이 다른 사람들의 의견과 다를 때 이를 감지할 뿐 아니라, 집단의 주된 의견에 다시 동조하도록 만든다는 사실을 알려준다. 어떤 얼굴에 대한 자신의 평가가 동료와 다르다는 사실을 알았을 때, 피험자의 가치 체계 활성도는 그 얼굴을 매력적이라고 했든, 덜 매력적이라고 했든 기존 평가 내용에 상관없이 즉각 곤두박질쳤다. 가치 체계는 마치 경보기처럼 자신의 평가가 타인과 어긋났다는 사실을 감지했다. 이는 1장에서 살펴본 부정적 예측 오류와 비슷한데, 선택의 보상이 기대보다 적을 때 뇌가 그 내용을 기억해 둔다는 개념이었다. 실제로 피험자의 가치 체계가 예측 오류 반응을 더 강하게 나타낼수록, 나중에 자신의 평가를 바꿔서 집단의 평가에 동조할 가능성이 더 컸다. 동료의 피드백은 우리가 자신의 경험에서 배울 때 발생하는 것과 동일한 종류의 예측 오류를 유발했다.

그런데 이 실험에 참여한 사람들은 정말로 마음을 바꿨을까? 내가 베네딕트 컴버배치를 좋아하는 사람들이 많다는 사실을 처음으로 알게 되었을 때, 나는 그저 고개를 끄덕이며 그들의 열변을 듣고 있을 뿐이었다. 겉으로 동료의 의견에 동의하는 척하면서 속으로는 자기 의견을 바꾸지 않는 경우는 흔하지 않은가. 네덜란드 연구팀의 논문이 발표되고 2년이 지난 뒤, 이번에는 하버드 대학교의 연구팀이 비슷한 실험을 진행했다. 얼굴에 대한 매력도 평가를 두 차례 실시하면서 피험자들의 뇌를 스캔하는 실험이었다. 연구팀은 동료의 피드백을 들은 뒤 피험자의 가치 체계에서 실제로 무슨 일이 일어나는지를 관찰하고자 했다.[6]

동료의 평가 결과를 알려주면 피험자의 설문 응답과 뇌의 가치 체계 활성도 모두 그 평가와 일치하는 방향으로 변한다는 사실이 이 연구에서 밝혀졌다. 그들은 겉으로만 동의한 게 아니라 뇌 속의 가치 산출 역시 동료의 평가를 따라 업데이트했다. 다시 한번 말하지만, 피험자에게 알려준 '동료 평가'란 실은 무작위로 평가된 내용이었고 실제 매력도와는 하등 상관없었다. 내가 〈셜록〉을 봤을 때도 마찬가지였다. 나는 내 친구나 타비다와 함께 있지 않았고, 컴버배치의 얼굴도 그대로였다. 하지만 컴버배치가 눈을 가늘게 뜨고 복잡한 미스터리 조각들을 맞추는 모습을 보니 '아, 그렇네. 이제 알겠다!'라는 생각이 들었다. 하버드 연구팀의 실험 결과가 그 이유를 설명해줬다. 동료의 생각에 관한 우리의 인식, 즉 사회 관련성은 뇌의 가치 체계를 움직여서 우리가 어떤 대상을 아름답거나 가치 있다고 여기는 것에 영향을 미친다.

이러한 초기 연구들 이후로, 우리 연구팀을 비롯한 수많은 신경과학자가 동료의 의견이 우리의 가치 산출에 영향을 미치는 영역이 다른 사람들의 매력을 판단하는 것에 국한되지 않는다는 사실을 밝혀냈다. 어떤 음식을 먹고 싶은지[7]부터 어떤 제품을 추천할지,[8] 우리 집에 어떤 예술품을 걸지[9] 같은 매우 개인적인 결정에 이르기까지, 다른 사람들이 이 대상을 어떻게 바라볼 것인가에 대한 우리의 생각이 최종 판단을 좌우한다.

사회심리학자들은 오래전부터 타인의 의견이 우리의 행동을 바꿀 수 있다는 사실을 알았다. 그리고 흔히 우리는 사회적 영향력을 '저기 먼 곳'의 외부에서 사람들에게로 작용하는 것이라 여기곤 한다. 그러나 심리학과 신경과학 분야의 연구들은 이런 생각이 잘못됐다는 사실을 알려준다. 우리가 다른 사람들의 생각과 행동에 주의를 기울일 때, 이는 겉으로 드러나는 행동뿐만 아니라 가치 산출, 개인적 신념, 나아가 우리 자신도 변화시킬 수 있다.[10]

사회 관련성 체계는 다른 사람들의 생각과 감정, 행동을 파악하는 데 도움을 주며, 이는 우리가 무엇을 가치 있고 매력적으로 여기는지, 그리고 실제로 어떤 행동을 하는지까지 바꿀 수 있다. 사회 관련성 체계는 베네딕트 컴버배치에 대한 내 생각이나 〈셜록〉을 볼지 말지 결정하는 일뿐만 아니라, 투표를 할지[11] 세금을 납부할지[12] 운동을 할지[13] 등을 결정하는 것에도 영향을 미친다. 다른 사람들의 생각과 감정에 주의하면, 자신과 타인의 의사 결정을 의도적으로 바꾸거나 그로 인한 부정적 영향에 대비할 수 있다.[14] 그러려면 먼저 다른 사람들이 무슨 생각을 하고 있는지 알 필요가 있다.

뇌는 타인의 마음을 추적한다

우리 집 아이들 에멧^{Emmett}과 테오^{Theo}는 다섯 살 무렵에 텔레파시 놀이를 무척 좋아했었다. 단순한 놀이였다. 누군가가 "지금 내가 무슨 생각을 하고 있게?"라고 물으면 놀이 참가자들이 그것을 추측한다. 예를 들어, "유니콘을 생각하고 있지?"라고 대답했는데 답이 틀렸다면 힌트를 줄 수 있다. "아니야. 하지만 유니콘이랑 관계가 있긴 해." 그러면 다시 추측한다. "요정?" 정답이라면 "내 마음을 읽었네!"라고 외치고 모두가 즐거워한다.

우리는 타인과 상호작용을 할 때 이와 비슷한 행동을 하는 경향이 있다. 의식적으로든 무의식적으로든, 우리의 뇌는 상대방이 지금 무슨 생각과 감정을 품었는지를 읽으려 한다. 이 예측은 평소에 사람들과 어울리며 쌓아온 경험, 특정 인물에 대한 지식, 상대방의 표정과 행동, 그들이 처한 상황, 그 외 수많은 요소에 기반하여 이루어진다. 과학자들은 이 과정을 '정신화mentalizing' 혹은 '마음 이론theory of mind'이라고 부르는데, 이를 바탕으로 우리는 타인의 생각과 감정을 이해하고 상상할 수 있으며[15] 다음에 무슨 일이 일어날지, 그리고 우리에게 어떤 영향을 미칠지 추측할 수 있게 된다.[16]

레베카 색스(내게 타비다의 책을 선물한 바로 그 친구다!)는 정신화와 마음 이론 분야의 세계적 권위자이다. 레베카의 연구팀은 2000년대 초반부터 일련의 연구를 통해 이 과정에 관여하는 뇌 영역들을 특정했다. 원래 과학자들은 정신화와 마음 이론을 엄밀하게 구분하지만, 이 책에서는 통틀어서 '사회 관련성 체계'라고 부르겠다. 다음에 나오는 그림처럼, 우리 뇌에는 타인의 생각과 감정을 이해하는 데 관여하는 핵심 영역이 여러 곳 존재한다. 이 중 일부 영역은 가치 평가와 자기 관련성에 관여하는 영역과 중첩된다(1장과 2장을 참고하라).

생각과 감정에 관한 사고에 관여하는 뇌 영역을 어떻게 알아낼 수 있을까? 연구 초기 레베카와 매사추세츠 공과대학교의 과학자 낸시 캔위셔Nancy Kanwisher는 '타인의 생각과 감정을 추론할 때'와 '다른 유형의 문제를 추론할 때' 사람들의 뇌에서 각각 무슨 일이 일어나는지를 관찰했다.[17] 먼저 피험자들은 타인의 생각과 감정에 관해 사고하게 만드는 짧은 이야기를 읽었다. 다음 이야기를 읽고 나서 어떻게 생각했는가?

한 소년이 미술 숙제로 종이 반죽 공예papier-mâché를 하는 중이다. 한참 동안 소년은 신문을 일정한 길이로 찢는다. 그러고는 풀을 사러 나간다.

그때 어머니가 집에 돌아와서 신문 조각을 전부 버린다.

어머니가 신문 조각을 버린 일에 대해 소년이 어떻게 생각했는지는 이야기에 나오지 않았지만, 우리는 소년의 반응을 충분히 짐작할 수 있다. 당신도 소년이 화가 났으리라고 자연스럽게 추론하지 않았는가? 소년의 다음 행동도 추측할 수 있을 테다. 그는 아마 어머니에게 쓰레기통에서 신문 조각을 다시 꺼내오라고 화를 내거나 떼를 쓸 것이다.

이제 다음 이야기를 살펴보자.

어제 누군가가 차를 마시고 싶어 하지 않을까 해서, 주전자에 물을 담아 약불 위에 올려뒀다. 주전자는 밤새도록 불 위에 올려져 있었다. 아무도 차를 마시지 않았지만, 오늘 아침에 주전자 안을 보니 물이 없었다.

이 이야기 역시 소년의 이야기와 마찬가지로 저절로 추론을 하게 만든다. 아마도 당신은 열 때문에 물이 증발했다고 자연스럽게 추론했을 테다. 앞에서 어머니의 행동이 소년에게 불러일으킨 감정을 자연스럽게 추론했던 것처럼 말이다(열심히 작업해놓은 결과물이 버려지면 화가 난다). 그런데 레베카와 낸시는 두 이야기가 뇌에서 서로 다른 반응을 일으킨다는 사실을 발견했다.

소년의 이야기처럼 타인의 생각과 감정, 믿음에 관해 생각할 때는 귀 바로 뒤쪽의 상단에 자리한 뇌 영역인 측두두정접합부^{temporoparietal}

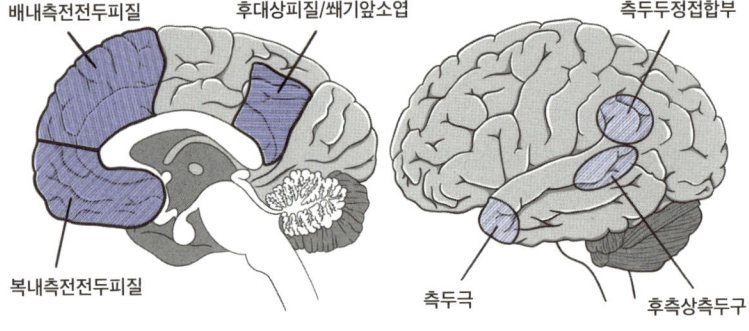

뇌의 중간부에는 배내측전전두피질, 후대상피질과 쐐기앞소엽, 복내측전전두피질이 있고, 뇌의 측면에는 측두두정접합부, 후측상측두구, 측두극이 있다. 이 영역들은 정신화, 즉 자신과 타인의 생각과 감정을 파악하는 데 관여한다.

junction가 독특하게 활성화했다. 이와 동시에 사회 관련성 체계를 이루는 다른 뇌 영역들도 함께 활성화했다. 반면에 주전자 이야기처럼 타인에 관한 생각이더라도 더 보편적인 문제, 이를테면 타인의 외모 같은 것을 생각할 때는 이 영역들의 활성도가 상대적으로 낮게 나타나는 것을 확인했다.[18]

레베카와 낸시의 연구 결과는 해당 뇌 영역들이 타인의 생각과 감정을 이해하는 데 특화됐다는 사실을 시사한다. 레베카와 낸시, 그리고 다른 연구팀의 후속 연구에서도 해당 뇌 영역들이 타인의 생각을 이해하는 역할을 한다는 사실을 거듭 확인했다. 타인의 생각에 관한 이해는 사회 관련성을 결정하는 핵심 요소 중 하나이다.

사회 관련성 체계는 다른 사람들이 지금 무엇을 생각하고 느끼는지를 이해하도록 돕는 것에 더해, 그들이 앞으로 무엇을 생각하고 느끼며 어떻게 행동할지까지 예측한다. 우리는 일종의 '예측 부호화predictive coding'를 통해 예상한 대로 일이 일어나는지를 관찰하고 예상치 못한 일이 일어나면 이를 기억해둔다.[19] 이런 식으로 사회 관련성 체계는 끊임없이 예측 능력을 갈고닦는다. 심리학자들은 어떤 생각, 감정, 행동이 뒤따를지에 대한 사람들의 예측이 일반적으로 꽤 정확하다는 사실도 알아냈다.[20] 이러한 능력은 우리가 타인과 조화를 이루거나 협력하거나 협상할 때, 이야기의 줄거리를 이해할 때, 혹은 체스 게임에서 경쟁자의 움직임을 예측할 때도 유용하다.

흥미롭게도, 우리는 사회 관련성 체계를 활용하는 능력을 태어날 때부터 타고나는 게 아니라 살아가면서 발전시킨다. 레베카와 그의 학생 힐러리 리처드슨Hilary Richardson은 유년기를 거치면서 아이들의 사회 관련성 체계가 타인의 생각과 감정을 점점 더 적극적으로 예측한다는 사실을 발견했다. 평균적으로 성인에게서는 친숙한 이야기를 듣거나 익숙한 영화를 볼 때 완벽하게 발달한 예측 부호화의 결과를 관찰할 수 있다. 성인들은 같은 이야기를 두 번째 들을 때 앞으로 무슨 일이 일어날지 짐작할 수 있으므로, 이들의 사회 관련성 체계가 이야기를 처음 들었을 때보다 (등장인물의 생각, 감정, 동기를 계속 추적하면서) 더 빨리 활성화한다.[21]

레베카와 힐러리는 다양한 연령대의 아이들에게서 사회 관련성 체계의 예측 방식이 똑같이 나타나는지를 확인하고자 했다. 이를 위해서, 매우 어린 아이들(3~4세 아동)과 덜 어린 아이들(6~7세 아동)로 연령대를 나누고는 〈구름 조금Partly Cloudy〉이라는 단편 애니메이션을 2회 보여줬다.[22] 〈구름 조금〉은 구스Gus라는 이름을 가진 구름이 아기 동물들을 만들면 황새 배달부 펙Peck이 이 아기 동물들을 부모에게 데려다준다는 모험담이다. 이 영화는 펙이 가시를 세운 동물에게 다가가던 순간 느낀 두려움, 펙이 자신을 떠났다고 생각한 순간 구스가 느낀 슬픔, 펙이 돌아왔을 때 구스가 느낀 기쁨 등 폭넓은 감정 경험을 다룬다.

레베카와 힐러리의 실험에서 6~7세 아동 집단은 〈구름 조금〉을 2차 시청할 때 다음에 무슨 일이 일어날지를 예측하면서 1차 시청 때보다 사회 관련성 체계가 한발 앞서 활성화하는 모습을 보였다. 이 연령대의 아이들은 등장인물의 생각과 감정을 예측하고 있었다. 반면에 3~4세 아동 집단의 사회 관련성 체계 활성도는 1차 시청과 2차 시청에서 큰 차이를 보이지 않았다. 이는 3~4세 아동의 뇌에서는 다음에 무슨 일이 일어날지를 예측하는 능력이 아직 발달하지 않았다는 사실을 암시한다.

물론 이 결과를 단순히 6~7세 아동의 기억력이 3~4세 아동보다 더 뛰어나다는 식으로 해석할 수도 있다. 하지만 레베카와 힐러리가 6~7세 아동 집단에서 관찰한 뇌 활성화 패턴 변화는 오직 사회 관련성 체계에서만 나타났다. 영화 속 사건을 추적하는 데 관여하는 다른 뇌 영역들에서는 큰 변화가 없었다. 이는 나이가 많을수록 영화 내용을 더 잘 기억할 뿐만 아니라 타인의 생각을 이해하는 능력이 더 발달하고, 이를 바탕으로 등장인물이 영화에서 무슨 생각을 하고 다음에 어떻게 행동할지 예측한다는 사실을 시사한다.

이런 이유로, 다섯 살 아동과 하는 텔레파시 놀이는 무척 재밌다. 이 연령대의 아동은 타인의 생각과 감정을 정확하게 해석하기 시작하며, 질문과 관찰을 통해 타인의 생각을 알아낼 수 있다는 사실에 재미를 느낀다. 아이들이 "내 마음을 읽었네"라고 외치면서 진솔하게 경이로움을 드러낼 때 얼마나 사랑스러운지! 그리고 나는 우리가 이런 식으로 타인의 마음을 읽을 수 있다는 사실에, 어른이 된 지금도 놀라워할 가치가 있다고 생각한다. 에멧은 내가 요정을 생각하고 있던 걸 어떻게 알았을까? 그리고 인간의 뇌는 왜 이런 추측에 능숙하도록 진화했을까?

친구들과 플레이리스트를 공유하는 이유

사회 관련성 체계는 무한에 가까울 정도로 다양한 타인의 생각과 감정을 추적하지만, 뇌는 특정한 유형의 사회적 정보에 특히 관심을 가지는 듯하다. 우리 뇌는 아이들이 종이 반죽 공예를 하거나 타인의 의도를 추측하는 이야기를 넘어서, 타인이 자신을 어떻게 생각하는지에 더 관심이 많다.

누구나 사랑과 존경, 배려를 받고 싶어 한다. 진화심리학자들은 이러한 감정들이 아주 오래전에 인류의 생존을 위해 꼭 필요했다는 이론을 내세운다.[23] 만약 내가 사랑과 존경, 배려를 받는다면 다른 사람들이 내가 따뜻하게 지내도록 돕고, 나를 포식자에게서 지켜주며, 내게 음식을 나눠줄 가능성이 더 커진다. 반대로 타인이 나를 좋아하든 말든 신경 쓰지 않는다면, 그래서 사람들과 멀어진다면, 나는 무리에서 쫓겨나거나 홀로 남거나 죽어서 유전자(그리고 유용하지 않은 성향)를 물려주지 못할 가능성이 커진다.

이 유산은 우리가 다양한 사회적 상황을 경험하는 과정에서 사안의 객관적 중요도와 상관없이 나타난다. 예전에 누군가가 내게 고등학생일 때 어떤 음악을 들었는지 물었던 적이 있었다. 그 순간 사고가 멈춰버렸다. 고등학교에서 같은 반 친구들이 내가 듣던 음악을 좋아하지 않았던 일이 떠올랐기 때문이다. 나는 인디고 걸스Indigo Girls와 다르 윌리엄스Dar Williams를 좋아했지만, 주말 파티에서는 데이브 매슈스Dave Matthews와 피시Phish 같은 밴드가 유행했다. 파티 같이 신나는 분위기에서 유행에 뒤떨어진 내 음악 취향을 밝히면 친구들이 무시하지 않을까? 나는 인디고 걸스에 대해 웅얼거리듯 말했고, 이내 대화는 다른 주제로 흘러가 버렸다. 그날 저녁 집에 돌아와서 생각했다. "말도 안 돼. 난 어른이라고. 고등학생 때 좋아했던 음악을 지금도 사람들에게 말하지 못할 이유가 뭐야?!"

지식을 갖춘 어른이자 과학자로서 현재의 나는 멋지거나 평범하다는 기준이 객관적이지 않으며, '주류'를 형성하는 권력이 누구에게 있는가에 따라 달라진다는 사실을 잘 알고 있다. 문화적 규범과 가치는 남성이 지배하는 미디어 산업에 의해 형성된다.[24] 어쩌면 이 깨달음이 나를 조금이나마 자극했을지도 모르겠다. 나는 고등학생 시절에 좋아했던 음악들로 플레이리스트를 만들기로 했다. 인디고 걸스, 마리 채핀 카펜터Mary Chapin Carpenter, 메리 제이 블라이즈Mary J. Blige, 아레사 프랭클린Aretha Franklin, 다르 윌리엄스, 리사 롭Lisa Loeb, 티엘씨TLC, 신디 로퍼Cyndi Lauper, 질 소블Jill Sobule, 쥬얼Jewel, 보니 타일러Bonnie Tyler, 조니 미첼Joni Mitchell 등의 이름들을 플레이리스트에 올렸다. 스스로도 어이가 없었지만 왠지 엄청나게 용감한 행동을 하는 듯한 기분이 들어서 '전송' 버튼을 눌러 이 플레이리스트를 친구들의 이메일로 보냈다.

외모의 매력도를 평가하는 실험에서 자신의 평가가 동료들과 일치하지 않는다는 사실을 깨달은 피험자처럼, 나는 고등학생 시절에 몇몇 친구가 내 음악 취향을 무시하는 부정적 예측 오류를 경험했었다. 그리고 당시 정립한 가치 체계에 얽매인 채 이후 수십 년간을 그대로 보냈다. UCLA의 신경과학자 나오미 아이젠버거Naomi Eisenberger와 다른 과학자들의 연구 결과에 따르면, 실제로 부정적 내용의 사회적 피드백이나 거부는 사회적 고통을 활성화해서 우리가 사회관계를 회복하도록 경고 시스템을 울린다고 한다.[25] 이는 신체적 고통을 경험하고 나면 몸을 다칠 만한 행위를 피하도록 동기를 부여하는 메커니즘과 마찬가지다. 뜨거운 가스레인지에 실수로 손이 닿았을 때 저절로 손이 움츠러드는 상황을 떠올려보라. 요컨대 과학자들이 말하는 '사회적 처벌social punishment'은 내 뇌가 음악을 공유하는 행위의 가치를 계산하는 방식을 바꿔놓았고, 수십 년이 지나서 친구들과의 일상적 자리에서도 내가 음악 이야기를 피하도록 만들었을 것이다.

친구들이 내 플레이리스트에 답장을 보내면서 나의 사회 관련성 체

3장 변화는 어떻게 시작되는가

계와 가치 체계는 새롭게 업데이트됐다. 한 친구는 "정말 멋진 음악이야!"라고 했다. 또 다른 친구는 자신이 고등학생 시절에 좋아했던 노래들을 담은 플레이리스트를 보내왔다. 그 리스트에는 내가 고등학생 시절에 무척 좋아했고 지금까지도 사랑하는 노래가 많았다. 친구들의 답장에 절로 감탄이 나왔다. 예상을 훌쩍 뛰어넘는 열정적인 반응에 긍정적 예측 오류를 일으켰고, 이에 따라 앞으로 내가 좋아하는 노래를 또다시 공유할 가능성이 커졌다(실제로 지금도 여러분에게 음악에 관해 이야기하고 있다!).

친구들의 이메일을 받고 그토록 기분이 좋았던 이유는 우리의 가치 체계가 긍정적 내용의 사회적 피드백을 초콜릿이나 돈처럼 생생한 보상으로 여기기 때문이다.[26] 타인과 이어지는 느낌을 받을 때 우리 뇌는 여러 화학물질을 분비하는데, 그중 하나가 뮤오피오이드$^{\mu\text{-opioid}}$라고 하는 특별한 종류의 오피오이드^{opioid}이다. 오피오이드는 약물 중독 사태와 관련해 자주 등장하는 용어이기도 하다. 사람들이 헤로인, 모르핀, 옥시코돈 같은 약물을 사용하는 이유는 이 물질들이 뇌 속의 오피오이드 수용체와 결합해서 고통을 줄이고 쾌락을 활성화하기 때문이다.[27] 사랑하는 사람과 함께 있거나 맛있는 음식을 먹는 것처럼 즐거운 일을 하고 있을 때 우리 뇌는 이런 유형의 화학물질을 훨씬 안전한 방법으로 만들어서 분비한다.[28] 사랑하는 사람과 있을 때 느껴지는 따스하고 애정 어린 감정은 몸이 알아서 생성하는 이 자연적 약물에서 나오며, 장기적으로 건강을 지키는 데 꼭 필요한 사회적 관계들을 유지하도록 동기를 부여한다. 실제로 과학자들의 연구 결과는 다른 사람들과 관계를 맺을 때 뇌 속에서 화학물질이 분비되면서 가치 체계의 활성도를 높이고 기분을 좋게 만든다는 사실을 알려준다.[29]

우리 뇌에서 나타나는 이러한 효과는 사회적 보상이 만족스러운 이유도 설명해준다. 테오가 1학년 때 단어 암기 과제를 받아온 적이 있었다. 나는 테오에게 해가 지기 전까지 단어들을 외우면 용돈으로 25센트를 주겠다고 했다(아이는 25센트로 집 근처의 가게에서 사탕을 살 수 있다는 사실을 알고 있었다). 하지만 테오는 간절한 표정을 지으며 이렇게 말했다. "전부 외우면 오늘 날짜랑 '잘했어 테오!'라고 적힌 증명서를 만들어주세요." 아이에게는 내 칭찬과 인정의 증거가 25센트보다 훨씬 가치 있었다.

이처럼 사회적 보상은 강력한 동기가 될 수 있으며, 때로는 돈이나 생계 수단에 견줄 수도 있다. 그렇다면 이 지식을 활용해서 실제로 나와 타인의 행동을 바꿀 수 있을까?

사회적 상호작용이 변화를 만든다

전기 요금 고지서를 '진짜로' 살펴본 마지막 때가 언제였는지 기억하는가? 나는 지금 당신에게 청구액 말고 다른 항목도 확인했는지를 묻고 있다. 미국의 전기 요금 고지서에는 우리 집이 소비한 전기량을 다른 가정에서 소비한 전기량과 비교하는 항목이 있다. 여기에는 그럴 만한 이유가 있다. 가치 산출은 사회적 정보를 고려하므로 타인의 행동을 알려주기만 해도 에너지를 절약하도록 유도하는 효과가 있다는 연구 결과가 나왔기 때문이다. 물론 사람들은 대체로 타인의 행동이 자기 행동에 영향을 미친다는 사실을 자각하지 못하지만 말이다.[30] 2008년에 발표된 한 연구에서 캘리포니아 주민 800여 명을 대상으로 그들의 에너지 절약 습관, 그리고 이웃이나 같은 도시·주의 사람들이 에너지를 얼마나 절약한다고 생각하는지를 조사했다. 에너지를 절약하겠다는 결정에 영향을 미친 요인이 무엇이냐는 질문에 응답자들은 대체로 돈을 절약하기 위해서라거나 사회와 환경에 유익하기 때문이라는 문항을 골랐다. 타인의 행동 때문이라는 문항은 낮은 점수를 받았다.[31] 하지만 실제로 연구자들이 각 가정의 전력량계 수치를 바탕으로 사람들이 에너지를 얼마나 소비했는지 확인했을 때, 타인의 에너지 소비에 대한 인식을 참고하면 사람들의 행동을 가장 잘 예측할 수 있었다.

이 결과를 바탕으로 연구팀은 다음 실험으로 나아갔다. 이들은 에너지 절약을 장려하는 문구가 적힌 문걸이 광고를 캘리포니아주 1,000여 가구에 배포했다. 문걸이 광고 일부에는 '산마르코스 시민의 77퍼센트가 여름에 에어컨 대신 선풍기를 사용한다'라면서 다른 사람들의 행동을 강조했고, 또다른 문걸이 광고에는 '올여름 에너지 절약법은? 에어컨 대신 선풍기 사용!'이라고 에너지 절약을 장려하는 추상적인 문구를 넣었다. '에어컨 대신 선풍기를 사용하면 매달 54달러를 절약할 수 있다'라는 문구를 적어 넣은 문걸이 광고도 있었다. 연구 결과, 이웃의 절약을 강조한 문걸이 광고를 받은 가정이 다른 메시지의 문걸이 광고를 받은 가정보다 에너지 소비량을 더 많이 줄였다.[32] 그런데도 여전히 사람들은 에너지 절약을 결정할 때 타인의 행동이 가장 덜 중요한 요소라고 응답했다.[33]

이로써 사람들이 의식하지 못하는 사이에 작동하는 '사회적 증거social proof', 즉 타인의 행동을 강조하거나 어떤 행동의 사회 관련성에 집중하는 방식은 매우 효과적이라는 사실이 입증됐다. 그래서 미국의 수많은 에너지 회사가 현재 이런 종류의 넛지nudge(강압적이지 않은 부드러운 개입으로 사람들의 행동을 유도하는 방법-옮긴이)를 고지서에 집어넣고 있다. 고지서를 본 사람들이 다른 가정보다 전기를 더 많이 소비한다는 사실을 알고 나면 전기 소비량을 줄이려는 동기가 생길 것이다. 이처럼 사회적 영향력이 자신의 의견과 행동에 얼마나 강력한 힘을 발휘하는지 자각하지 못하더라도, 사회 관련성을 강조하면 사람들이 중대한 행동을 실천할 가능성이 커진다.[34] 호텔에서의 수건 재사용[35]부터 투표[36], 운동[37]까지 이러한 연구 결과를 적용할 수 있는 일은 상당히 많다.

캘리포니아에서의 연구들은 사회 관련성의 영향력을 총체적으로 입증한다. 하지만 근본적인 메커니즘까지는 밝히지 못했다. 실험에 참여한 사람들은 정말로 세상을 다르게 인식하기 시작했을까? 정말로 자원 절약과 투표, 운동에 더 큰 가치를 부여하게 됐을까? 외모 평가 실험에서 피험자들이 같은 얼굴의 매력도를 다르게 평가하게 됐듯이 말이다.

이에 대한 답을 찾기 위해, 프라틱싯 카누 판데이Prateekshit 'Kanu' Pandey

와 강유나$^{Yoona\ Kang}$가 이끄는 우리 연구팀은 사회 규범이 사람들의 가치 산출에 영향을 미치는 과정을 소셜 네트워크를 통해 관찰했다. 우리는 필라델피아 시민 200여 명을 모집해서 이들에게 운동을 더 많이 하도록 권하면서 뇌를 스캔했다.[38] 참가자 대부분은 앉아서 보내는 시간이 긴 편이었고 연방정부가 권장하는 주간 최소 운동량(빨리 걷기처럼 중간 강도의 운동 150분)을 충족하지 못하는 사람들이었다. 이들이 소셜 네트워크에서 운동과 관련해 일반적으로 어떤 규범을 접하는지 알아내기 위해, 먼저 우리는 피험자의 친구들이 활발한 편인지, 정적인 편인지를 조사했다. 그러고는 평소에 운동을 즐기는 친구가 많은 사람일수록, 운동량을 늘리라고 권하는 조언을 들었을 때 그 메시지에서 더 자연스럽게 사회 관련성을 추론하는지를 뇌 스캔으로 확인하고자 했다.

피험자들이 사무실로부터 먼 곳에 주차하기, 스트레칭하기, 춤추기 등 다양한 방식으로 운동량을 늘리도록 권장하는 메시지를 실험실에서 보는 동안 우리는 이들의 뇌 활성도를 관찰했다. 3장에서 소개한 다른 실험들과 달리, 이 실험에서 보여준 메시지는 규범적 정보를 전하는 데 초점을 맞추지 않았다. 소셜 네트워크 속 사람들이 어떻게 행동하는지 혹은 운동하는 사람이 얼마나 멋져 보이는지 대신에 운동이 왜, 어떻게 좋은지에 초점을 맞춘 내용으로 구성했다. 그런데도 피험자의 뇌가 주변의 친구들이 얼마나 자주 운동하는지에 따라 서로 다르게 반응하는 현상이 발견됐다. 활발한 친구를 많이 둔 피험자의 가치 체계는 운동 권장 메시지에 더 긍정적으로 반응했다. 이 반응을 통해서 우리는 피험자 중 누가 행동을 바꿀지, 그리고 누가 다음 주에 운동(웨어러블 기기로 운동량을 추적)을 더 많이 할지 예측할 수 있었다. 이 연구 결과는 사회 관련성이 가치 평가에 영향을 미치는 방식을 보여준다. 주변에 운동을 즐기는 친구들을 많이 둔 사람일수록 운동을 권장하는 메시지에서 더 큰 가치를 발견할 준비가 돼있었을 것이다.

실제로 활동적인 친구들이 많은 사람은 긍정적 방향의 행동 변화를 더 잘 받아들였다. 마찬가지로, 내 친구들 대부분이 베네딕트 컴버배치를 좋아했기 때문에 나도 타비다의 책을 더 너그러운 태도로 받아들일 수 있었을 것이다. 그 결과, 원래라면 보지 않았을 드라마 〈셜록〉을 보게 됐다. 일상에서 우리의 행동은 의도적 메시지와 주변 사람들의 영향을 받아 변화한다. 평소에 사람들은 이런 영향력이 얼마나 강력한지 자각하지 못하지만, 의사 결정에 작용하는 사회적 영향력을 더 잘 인식하는 연습을 하고, 어떤 종류의 영향력이 자신의 목표와 잘 맞는지 알아볼 수도 있다. 당신의 주변에는 존경스럽거나 감탄스럽거나 닮고 싶은 사람이 있는가? 당신이 비판하거나 피하고 싶은 행동을 하는 사람은 누구인가?

우리는 자신의 목표를 지지해줄 사람들과 의도적으로 관계를 맺고 함께하기도 한다. 우리 연구실에서는 격주로 기획 회의가 열리는데, 나는 연구를 완수할 가능성을 높이기 위해 사회 관련성과 사회적 지지social support[39], 약속commitment[40]의 힘을 활용하곤 한다. 회의에서 한 연구원이 앞으로 2주 동안 집중할 목표를 발표하면, 다른 연구원들이 그의 목표가 현실적인지 피드백한다. 이 방식에는 몇 가지 긍정적 효과가 따른다. 먼저, 다른 사람들이 자신의 웰빙을 우선순위에 두는 모습을 보면 나도 좀 더 솔직하게 자신을 위한 시간을 확보하게 된다. 때때로 누군가 하기 싫지만 꼭 해야 하는 업무를 가져온다. 그러면 이 업무를 좀 더 보람 있게 만들기 위해(가치 산출 체계에서 사회 관련성을 높이기 위해) 다른 연구원들이 '워티드윗윗WOTTYDWTWOT'(이 유쾌한 두문자어를 만든 엘리엇 버크먼에게 감사를 표한다)이라는 세션을 제안한다. 워티드윗윗은 '하기 싫은 일을 하는 시간work on that thing you don't want to work on time'의 약칭인데, 이 시간 동안 연구원들은 한데 모여서 서로가 책임을 다하도록 지지하고 격려한다. 다른 사람이 함께 있다는 사실만으로도 가치 산출의 저울이 기울어져 일을 더 즐겁게 시작할 수 있고, 함께 일을 하겠다는 다짐이 업무를 완수할 가능성을 높인다.

하지만 인간의 뇌가 복잡한 사회적 상호작용을 놀라울 정도로 능숙하게 분석하고, 사회 관련성이 강력하고 선한 영향력을 발휘하는 만큼, 이것들은 우리가 우리 자신과 주변 세상에 이롭지 않은 방식에 순응하도록 유도할 수도 있다는 사실을 인지하고 있어야 한다.

집단의 힘과 함정

2000년대 중반, 미국의 페트리파이드 국립공원에서 문제가 발생했다. 애리조나주 초원에 자리한 이 공원에는 2억 년 전에 화석화된 나무들이 곳곳에 흩어져 있었는데, 글자 그대로 공원이 사라질 위기에 처했다. 방문객들이 공원을 산책하면서 무엇으로도 대신할 수 없는 화석들을 집에 가져갔기 때문이다.[41]

어떻게든 문제를 해결해야 했던 공원 관리국은 방문객을 향해 경고하는 표지판을 세웠다. "방문객들이 화석화된 나무들을 가져가면서 공원을 파괴하고 있습니다." 이러한 경고 메시지는 소용이 없었다. 공원 관리국은 로버트 치알디니Robert Cialdini가 이끄는 심리학자 팀에 도움을 청했다. 공원을 방문한 연구팀은 어쩌면 표지판이 문제일 수도 있다고 의심했다.[42]

연구팀은 방문객 중 일부는 공원 관리국에서 세운 표지판을 보게 했고, 일부는 훔치지 말라는 단순한 경고가 적힌 새로운 표지판을 보게 했으며, 나머지는 아무 표지판도 보지 않도록 실험을 설계했다. 연구자들의 직감이 맞았다. 훔치지 말라는 간단한 메시지가 아무 메시지도 없을 때보다 도둑질을 줄였다. 하지만 원래의 표지판은 다른 사람들이 이미 화석화된 나무들을 훔쳐 갔다는 사실을 부각하면서 오히려 도둑질을 몇 배나 증가시켰다. 이럴 바에는 차라리 표지판을 세우지 않는 편이 나았을 것이다. 이처럼 사회 관련성은 역효과를 낳기도 한다.

친구의 행동과 의견이 내 가치 산출의 저울을 살짝 기울여서 긍정적 롤모델로 작용할 수 있다면, 그 역도 성립한다. 예를 들어, 보스턴에 비가 와서 내 여동생이 오늘 조깅을 건너뛰었다는 사실을 알게 되면 나도 조깅 대신 집에서 텔레비전을 볼 가능성이 더 커진다.[43] 이것이 앞에서 우리가 탐색했던, 규범이 운동에 미치는 긍정적 효과의 이

3장 변화는 어떻게 시작되는가

면이다.

사회 관련성에 대한 판단이 가치 산출에 미치는 영향력은 더 광범위한 사회적 결과를 초래할 수 있다. 내 연구실에서 박사과정을 밟았던 키아나 리처즈$^{Keana\ Richards}$와 펜실베이니아 대학교의 심리학자 코렌 아피셀라$^{Coren\ Apicella}$는 고정 관념이 어떻게 저절로 유지되는지를 관찰했다. 시험공부를 하거나 발표를 연습할 때 여성이 남성보다 더 열심히 준비한다는 생각 같은 것들 말이다.[44] 고정 관념은 사회에서 형성되며, '내 생각과 네 생각은 같아'라는 사회적 정보를 알려준다. 이러한 정보는 무엇이 가치 있고 어떻게 행동할지에 관한 인식을 형성하지만, 때때로 최선의 결과에 반하는 행동을 하도록 등을 떠밀 수도 있다.

이 사실을 확인하기 위해, 우리는 보수를 받고 과제를 수행하는 인터넷 사이트에서 지원자들을 모집했다. 지원자들에게 제한된 시간 내에 수학 문제를 가능한 한 많이 풀게 하고 결과에 따라 보수를 지급했다(문제 풀이 시간은 실험에 따라 30초에서 2분 사이로 차이를 뒀다). 과제를 시작하기 전에 지원자들은 연습 삼아서 원하는 만큼 수학 문제를 풀어볼 수 있었지만, 연습 시간에 대해서는 보수를 지급하지 않았다. 남성과 여성 모두 연습 여부와 상관없이 비슷한 성과를 보였지만, 여성은 더 오래 연습하는 경향을 보였다. 분명히 이 행동은 비용 면에서 손해였다. 연습 시간은 돈이 되지 않으므로 그 시간에 다른 과제를 해서 보수를 받는 편이 낫기 때문이다.

왜 남성은 준비를 덜 하고, 여성은 준비를 더 할까? 나중에 지원자들에게 남성과 여성이 각각 과제를 얼마나 준비할 것 같냐고 물었더니 많은 지원자가 여성이 더 많이 준비하리라고 답했다. 이 고정 관념을 믿는 정도는 실제로 개인의 준비도와도 상관성을 보였다. 이 고정 관념을 믿는 여성은 사전에 더 많이 연습했고, 이 고정 관념을 믿는 남성은 사전에 덜 연습하는 경향을 보였다. 다시 말해 사회 관련성에 관한 인식은 원래 보편적이지 않지만, 사회가 특정 집단에 더 큰 기대를 걸 때 이 고정 관념은 저절로 유지된다.

사회 관련성이 가진 영향력을 이용하면 사람들이 명백한 허위 정보를 믿게 만들 수도 있다. 동화 《벌거벗은 임금님》에서 두 재단사는 명청한 사람에게는 보이지 않는 옷감으로 가장 훌륭한 옷을 만들었다면서 허영심 많은 임금을 속인다. 멍청해 보이고 싶지 않았던 임금은 모두의 앞에서 옷이 아름답다고 칭찬한다. 그러고는 그 옷을 입고 거리를 행진한다. 그때 한 아이가 임금님이 벌거벗고 있다고 큰 소리로 외친다.

수백 년 전부터 전해져 내려온 이 동화는 연구실뿐만 아니라 일상에서도 흔히 볼 수 있는 행동 패턴을 잘 포착했다. 1950년대에 심리학자 솔로몬 애쉬^{Solomon Asch}는 일련의 유명한 실험을 수행했다. 그는 피험자들에게 다음 페이지의 그림을 보여준 뒤, 오른쪽에 있는 세 개의 선 중에서 왼쪽에 있는 선과 같은 길이인 것을 고르게 했다.

답은 B로 피험자 혼자 있을 때는 쉬운 문제였다. 이 단계에서 답을 맞히지 못한 사람은 1퍼센트에 불과했다. 하지만 애쉬가 '공모자들', 즉 같은 피험자인 척을 하지만 사실은 실험 관계자인 사람들이 함께

3장 변화는 어떻게 시작되는가

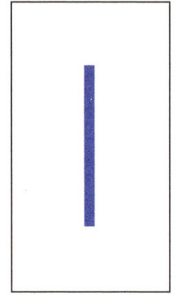 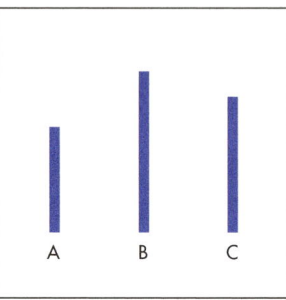

애쉬의 동조 실험에서는 피험자에게 선 하나(왼쪽)를 보여주고, 세 개의 선(오른쪽) 중에서 같은 길이의 선을 고르게 했다. 그러고는 결정적 순간에 다른 피험자(사실은 연구팀의 비밀 공모자)가 A처럼 완전히 틀린 답을 고르게 했다.

있는 상황에서 답을 묻자 상황이 달라졌다. 공모자들이 오답을 자신 있게 정답이라고 대답하자, 피험자의 3분의 1이 집단의 의견을 따라 오답을 골랐다.[45] 피험자들은 자신의 감각과 명백하게 모순되는 답을 선택했다. 이들의 감각은 정답이 아니라 했고 시각적 인지도 그대로였지만, 그런데도 자신이 본 것과 다른 답을 말했다.

많은 사람이 자신은 애쉬의 동조 실험 conformity experiment에서 잘못된 판단을 내리지 않으리라 믿는다. 자신만은 임금님이 벌거벗었다고 외치고, 인터넷에서 본 정보들에 영향을 받지 않는다고 말하고 싶어 한다. "아닙니다! 왼쪽 선과 길이가 같은 것은 B가 분명합니다"라고 자신 있게 말할 수 있으리라 생각할 테다. 하지만 사회 관련성이 가지는 영향력은 매우 강력하다. 최근에 나는 할머니, 그리고 친구 한 명과 함께 차를 타고 이동한 적이 있었다. 그때 할머니가 구름 뒤에서 밝게 빛나는 태양을 가리키며 "오! 저것 좀 보렴"이라고 말씀하셨다. 내 친구는 "달이 저렇게 밝다니 놀랍네요"라고 했다. 나는 어안이 벙벙했다. 분명 하늘에서 빛나는 것은 태양이었다. 내가 반박하자 친구가 이렇게 말했다. "아, 지난주에 나도 같은 생각을 했었어. 그런데 다른 친구들이 달도 낮에 아주 환하게 빛날 수 있다고 하더라고." 나는 너무 놀랐다. 그리고 그 말을 한 이에게 전화를 걸어서 내 친구를 놀리고 있는 건 아닌지 확인했다. 역시나 내 예상대로였다! 주변에서 입을 모아 태양이 달이라고 주장하는 바람에 내 친구가 당연한 사실을 의심하고 잘못된 정보를 진실이라고 믿고 있었다. 그리고 내 친구는 이 허위 정보를 우리에게 그대로 전한 것이다.

친구들의 장난은 별문제가 되지 않는다. 하지만 인터넷 세계에서는 문제가 달라진다. 온라인상에서는 진짜 뉴스보다 가짜 뉴스가 더 멀리, 더 빠르게 퍼지고, 때로 주류 언론도 여기에 가세해 허위 정보를 확산시킨다.[46] 펜실베이니아 대학교의 동료인 덩컨 와츠$^{Duncan\ Watts}$는 소셜 네트워크와 집단행동을 연구하면서 명백한 거짓 정보만이 잘못된 인상을 남기진 않는다는 사실을 알아냈다. 덩컨의 연구에 따르면 "불완전하거나 편향된 정보를 제시하고, 출처를 선택적으로 밝히고, 다른 설명을 생략하며, 대등하지 않은 주장을 획일화하고, 상관 관계를 인과 관계와 뒤섞으며, 왜곡된 언어를 사용하고, 직접적 주장 대신 암시만 하며(타인의 주장을 인용하는 식으로), 사실의 배열 순서를 의도적으로 조절하고, 그저 제목을 바꾸는 것만으로도 독자나 시청자가 자각하지 못하는 사이에 그들의 인식을 조작할 수 있다."[47]

3장 변화는 어떻게 시작되는가

봇팜$^{Bot\ Farm}$(자동화 소프트웨어를 사용하여 여러 개의 가짜 계정을 생성해서 정보를 조작하거나 확산하는 조직적 시스템-옮긴이)이 실제 사람들의 목소리를 압도하는 현실을 살아가는 우리는 사회 규범의 무기화[48]와 트롤링 공격$^{trolling\ attack}$(온라인상에서 논쟁을 일으키거나 불쾌한 글을 쓰는 등 일부러 자극적인 행동을 해서 다른 사람들에게서 감정적 반응을 유발하는 일-옮긴이)에 상당히 취약하다.[49] 이 문제들을 제대로 이해하고 처리하기 위해 인프라와 협력 관계를 구축하는 일은 개인 차원에서 홀로 감당할 수 없으며, 학계·산업계·정부 모두가 함께 해결해야 할 거대한 과제이다.[50]

우리 개개인은 어떻게 해야 할까? 잘못된 길로 빠지지 않고 자신이 원하는 사람이 되는 데 필요한 정보를 어떻게 얻을 수 있을까? 타인의 성공과 실수에서 무엇을 배울 수 있을까? 어떻게 하면 악의적인 영향력과 허위 정보, 나쁜 사례라는 위험을 회피하고, 타인의 생각과 행동을 배려하여 사회적 관계에서 비롯하는 이점을 누릴 수 있을까? 신경과학 연구에 따르면, 사회적 영향력은 단지 우리 외부에서만 생겨나지 않는다. 우리가 무엇에 주의를 기울이고 누구와 시간을 보내는지에 따라 사회적 영향력이 달라지며, 이는 우리가 가치를 산출하는 과정, 자기 자신을 바라보는 관점, 어떤 사람이 될지를 근본적으로 결정한다.

뇌의 가치 산출 방식, 자기 관련성 및 사회 관련성을 결정하는 방식을 이해하면 이 과정들이 얼마나 주관적인지, 그리고 문화가 우리의 관점과 행동에 얼마나 큰 영향을 미치는지 알 수 있다. 더불어, 사회적 기대와 자원이 우리의 상상력을 확장하거나 제한하는 방식도 알게 된다. 마지막으로, 우리의 결정은 쉽게 변하며 보이거나 보이지 않는 영향력 모두에 좌우된다는 사실을 명심하자. 다음 장에서는 가치 산출에 투입되는 요소들을 더 의도적으로 선별하는 법과 유용한 정보를 받아들이는 법, 중대한 목표를 달성하기 위해 주변 환경을 구축하는 법을 살펴보겠다.

4장

당신이 눈앞의 유혹에 약한 이유

뇌의
가치 산출에
영향을 미치는 것들

미국프로농구^{NBA}**에서 수십 년간** 활약한 어니 그룬펠트 Ernie Grunfeld는 베스트셀러 소설이나 텔레비전 드라마에 등장할 법한 인물이다.[1] 1964년, 뉴욕에 처음 도착한 여덟 살 소년은 아직 농구를 해본 적도 없었다. 그러나 12년 뒤, 그는 미국 대표로 올림픽에 출전해 농구 종목에서 금메달을 땄고, 밀워키 벅스, 캔자스시티 킹스, 뉴욕 닉스 등의 농구팀에서 활약했다. 홀로코스트에서 살아남은 아이가 미국 최고의 농구 선수가 된 것이다.[2] 하지만 그의 놀라운 업적은 부모와 그 자신, 그리고 고등학교 농구부 코치의 선택들이 없었다면 가능하지 않았을 수도 있다.

어니의 부모인 알렉스Alex와 리비아Livia는 소비에트 연방 시절 루마니아에 살던 유대인이었다. 그룬펠트 가족은 수년간 경찰의 수색을 피해서 낡은 라디오 속에 돈을 숨겨뒀다가 마침내 뉴욕으로 탈출했다. 그 후 퀸스에 집을 마련하고 브롱크스에 원단 가게를 열었다. 가족의 일상은 가게를 중심으로 돌아갔다. 알렉스는 가게에서 1주일 내내 일했고, 리비아는 6일은 가게에서 일하고 나머지 하루는 집에서 요리

4장 당신이 눈앞의 유혹에 약한 이유

와 청소를 하며 가족을 돌봤다.³ 토요일이면 어니도 지하철 E선과 D선을 타고 가게로 가서 손님들을 상대했다.

주중에는 부모님이 퇴근하기 전까지 농구를 했다. 처음에는 동네 놀이터에서, 나중에는 학교 농구팀에서 뛰었다. 어니가 포레스트힐스 고등학교 1학년이 됐을 때, 그의 키는 188센티미터를 넘었고 농구 선수로서 평가도 뛰어났다. 2학년 때는 경기당 평균 17점 이상을 기록했다. 3학년 때는 키가 195센티미터를 넘었고, 경기당 평균 20점 이상을 기록했으며, 뉴욕에서 가장 뛰어난 고등학생 농구 선수로 이름을 날리고 있었다.

그룬펠트 부부는 자신들이 일하는 동안 아들이 농구를 하고 있다는 사실은 알았지만 그가 얼마나 훌륭한 선수인지까지는 몰랐다. 그러니 어느 날 밤, 리비아가 농구팀 코치인 어윈 이서$^{\text{Irwin Isser}}$의 전화를 받고 얼마나 놀랐을까. 코치가 운을 뗐다. "그룬펠트 부인, 꼭 아드님의 경기를 보러 오셨으면 합니다. 어니는 제가 가르친 선수 중에서 가장 뛰어나요. 농구 선수가 되면 대학에 갈 수 있을 겁니다. 어니에게는 재능이 있어요."⁴

그 순간 리비아와 알렉스가 보일 수 있는 반응은 여러 가지가 있었다. 두 사람은 가게를 운영하면서도 어니가 제대로 된 환경에서 좋은 교육을 받을 수 있도록 많은 신경을 썼다. 가게에서 멀리 떨어진 퀸스에서 살려면 생활비가 많이 들었다. 하지만 무리를 하면서까지 퀸스에 살았던 이유는 어니에게 공부를 시키기 위해서였지, 운동을 위해서가 아니었다. 부부는 어니가 농구에 모든 시간과 에너지를 쏟아서 따로 공부할 시간이나 가게 일을 도와줄 여유가 없을까 봐 걱정할 수도 있었다. 그룬펠트 가족은 생계를 위해 사실상 24시간 내내 일하고 있었기 때문이다.

하지만 이서 코치의 말은 그럴듯했다. 그는 자신이 가르친 선수 중에 어니가 가장 투지가 강한 선수라고 힘주어 말했다. 그룬펠트 부부는 노력과 헌신을 소중하게 생각하는 사람들이었으므로 이 말이 꽤 설득력 있게 들렸을 것이다. 또한, 코치는 어니가 대학교에 농구 선수로 입학할 수 있다고도 했다. 농구는 알렉스와 리비아가 아들을 위해 세운 교육적 목표와 충돌하지 않으면서 어니에게 새로운 기회를 열어줄 수 있었다.

며칠 뒤, 바람이 부는 쌀쌀한 어느 날 오후였다. 알렉스와 리비아는 평소와 달리 가게 문을 일찍 닫았다. 어니의 팀과 브롱크스 과학고등학교 농구팀의 경기를 보러 가기 위해서였다. 리비아는 사람들로 가득한 후덥지근한 체육관의 농구 코트에 서있던 아들의 모습을 봤다. 하지만 알렉스는 처음에 유니폼을 입은 아들을 알아보지 못했고, 어니가 팀 주장인데도 시합에 나오지 못했다고 한탄했다.

"도대체 무슨 말을 하는 거예요?" 리비아가 말했다. "지금 저기 있잖아요!"

그날 이후, 그룬펠트 가족의 일상은 송두리째 바뀌었다. 알렉스는 아들의 시합을 빼놓지 않고 보러 다녔고, 어니는 주말에 가게에서 일하는 대신 농구에 전념했다. 어니는 이서 코치가 리비아에게 장담했던 대로 테네시 대학교에 입학했고, 거기서 대학교 역사상 최고 득점

자라는 신기록을 세웠다(어니의 기록은 50여 년이 지난 뒤에야 깨졌고, 지금은 역대 최고 득점자 2위이다).[5] 이후 그는 NBA에서 계속해서 경력을 쌓았다.

만약 그때 이서 코치가 전화를 걸지 않았다면 어떻게 됐을까? 코치가 리비아와의 짧은 통화에서 다른 요소를 강조했다면? 의도한 내용이었든 그저 운이 좋았든 간에, 어니의 투지를 칭찬하고 그의 재능으로 대학에 들어갈 수 있다고 예측한 코치는 아들의 농구 실력이 가족의 정체성, 목표, 가치와 일치한다는 말로 알렉스와 리비아의 주의를 끌었다. 그리고 이 말은 결국 부부의 최종 결정을 끌어냈다. 아마 당시에는 이렇게까지 명확하게 생각하지 못했겠지만, 코치는 선택을 앞둔 알렉스와 리비아가 자기 관련성을 크게 느끼는 측면을 부각했고 궁극적으로 부부의 가치 산출 저울을 의도한 쪽으로 기울이는 데 성공했다.

앞에서 살펴봤듯이, 가치 체계는 과거의 경험, 현재의 욕구, 미래의 목표에 기반해 우리의 선택을 이끌며, 선택을 이루는 수많은 요소에 공통된 기준을 적용해서 비교한다. 이는 뇌가 거의 무한한 가능성을 상상할 수 있다는 사실을 뜻한다. 그렇다면 뇌는 어떻게 이 모든 요소를 분류하고 거기에 우선순위를 매길까? 그리고 우리의 선택이 우리가 가장 가치 있게 여기는 중대한 목표에 부합하게 하려면 이 지식을 어떻게 활용해야 할까?

뒤에서 확인하겠지만, 가치 체계는 즉각적인 보상, 즉 '즉각적인 자기 관련성'과 '즉각적인 사회 관련성'에 가장 큰 비중을 둔다. 요컨대 각 선택이 나 자신과 내가 사랑하는 사람들에게 지금 당장 얼마나 유의미한지를 살핀다. 하지만 가치 산출의 결과가 항상 정해져 있는 것은 아니라는 점이 중요하다. 우리는 메시지 구성이나 상황 설정을 통해 선택의 어떤 측면이 우리와 큰 관련이 있다고 생각하도록 유도할 수 있으며, 그에 따라 우리가 생각하고 느끼고 행동하는 것을 변화시킬 수 있다.

이서 코치가 리비아와 알렉스가 꿈꾸던 어니의 미래를 바꾸고, 제니 래드클리프가 자신이 일으킨 소란의 사회적 결과에 집중하게 해서 경비원에게 영향을 미쳤듯이, 우리는 의도를 갖고 자신과 타인의 가치 산출에서 우선순위를 바꿀 수 있다. 또한 그에 이어지는 결정에도 영향을 미칠 수 있다. 이는 (우리 자신을 포함해서) 누군가가 어떤 선택을 조금 다르게 바라보게 할 가능성이 가장 큰 요소에 손전등 빛을 비추는 행위와 닮았다. 내가 할머니 댁에 자전거를 타고 갔던 일을 떠올려보자. 〈지구를 구하는 법〉의 출연자 켄드라 피에르루이가 자전거 타기의 즐거움을 일깨워 준 뒤로 나는 내 여러 가지 우선순위와 부합하는 선택을 더 쉽게 내릴 수 있었다.

의도적으로 어디에 집중하느냐에 따라서 우리의 선택은 다양한 방식으로 달라질 수 있다. 예를 들어, 의사는 어떤 수술의 위험성이나 장점을 강조하는 데 시간을 더 투자할 수 있고, 영업사원은 상품의 실용적 기능이나 사회적 특성을 강조해 상대방을 설득할 수 있다. 부모는 저녁 식사에서 요리의 맛을 강조할 수 있고, 피트니스 앱의 UI 디자이너는 일일 걸음 수, 소모한 열량, 격렬한 운동 시간 중 무엇을 전면에 내세울지 선택할 수 있다. 그리고 이서 코치는 어니의 투지를 강조하기로 선택했다.

이서 코치가 자신이 가르친 선수 중에서 어니가 가장 투지가 강한 선수라고 했을 때, 어니의 부모는 농구가 아들에게 가져다줄 수 있는 행복, 교육의 기회, 미래의 재정적 측면을 생각했고, 이제 막 싹트기 시작한 아들의 꿈을 지지하기로 했다. 하지만 훗날 어니는 자신을 매일 농구 코트로 이끈 것은 대학교의 장학금이나 NBA에서 뛰고 싶다는 꿈이 아니었다고 회상했다. 농구를 시작했을 때는 그런 길들이 있다는 사실조차 몰랐다. 사실 어니의 동기는 더 즉각적인 것이었는데, 즉각적인 동기야말로 가장 강력한 법이다.

뇌에게 미래의 나는 타인이다

처음에 어니는 학교에서 적응하는 데 어려움을 겪었다. 핫도그와 피자 대신 치오르버^{ciorba}와 우보르커셜라터^{uborkasaláta}('치오르버'는 채소와 고기를 넣고 만든 루마니아식 수프이고, '우보르커셜라터'는 헝가리식으로 만든 오이 샐러드이다-옮긴이)를 먹고 헝가리어를 한다고 괴롭힘을 당했기 때문이다. 하지만 공원에서는 달랐다. 거기서는 다른 농구 선수들과 잘 어울릴 수 있었다. 그는 영어를 배우기 시작했고, 무엇보다 농구가 재밌었다.[6]

가치 체계의 핵심 기능은 자신과 목표 사이의 간격을 좁히는 일이다. 가치 체계는 보상이 가장 커 보이는 선택지로 우리를 이끌고, 실제로 일어나는 일을 관찰하면서 예측 내용을 계속 업데이트한다. 그러나 앞에서 살펴본 대로 가치 산출은 현재 상황(특히 우리가 그 순간에 자기 관련성이나 사회 관련성이 가장 높다고 판단한 요소)의 영향을 강하게 받는다. 이러한 '현재 편향present bias'은 지금 이 순간에 집중하게 한다는 점에서 좋을 수도 있지만, 매 순간 현재 상황의 영향을 받아서 장기적 목표와 양립하기 어려운 곁길로 새게 만들기도 한다.

자기 관련성이 산출되는 독특한 방식은 특히 중요하다. 우리는 다양한 시간대와 상황에 정신적으로 매끄럽게 자신을 투영할 수 있지만, 가치 체계는 '지금, 여기'를 우선시하는 경향이 있다. 그리고 이런 경향은 생각보다 더 강력하다. 다른 시간대나 장소에 있는 자신을 상상해보라고 하면, 우리의 뇌는 타인에 대해 상상할 때와 거의 비슷한 방식으로 반응한다.

하버드 대학교의 다이애나 타미르Diana Tamir와 제이슨 미첼Jason Mitchell은 피험자들에게 다양한 질문을 한 뒤, 같은 내용의 질문을 다른 기준으로 다시 던졌다. 예를 들어, '사람들 앞에서 말할 때 얼마나 긴장하는가?'라는 질문을 처음에 했다면, 이어서 다음과 같은 질문들을 던졌다. 지금 혹은 1년 후에는 얼마나 긴장하고 있을까? 여기 혹은 옥스퍼드에서는? 나 자신일 때 혹은 버락 오바마Barack Obama처럼 특별한 사람이 됐다고 상상할 때는? 자신의 고유한 정체성 혹은 다른 정체성(예: 여성, 남성)으로서는? 연구팀은 시간과 공간, 정체성과 상관없이 피험자들이 상상하는 자기 자신과의 거리감에 따라 자기 관련성 체계의 활성도가 변한다는 사실을 발견했다.[7] 자기 관련성 체계는 '지금,

'여기'의 정체성을 가진 자아에 대해 가장 높은 활성도를 보였고, 시기적으로나 지리적으로 가장 먼 곳에 있는 정체성을 가진 자아에 대해 가장 낮은 활성도를 보였다. 다시 말해, 먼 미래의 자신을 상상할 때는 자신을 버락 오바마 같은 인물로 상상할 때나 옥스퍼드처럼 아주 먼 도시에 있는 자신을 상상하는 것과 비슷한 수준으로 자기 관련성 체계가 활성화했다. 요컨대 다른 시간이나 장소, 몸에 있는 나는 타인이나 다름없었다.

자기 관련성 체계에 관한 이러한 사실은 그와 밀접하게 얽혀있는 가치 체계에 어떤 영향을 미칠까? 만약 내 가치 체계에서 미래의 자신이 타인과 다름없다면, 미래의 나에게 축적될 이익은 지금 당장 즐길 수 있는 것들보다 자기 관련성이 적어 보이고 가치도 낮아질 테다. 따라서 가치 산출은 현재의 나에게 더 큰 비중을 두는 경향을 보인다. 건강한 음식을 먹겠다고 하면서도 맛있는 쿠키에 손을 뻗고, 학교에서 공부하거나 직장에서 일하는 대신 친구들과 파티에 가는 이유가 바로 이것이다. 장기적 목표, 다가오는 시험이나 마감을 생각하면 지금 노는 대신 공부하거나 일을 해야 한다는 사실을 우리 모두 잘 알고 있다. 술을 마시면 다음 날 아침에 몸 상태가 나빠진다는 사실도 안다. 하지만 그런 문제는 미래의 내가 어떻게든 해결할 것이다! 그러니 지금 당장 내가 재밌으면 된다.[8]

심리학에서는 지금 여기서 받는 보상을 가치 있게 여기는 성향을 '시점 할인 temporal discounting' 혹은 '현재 편향'이라고 부른다. 펜실베이니아 대학교의 동료인 조 케이블 Joe Kable은 기발한 실험을 여럿 진행하면서 인간의 뇌에서 이 과정이 어떻게 이루어지는지를 밝혔다. 조의 연구팀은 피험자들에게 지금 20달러를 받을지, 지금으로부터 6시간 뒤나 6개월 뒤에 더 큰 보상을 받을지(20.25달러나 110달러)를 선택하게 했다.[9] 만약 당신이 조의 실험에 참여했는데 "지금 20달러를 받겠습니까, 내일 21달러를 받겠습니까?"라고 묻는다면 어떻게 대답하겠는가? 혹은 "지금 20달러를 받겠습니까, 6개월 뒤에 21달러를 받겠습니까?"라고 묻는다면? "지금 20달러를 받겠습니까, 1주일 뒤에 100달러를 받겠습니까?"라고 물으면? 사람들의 인내심은 개인차가 크다. 누군가는 돈을 조금 더 받으려고 기꺼이 오랜 시간을 기다리고, 다른 누군가는 잠깐이라도 기다리려면 훨씬 더 많은 돈을 받아야 한다. 하지만 피험자 전체를 놓고 보면 추가로 받는 돈이 적을수록, 그리고 기다려야 하는 시간이 길수록 지금 20달러를 받겠다고 하는 경향이 강하게 나타났다.

가치 체계(그리고 그와 겹치는 자기 관련성 체계)의 핵심 영역에서도 상대적으로 적은 돈이나 먼 미래의 이익에 대해 더 낮은 활성도를 보였다. 먼 훗날의 보상이 갖는 주관적 가치는 사람들의 마음속에서 할인되어 더 빠른 보상보다 낮게 평가되는 듯했다. 후속 연구는 인내심을 갖고 미래의 보상을 기다리는 경향이 뇌 속에서 현재의 자신과 미래의 자신이 얼마나 일치하는지와 관련이 있을 가능성을 보여줬다.[10] 뇌가 현재의 자신과 미래의 자신을 더 비슷하게 여길수록 미래의 이익을 위해 현재의 보상을 포기할 가능성이 커졌다.

은퇴 자금을 모으는 대신 당장 원하는 물건을 산 적이 있다면, 늦게까지 일하는 대신 바로 놀러 나간 적이 있다면, 보상 시점이 너무 멀어 보이는 목표를 추구하는 일에는 더 큰 노력과 에너지가 필요하다는 사실을 잘 알 것이다. 하지만 대개 우리는 목표를 향해 레이스를 시작할 때 우리의 이런 기본적인 성향을 고려하지 않는다. 변화를 위해 동기를 부여할 때, 이를테면 더 건강한 음식을 먹고 가족에게 더 인내심을 발휘하며 업무 능력을 향상하려 할 때, 우리는 오랜 시간이 걸리며 상대적으로 추상적인 혜택과 결과(100세까지 살고 싶어!)에 초점을 맞추곤 한다.[11] 자신이나 타인의 변화를 장려하기 위해 시도하는 이런 방식은 뇌가 기본적으로 우선시하는 것들과 근본적으로 상충한다. 그렇다면 현재의 보상과 미래의 보상을 어떻게 하면 더 잘 일치시킬 수 있을까?

2019년, 스탠퍼드 대학교 연구팀이 다섯 개 대학교의 구내식당에서 실험을 했다. 그 결과, '허브&허니 발사믹 드레싱을 뿌린 순무'나 '구운 마늘을 곁들인 사천식 그린빈 볶음'과 같은 메뉴명으로 즉각적인 맛을 강조하면, '건강에 좋은 순무'나 '영양이 풍부한 그린빈'처럼 건강에 도움이 된다는 사실을 강조한 메뉴명을 사용했을 때보다 더 효과적으로 채소 요리를 선택하게 만들 수 있었다. 6개월간 스물네 가지 채소로 약 13만 8,000개의 요리를 실험한 결과, 학생들은 (즉각적으로) 맛에 대한 보상을 약속하는 이름의 요리를 (장기적으로) 건강에 유익하다고 광고하는 이름의 요리보다 29퍼센트나 더 많이 선택했다. 후속 연구에서는 한층 더 인상적인 결과를 볼 수 있었다. 식당에서 건강한 요리들의 맛을 강조하자 채소와 샐러드처럼 몸에 좋은 메뉴를 선택한 비율이 38퍼센트 증가했다.¹² 사람들의 자연스러운 성향에 초점을 맞춰서 즉각적인 보상을 우선시하니 건강한 선택을 하는 비율을 더 높일 수 있었다. 장기적인 관점에서 건강에 초점을 맞췄을 때보다 더 나은 결과였다.

이 발견을 다른 곳에도 활용할 수 있다. 장기적으로 이로운 일이지만 당장은 수고롭게 느껴지는 일이 있다면 즉각적인 보상을 찾아내기만 하면 된다. 인맥 관리를 싫어하는 이유가 경력에 도움이 된다는 이점이 당장 스몰토크를 시도해야 한다는 어색함보다 추상적이기 때문이라면, 미래를 위해 이 일이 얼마나 중요한지는 잠시 제쳐두자. 그런 다음, 당신이 자주 어울리는 동료 한두 명을 찾아가 이들에게 농담을 건네는 일부터 시작하자. 아이가 책을 더 많이 읽기를 바란다면, 앞으로 학업에 도움이 될 책보다는 아이가 재밌어하는 책을 스스로 고르게 하라. 어른도 마찬가지이다. 독서 습관을 기르고 싶다면 잠들기 전에 나쁜 뉴스만 강박적으로 확인하기보다 재밌는 책을 읽도록 하자. 악기를 배우고 싶다면 자신이 좋아하는 노래를 연습곡으로 고르면 된다.

때로는 당신이 취하고 싶고 장기적으로 도움이 되는 행동에서 즉각적인 보상을 찾기가 어려울 수도 있다. 이럴 때는 그 행동을 당장에 즐거운 다른 행동과 짝짓는 것도 괜찮은 방법이다. 인맥 관리를 위한 모임에서 이야기를 나눌 상대를 찾지 못했다면, 스몰토크를 시도한 보상으로 맛있는 디저트를 먹으면 어떨까? 펜실베이니아 대학교의 행동 과학자인 케이티 밀크먼^{Katy Milkman}은 대학원생 시절 헬스클럽에 가기가 너무 싫었다. 엔도르핀endorphin이 아무리 많이 나와도 단기적 동기를 부여하기에는 부족했다. 그때 케이티는 시험공부에도 어려움을 겪고 있었다. 공부를 해야 할 시간에 판타지 소설을 읽고 싶은 욕망을 억누르기가 힘들었다.[13] 이럴 때 어떻게 해야 할까?

케이티는 '하고 싶은 일'과 '하기 싫은 일'을 함께 하기로 했고, 읽고 싶은 판타지 소설을 오디오북으로 들으며 헬스클럽에 갔다. 이 방법은 효과가 있었다. 공부할 시간을 충분히 확보할 수 있었고 헬스클럽에 가는 일이 즐거워졌다. 하기 싫었던 일이 즉각적인 보상을 얻으면서 하기 쉬워졌다.

훗날 케이티는 이 방법에 '유혹 묶기temptation bundling'라는 이름을 붙이고 다른 사람들에게도 유효할지를 실험했다.[14] 케이티의 연구팀은 한 집단에는 좋아하는 오디오북이 든 아이팟을 주고 헬스클럽에서만 사용하게 했다. 다른 집단에는 선불카드를 줘서 오디오북을 사게 하고 운동이라는 제약을 걸지 않았다. 당연히 첫 번째 집단이 운동을 더 많이 했지만, 이 실험에서 주목해야 할 대상은 운동량의 차이이다. 첫 번째 집단은 두 번째 집단보다 무려 52퍼센트나 더 많이 운동했다(세 번째 집단에는 가급적 헬스클럽에서 오디오북을 듣도록 권장하되 다른 장소도 금지하지 않았더니, 아무 제약도 없던 두 번째 집단에 비해 헬스클럽에 나오는 횟수가 29퍼센트나 증가했다). 두 집단에 운동이 가져다주는 장기적 가치는 모두 같았지만, 유혹 묶기 전략은 피험자가 당장 지금 이 순간에 느끼는 가치를 바꿨고 선택을 훨씬 쉽게 만들었다. 케이티의 실험에서 유혹 묶기 전략은 시간이 지날수록(특히 추수감사절 이후) 효과가 감소했지만, 시작을 가로막는 장벽과 현재 편향을 극복하는 하나의 대안으로서 유의미한 결과를 보였다.

이렇듯 단기적 사고는 미래의 목표를 달성하고 현재에서 더 큰 즐거움을 찾도록 돕는 자산이 될 수 있다. 장기적 목표를 위한 행동이 지금 더 보람 있게 느껴지도록 만드는 방법에 초점을 맞추면, 미래의 결과와 현재의 쾌락 사이에 존재하는 격차를 좁힐 수 있다. 예를 들어, 상황이나 선택의 다른 측면에 초점을 새롭게 맞추면 현재 편향을 극복할 수 있다. 어니에게 농구는 장학금을 받을 방편이라기보다는 당장에 재밌고 친구들과 유대감을 만들 수 있는 수단이었다. 인맥 관리 역시 훗날의 성공을 위해서라기보다는 동료들과 관계를 맺고 때로 공짜 점심을 먹는 수단으로 생각할 수 있다. 또한, 헬스클럽에서 《헝거게임The Hunger Games》 오디오북을 듣는 것처럼 하기 싫은 일에 재미를 더하는 방법도 있다. 이런 식으로 우리는 '지금 내게 어떤 이익이 있는가'를 강조할 수 있다. 하지만 순간적인 초점을 바꾸는 또 다른 방법이 있다. 미래의 자신과 실제로 관계를 맺는 것이다.

맛이 중요한가, 건강이 중요한가

미래의 나를 만난다면 어떤 기분일까? 부모님과 무척 닮은 모습이 주는 충격을 이겨내고 현재의 행동을 바꿀 수 있을까? 스탠퍼드 대학교의 핼 허쉬필드Hal Hershfield와 제러미 베일렌슨Jeremy Bailenson 연구팀은 이 문제를 파고들었다. 연구팀은 가상현실에서 피험자가 자신의 노후 모습을 한 아바타와 대화를 나누도록 실험을 설계했다. 실험 참가자들은 이 경험을 통해 실제로 현재의 행동을 바꿨고, 원래 저축하던 은퇴 자금의 두 배를 저축하기 시작했다.[15]

생각해보면 이는 놀라운 변화이다. 기본적으로 인간의 가치 체계는 가장 즉각적으로 두드러지는 것, 바로 '지금 여기에 있는 나'에게 미치는 영향에 초점을 맞추기 때문이다. 이 실험은 매우 성공적이었고, 뱅크오브아메리카 메릴린치는 고객의 노후 모습을 사진으로 보여주고 은퇴 준비를 일찍 시작하도록 유도하는 '페이스 리타이어먼트 Face Retirement'라는 제품을 출시했다.[16] 하지만 미래의 자신을 만나기 위해 꼭 가상현실에 접속하거나 노후 사진을 찾아볼 필요는 없다. 의식적으로 자신의 미래에 집중하기만 해도 뇌가 다양한 선택의 가치를 평가하는 방식을 어느 정도 바꿀 수 있다.

우리는 기본적으로 현재에 집중하지만, 적극적으로 미래의 이익에 초점을 맞출 수도 있다. 앞에서 살펴봤듯이, 뇌가 '현재의 나'와 '미래의 나'를 더 잘 구분할수록 미래에 받을 보상이 덜 만족스럽게 느껴지며 인내심을 갖고 그것을 기다릴 가능성도 낮아진다.[17] 그렇다면 어떻게 해야 나 자신 혹은 내가 사랑하는 사람들을 위해 이 간극을 좁힐 수 있을까?

신경과학자 헤디 코버 Hedy Kober는 담배와 정크푸드에 대한 갈망을 줄이는 방법을 연구했다.[18] 헤디의 연구팀이 진행한 여러 실험에서 흡연자들은 맛있어 보이는 정크푸드나 사람들이 흡연하는 사진을 봤다.

사진을 한 장씩 볼 때마다 이들은 즉각적 결과(지금 담배를 피우면 어떤 기분일까?)나 장기적 결과(앞으로 수십 년간 담배를 피우면 어떻게 될까?)를 생각하라는 지시를 받았다. 다른 요소는 그대로이고 그저 생각만 바꿨을 뿐인데도 가치 체계의 반응이 달라졌다. 장기적 결과를 생각한 경우, 가치 체계의 핵심 영역에서 활성도가 떨어졌고 정크푸드와 담배에 대한 갈망 역시 줄어들었다. 이는 다른 실험에서도 마찬가지였다. 일상에서는 대개 맛을 우선시하여 음식을 선택하겠지만, 실험에서는 음식을 선택할 때 '맛이냐 건강이냐'처럼 서로 다른 이유에 주의를 기울이도록 유도했더니 뇌가 음식의 가치를 평가하는 방식이 달라지고 최종 선택도 바뀌었다.[19] 사람들이 건강에 집중하도록 유도하면 몸에 좋지만 맛없는 음식을 선택할 가능성이 두 배나 높아졌고, 맛있지만 몸에 나쁜 음식을 고르는 경향은 줄어들었다. 저울의 무게 추가 건강에 좋은 쪽으로 기운 것이다.

즉각적 보상에서 장기적 결과로 초점을 옮기면 건강에 나쁜 선택으로 이끄는 가치 신호와 갈망이 줄어든다.[20] 잠시 멈춰서 자신의 행동이 가져올 장기적 결과를 생각해보는 이 단순한 전략은 치료사들이 환자의 약물 남용을 억제할 때 흔히 사용하는 방법이다. 하지만 이 전략 역시 결국은 개인의 통제에 성패가 달려있다. 뇌영상 연구에 따르면, 사람들은 명시적인 지시가 없어도 이 과정을 스스로 수행할 수 있으며 자신의 갈망과 행동에 영향을 미칠 수 있다고 한다.[21] 대개 손전등의 불빛은 현재를 비추지만, 우리는 이 빛으로 미래의 나뿐만 아니라 내가 살고 싶은 미래까지 비출 수 있다.

생각의 초점을 옮기면 선택이 바뀐다

리비아는 이서 코치에게서 전화를 받았을 때 농구에 대해서는 잘 몰랐지만, 아들이 좋은 교육을 받을 수 있도록 지원해주겠다는 우선순위만큼은 명확했다. 리비아는 전쟁 때문에 자신이 누리지 못했던 것들을 아들은 누리게 해주고 싶었다. 따라서 어니가 농구로 대학에 갈 수 있다고 했을 때, 이서 코치는 리비아가 그리던 명확한 미래상을 활용한 셈이었다. 이는 리비아가 기대를 빠르게 조정해서 아들을 위한 다른 길을 택하는 데 도움이 됐을 것이다. 바라는 미래상이 분명하면, 리비아처럼 예상치 못했던 방향이더라도 결국은 원하는 미래로 나아갈 수 있다. 우리는 이 일을 원대하고 거창한 방식으로도, 작지만 실용적인 방식으로도 해낼 수 있다.

회사에서 내리는 가장 위험한 결정 중 하나는 새 직원을 뽑는 일이며, 그 영향력은 거의 수년간 이어진다. 각 지원자가 가진 다양한 기술과 자질을 고려해야 하고 그것들 사이에서 적절히 균형을 맞춰서 채용해야 한다. 내 경우를 예로 들어보겠다. 우리 연구실에서는 연구 코디네이터를 정기적으로 뽑는다. 연구 코디네이터는 사람들과 잘 어울리고, 데이터 분석에 뛰어나야 하며, 조직 생활에 익숙하고, 독립적으로 일할 수 있으며, 대학교와 지역 사회, 여러 단체와의 협력에도 능숙해야 한다. 연구실에서 코디네이터 채용 공고를 올릴 때마다 수백 명의 지원자가 몰려온다. 이 모든 조건을 충족하는 지원자가 단 한 명이라도 있다면 가장 이상적인 상황이겠지만, 대부분은 특정 영역에서 상대적으로 강할 뿐이다. 그렇다면 수백 명의 지원자 중에서 업무에 가장 적합한 사람을 찾아내려면 어떻게 해야 할까?

리비아의 사례에서 봤듯이 원하는 미래를 정확하게 알면 도움이 된다. 내 경우에는 앞으로 동료가 될 연구 코디네이터의 어떤 특성이 우리에게 가장 필요할지를 생각해야 한다. 하버드 대학교의 심리학자 린다 챙Linda Chang과 미나 치카라Mina Cikara는 인재를 채용할 때 어떤 특성에 주의를 기울이는지에 따라 얼마나 큰 차이가 발생하는지, 그리고 우리가 의사 결정 과정에서 얼마나 쉽게 곁길로 새거나 오도되는지를 연구했다.[22] 당신이 심사위원으로 참여한 채용 면접에서 괜찮은 자질을 가진 첫 번째 지원자가 아주 어색하게 군다고 상상해보자. 그러면 갑자기 대인 관계 능력이 중요하게 느껴질 것이다(코디네이터 업무에는 다른 특성이 훨씬 더 중요한데도 말이다). 다음 면접에서는 앞선 첫 번째 지원자의 영향으로 카리스마 있는 지원자를 과대평가하게 된다. 대인 관계 능력은 동료들 사이에서 유용한 특성이고 면접 분위기를 즐겁게 만들지만, 이를 너무 중시하면 프로그래밍 경력처럼 장기적으로 업무를 수행하는 데 필요한 다른 특성을 간과할 수 있다(망할 현재 편향 같으니!).

이를 입증하기 위한 실험에서 린다와 미나는 연구실 동료들에게 가상의 지원자들에 관한 정보를 몇 가지 공유했다. 무척 단순한 상황이었지만, 지원자들의 서로 다른 특성이 두드러질 때마다 연구원들의 선호도가 바뀌었다. 특히 사회적 기술처럼 특정 능력이 부족한 지원자를 후보군에 포함하자 연구원들 사이에서 이 능력이 크게 주목받

왔고, 그 결과 해당 능력을 갖춘 지원자에 대한 선호도가 높아졌다. 그 지원자의 다른 능력은 최상이라고 할 수 없었는데도 말이다. 더욱이 지원자의 특성뿐만 아니라 정체성도 채용 과정을 왜곡할 수 있으며, 이는 우리가 상상한 대로만 일어나지도 않는다.

자기 관련성 체계와 사회 관련성 체계에 대해 지금껏 살펴본 바를 고려하면, 우리가 자신이 갖고 있는 특성을 다른 능력 기준보다 가치 있게 여기는 것은 당연한 일이다. 미국의 스타트업 창업자들은 다양한 기술을 가진 사람들보다 자신과 비슷한 사람을 채용하는 경향이 있다.[23] 린다와 미나의 연구에 따르면, 이런 편향을 상쇄하기 위해 채용 결정을 사전에 구조화한 방식에 따라 진행할 필요가 있다. 그때그때 대충 정한 기준들 사이에서 흔들리는 대신 미리 정해놓은 기준에 따라 가중치를 부여하고 지원자들을 직접 비교하는 것이다. 그러면 사람들의 편향을 상쇄할 수 있고 사전에 정한 기준에 따라 적절한 후보를 뽑아서 채용 오류를 줄일 수도 있다. 물론 이렇게 되면 채용 기준이 매우 중요해지므로, 사전에 채용 기준을 정할 때 편향이 작용하지 않도록 주의해야 한다.

채용 과정에서 어떤 종류의 경험과 전문성을 우선시할 것인지 명확하게 정하는 것과 더불어, 경험을 평가하는 방식을 바꿀 수도 있다. 1만여 개 팀을 대상으로 한 100건 이상의 연구를 메타 분석한 결과, 팀의 다양성이 클수록 팀원들이 더 훌륭하게 사고했고 더 창의적이고 사려 깊었으며 훨씬 참신한 아이디어를 냈다.[24] 실제로 수많은 조직이 팀의 다양성을 추구하지만 결과적으로는 비슷한 사람만 채용하는 상황에 놓이곤 한다. 이런 일이 일어나는 이유는 수없이 많은데, 집단 간의 권력 불균형과 불평등의 오랜 역사가 여기에 한몫한다.[25] 이러한 문제는 우리가 지원자에게서 무엇을 눈여겨보는지, 어떤 경험이 직무와 관련이 있는지를 판단하는 방식들에서도 나타난다. 명확한 미래상은 상당히 중요하지만, 그 미래에 도달할 방안을 상상하는 힘도 못지않게 중요하다.

　수백 장의 지원서를 검토하다 보면 자신이나 동료와 비슷한 경험을 한 지원자에게 눈길이 가기 쉽지만, 이는 자기 관련성이 만들어내는 함정일 수 있다. 자기 관련성과 가치가 서로 연결돼 있다는 사실을 잊지 말자. 우리는 나와 비슷한 사람, 즉 기존의 조직 문화에 쉽게 적응하리라고 예상되는 사람과의 상호작용에서 더 편안함을 느낀다. 하지만 경험을 쌓을 기회, 즉 인턴십이나 첫 일자리를 소개해줄 수 있는 사회적 인맥은 모두에게 공평하게 주어지지 않으며, 특히 비주류 집단에는 더 어렵다.[26] 채용 과정에서 이런 오류를 바로잡지 않으면 훌륭한 인재를 놓칠 수도 있다.

　연구 코디네이터를 채용할 때, 다른 연구실에서 일했던 경력이 있는 지원자보다 식당 종업원으로 일했던 지원자가 피험자들과 상호작용을 더 잘한다는 사실을 고려할 수도 있다. 어색하게 굴었던 첫 번째 지원자에 관해서는 면접관과 다른 관점이나 의견을 피력하면서 새로운 사고방식을 드러낼 만큼 용감하다고 생각할 수도 있다(이 일에 딱 맞는 사람이다!). 어떤 경험이 이 일에 잘 맞는지를 좀 더 폭넓은 시선으로 본다면, 슈퍼스타들이 모인 다채로운 팀을 꾸릴 가능성이 커진다. '나와 가장 비슷한 경험'에서 '나를 보완하는 경험'이나 '새로운 시각을 가져올 팀원'으로 생각의 초점을 옮기면, 지원자의 어떤 면을 눈여겨볼지가 달라지고 그 결과 누구를 채용할지도 바뀐다.

선택지의 특정한 측면을 강조하기 위해 초점을 옮기는 방법은 우리가 무엇을 사고, 무엇을 먹고, 누구를 채용하고, 어디에 투자할지에도 적용할 수 있다. 특정한 선택이 우리의 미래상에 얼마나 부합하는지를 강조하면 선택 결과를 바꿀 수 있다. 하지만 채용 과정의 사례에서 봤듯이, 그저 명확한 미래상을 갖는 것만이 아니라 그 미래가 이루어지는 것을 상상하는 방식 또한 유연해야 한다. 이러한 유연성을 통해 우리는 새롭고 다양한 사고방식이 주는 혜택을 누릴 수 있다. 결국 이 모든 것은 전적으로 우리가 어디에 초점을 맞추고 주의를 기울이는지에 달려있다.

실제로 우리가 주의를 기울이는 대상은 우리 자신이 무엇을 가치 있게 여기고 어떻게 선택하는지와 관련이 있다. 한 연구 결과에 따르면, 가격에 얼마나 주의를 기울이는지에 따라 사람들이 다양한 상품에 대해 내리는 가치 평가 역시 달라졌다. 만약 어떤 상품의 가격을 먼저 알고 나서 다른 정보들을 접하면(상품의 가치에 초점을 맞추면), 당신의 관심과 뇌의 가치 산출은 그 상품이 얼마나 마음에 드는지보다는 얼마나 유용한지에 초점을 맞춘다. 반대로 어떤 상품이 마음에 들고 나서 가격을 알게 되면, 마음속에서 실용성의 비중이 낮아진다.[27] 인간의 이런 성향은 광고주들에게 이용될 수도 있지만, 한편으로는 일상에서 우리의 설득력을 높이는 데도 도움이 된다. 가족회의에서 예산 계획을 짤 때 실용적인 주방 가전을 구매하도록 설득하고 싶다면, 여러 상품의 가격을 비교한 뒤에 기능들을 설명하여 가격에 초점을 맞춰라. (그럴 일은 없겠지만) 만약 당신이 '은밀한 즐거움 guilty pleasure'을 추구한다면, 그것이 가져다줄 즐거움을 먼저 강조한 뒤 가격을 나중에 말하는 편이 더 효과적일 테다.[28]

특정 요소에 얼마나 오래 집중하는지도 중요하다. 특정한 선택지에 더 오래 집중할수록 우리가 그것을 선택하거나, 다른 사람을 설득하여 선택하게끔 할 가능성이 커진다.[29] 피험자들에게 돈을 따거나 잃을 확률이 반반인 도박을 할 선택권을 준 연구가 있었다. 연구자들은 피험자들이 어떤 선택을 할지 고민할 때 어디를 보는지를 관찰했다. 손실 가능성에 더 집중하는 사람들은 돈을 딸 가능성이 있는데도 좀처럼 도박을 하지 않으려 했다.[30] 그러므로 우리의 집중도는 선호도와 상관관계가 있다고 할 수 있다. 다른 연구에서는 투자자가 주식의 최초 매입가를 크게 의식하지 않으면 불리한 시점에 주식을 매도하는 편향된 행동이 줄어든다는 사실을 알아냈다.[31] 이처럼 주의를 다른 데로 돌리면 선택 방식을 바꿀 수 있다.

지금까지 관점을 바꾸거나, 목표에 부합하는 선택을 하기 위해 선택의 다양한 요소에 초점을 맞추는 방식들을 살펴봤다. 예를 들어, 선택의 특정 측면에 비중을 두고 거기에 시간과 관심을 더 많이 쏟는 방법이 있었다. 하지만 우리는 가끔 선택에 이르지 못하며, 때로는 선택지가 아예 주어지지 않을 때도 있다. 이런 상황이 발생하면 여러모로 힘겹겠지만 비슷한 도구를 활용하여 감정을 바꿀 수도 있다. 심지어 우리가 상황 자체를 통제할 수 없더라도 말이다.

객관적인 관찰자가 되어 거리 두기

프로 선수의 삶은 아무리 영광스러워도 어느 정도 제약이 따른다. 우리는 어디에서 살고 어디에서 일할지를 선택할 수 있지만 프로 선수는 그러기가 힘들다. 특히 선수 생활을 갓 시작했을 무렵에는 더더욱 그런 편이다. 이서 코치의 예측대로 어니는 대학교를 골라서 갈 수 있었고 결국 테네시 대학교에 들어갔다. 하지만 몇 년 뒤, 프로 농구팀이 신인 선수를 지명하는 NBA 드래프트의 순간이 왔을 때 어니는 자신의 목적지를 고를 수 없었다. 어니는 그때의 상황을 이렇게 설명했다. "NBA 드래프트 시스템에서는 내가 어디로 갈지를 선택할 수 없어요. 팀에서 선택을 받으면 나는 거기로 가야 하죠."

대학 농구에서 뛰어난 기량을 선보인 어니는 NBA 드래프트 1라운드에서 지명될 가능성이 컸다. 그해 어니의 고향 팀인 뉴욕 닉스에 배정된 지명 순서는 열 번째였고, 열한 번째는 밀워키 벅스, 열두 번째는 보스턴 셀틱스였다. "당연히 누구든 고향 팀에서 뛰고 싶겠죠."[32] 어니는 정말로 뉴욕 닉스에 가고 싶었지만 보스턴 셀틱스로 가는 정도도 괜찮았다. 뉴욕에서 기차를 타면 보스턴까지는 금방이었고, 셀틱스의 코치도 어니에게 관심을 보였다. 뉴욕 닉스가 어니의 친구를 선택하자, 어니는 보스턴 셀틱스에 희망을 걸었다. 하지만 결국 그는 위스콘

신주의 밀워키 벅스로 가게 됐다. 그는 그때까지 위스콘신주에 가본 적도 없었고, 무엇보다 가족과 너무 멀리 떨어져야 했다.[33] 실망스러운 기분이 들었다. 하지만 어머니가 그에게 새로운 곳으로 이사하는 일이 기쁜지 물었을 때 이렇게 대답했다. "저는 행복해질 거예요." 그리고 실제로 행복해졌다.[34]

"당연히 뉴욕 닉스에 들어갔다면 좋았겠죠. 보스턴 셀틱스도 유명한 팀이니 들어갔으면 좋은 기회가 됐을 겁니다. 하지만 결국 밀워키 벅스에 가게 된 건 잘된 일이었어요." 어니는 프로 선수 생활을 시작할 때 자신이 팀을 선택할 수 없더라도, 이 사실을 어떻게 받아들일지는 스스로 선택할 수 있다는 사실을 깨달았다. "때로는 그저 해야 할 일을 하는 게 중요합니다. 가끔은 선택의 여지가 없고, 또 가끔은 선택할 수 있죠." 어니는 드래프트 결과에 화가 나서 경기를 망치거나, 코치의 지시를 거부하거나, 팀에 소속감을 느끼지 못할 수도 있었다. "하지만 그건 나답지 않았어요. 나다운 행동은 밀워키 벅스에 가서 최선을 다하는 것이었죠."

우리 대부분은 어니와 같은 상황을 겪을 확률이 거의 없을 것이다. 우리가 아주 뛰어난 운동 재능을 갖고 있지 않은 한 말이다. 그리고 프로 선수까지 된 상황이 그다지 나쁘게 느껴지지 않을 수도 있다. 하지만 어니와 방식만 다를 뿐, 우리도 통제할 수 없거나 우리에게 최선이라 느껴지는 선택지를 고르지 못하는 상황에 놓이기는 매한가지이다. 10대 때 지망하던 대학에 입학하지 못할 수도 있고, 성인이 되어서는 원하던 회사에 채용되지 못할 수도 있다. 열렬히 좋아하던 상대가

4장 당신이 눈앞의 유혹에 약한 이유

143

당신과 다른 감정일 수도 있고, 모처럼 연인과 극장에 갔는데 보고 싶던 영화가 매진일 수도 있다.

어릴 때 내가 화를 내거나 좌절하는 일이 생기면 어머니는 이렇게 말씀하셨다. "지금 느끼는 감정이 마음에 들지 않으면 생각을 바꿔보렴." 당시에는 잘 와닿지 않았지만, 뇌가 움직이는 방식을 더 깊이 이해하게 된 지금에서야 어머니의 말씀이 여러모로 옳다는 사실을 깨달았다.

뇌 속 가치 체계는 다양한 결정에 대한 기대 보상을 계산할 뿐만 아니라, 우리가 경험하는 실제 보상을 추적하기도 한다. 요컨대 가치 체계는 우리의 감정을 계속 추적한다는 뜻이다. 뇌영상을 보면, 가치 체계의 핵심 부위와 겹치는 뇌 영역들의 활성도가 긍정적/부정적 감정과 관련이 있다는 사실을 확인할 수 있다. 특히 가치 체계의 핵심인 복측선조체와 내측전전두피질의 일부는 우리가 얼마나 긍정적/부정적 감정을 느끼는지와 상관관계를 보인다.[35] 듀크 대학교의 에이미 와인코프Amy Winecoff와 스콧 휴텔Scott Huettel이 대체로 긍정적 감정을 일으키는 사진들(귀여운 강아지, 아기, 아름다운 자연 풍경, 에로틱한 누드)을 피험자들에게 보여줬더니 이들의 가치 체계에서 활성도가 증가했다. 하지만 부정적 감정을 일으키는 사진들(거미, 뱀, 상처, 폭력)을 보여줬을 때는 가치 체계의 활성도가 감소했다. 이러한 활성화 패턴이 피험자들이 사진을 보고 느낀 감정과 일치한다는 사실이 무엇보다 중요하다. 사람들이 긍정적 감정을 더 느낄수록, 연구자들의 기록에서 가치 체계의 활성도는 더 증가했다.[36]

가치 체계가 감정을 추적하는 데 부분적으로 관여한다면, 이는 우리가 앞에서 살펴본 것과 비슷한 도구들을 활용하여 자신의 선택뿐만 아니라 그에 대한 감정까지 바꿀 수 있다는 사실을 시사한다. 인지 조절cognitive control에 관여하는 또 다른 뇌 체계는 우리가 주의를 기울이는 대상과 가치 산출이 이루어지는 방식을 바꾼다. 어떤 상황에 대해 우리가 느끼는 감정을 변화시키기 위해 의도적으로 생각을 바꾸는 것을 심리학에서는 '재평가reappraisal'라고 부른다. 컬럼비아 대학교의 케빈 옥스너Kevin Ochsner가 이끄는 연구팀은 사람들에게 재평가 기법을 가르치면 인지 조절 체계가 활성화하여 극복이 어려웠던 경험에 대해 품었던 부정적 감정을 바꿀 수 있다는 사실을 입증했다.[37] 대개 재평가 기법은 상황을 덜 부정적으로 느낄 만한 다른 측면으로 주의를 돌려서 부정적 감정을 완화하는 것을 목표로 한다. 어떨 때는 분노나 두려움 같은 불편한 감정에 저항하기보다 이를 수용하도록 가르치는 편이 더 유용하며, 이런 감정들은 거대한 변화를 일으키기도 한다.

때때로 개인이 아니라 전반적인 시스템이 변할 필요가 있는데, 이때 분노는 변화를 위한 행동에 동참하도록 동기를 부여할 수 있다. 두려움 역시 장기적으로 우리에게 더 나은 변화를 일으키는 원동력이 될 수 있다. 다시 말해, 우리가 느끼는 감정을 '좋아한다는 것liking'이 항상 기분이 좋다는 뜻이 되진 않는다. 그 대신 우리는 더 큰 목표와 가치에 부합하는 감정을 긍정적으로 받아들이는 법을 배울 수 있다. 그리고 특정 선택지를 자신과 더 밀접하거나 관련성이 있다고 느끼도록 선택의 다른 측면에 주의를 기울이듯이, 목표에 따라 감정을 강화하

거나 억제할 때도 같은 방법을 사용할 수 있다.³⁸

어니는 뉴욕 닉스에 가고 싶었지만 밀워키 벅스에 가야 했다. 그러나 그는 뉴욕을 떠나면서 놓친 것들을 하나하나 되새기는 대신 프로리그에서 뛸 수 있다는 기회, 그를 밀워키에 데려오는 데 핵심적 역할을 한 변호사의 딸과 갓 시작한 연애에 집중했다. 이처럼 우리도 매일 마주하는 소소한 상황을 재평가해서 일상을 더 즐기고 자신과 주변을 더 편안하게 만들 수 있다. 미국의 시인 로스 게이$^{Ross\ Gay}$는 저서 《기쁨의 책$^{The\ Book\ of\ Delights}$》에서 어렸을 때 본 영화 〈엑소시스트$^{The\ Exorcist}$〉가 얼마나 무서웠는지, 그리고 이 영화를 스물여섯 살에 다시 보면서 그의 경험이 얼마나 크게 바뀌었는지를 설명한다. 같이 영화를 보던 친구들이 "맙소사, 왜 저러는 거야?", "저 여자 갇혔어!"라고 소리를 질러서 무서운 장면을 아무렇지도 않게 만드는 바람에 이 영화가 전처럼 무섭기보다는 우스꽝스럽게 느껴졌다.³⁹ 이런 식으로, 내가 전화를 걸었는데 상대방이 그동안 왜 연락이 없었냐고 묻는다면 "내가 지금 한 게 연락이 아니면 뭔데? 지금 전화하고 있잖아!"라고 화를 내는 대신 상대방이 나를 아끼고 그리워했다는 사실에 집중하는 편이 훨씬 낫다.

재평가는 긍정적 감정을 조절하는 데도 도움이 된다. 긍정적 감정을 강화하든 억제하든, 어느 쪽이든 말이다. 언뜻 생각하면 긍정적 감정을 왜 억제해야 하는지 이해가 되지 않을 수도 있다. 기쁘거나 신나는 기분을 왜 억눌러야 할까? 긍정적 감정에 너무 깊이 사로잡힌 나머지 오히려 해로운 상황이 생길 때도 있기 때문이다. 예를 들어 이사

갈 집을 찾는 중에 어느 아파트의 돌출형 창문$^{bay\ window}$이 마음에 쏙 들었다고 하자. 이때 기분이 너무 들떠서 싱크대에 누수가 있거나 아파트가 전철역과 가까워 시끄럽다는 사실을 무시할 수도 있다. 이번에는 당신이 항상 꿈꾸던 회사에서 일할 기회를 제안받았다고 상상해보자. 너무 흥분한 나머지 제안을 급하게 받아들이면 장기적으로 영향을 미칠 조건을 유리하게 협상할 기회를 놓칠 수도 있다. 이런 경우, 인지 조절 체계를 통해 긍정적 감정을 조금 억누르는 편이 도움이 된다. 상황의 어떤 측면이 자신의 장기적 행복에 가장 중요할지를 자문하면서 그 부분에 집중하는 식으로 말이다.

긍정적 감정이든 부정적 감정이든, 감정을 조절하는 데 사용할 수 있는 기술은 비슷하다. 앞서 살펴봤듯이, 현재 상황의 다른 측면에 손전등 불빛을 비추고 새롭게 해석하는 것도 하나의 방법이다. 마음에 들었던 돌출형 창문이 있는 아파트를 다른 사람이 먼저 계약해서 실망했다면 자신에게 이렇게 말해보자. "그 아파트를 놓쳤지만 난 괜찮아. 전철 소음이 날 괴롭혔을 테고, 회사까지 통근 시간이 30분이나 늘어나는 것도 힘들고, 집주인에게 싱크대를 고쳐달라고 하기도 짜증 났을 거야." 친구 모두가 좋아했던 연인과 쓰라린 이별을 겪었다면, 그와의 관계를 걱정했던 부모님의 말씀을 되새겨보자. 그러고는 나와 같은 지역에 살고 싶어 하는 새 연인을 찾으면 장기적으로 얼마나 행복할지를 생각해본다. 또한, 폭음처럼 건강에 해로운 행동에 대한 부정적 감정을 받아들이면 뒤따르는 유용한 건강 조언에 더 열린 마음을 가질 수 있다.[40]

주어진 상황에서 한발 물러나 자신을 객관적인 관찰자라고 상상하는 것도 유용한 재평가 기법이다.[41] 에이미 와인코프와 스콧 휴텔은 긍정적/부정적 감정을 일으키는 사진에 가치 체계가 어떻게 반응하는지를 연구했다.[42] 피험자들에게 '사진 속 상황을 객관적으로 관찰한다고 상상해보라'거나 '사진 속 상황이 자신과 관련이 없다고 상상해보라'고 요청하자, 처음에 자연스럽게 반응했을 때보다 긍정적/부정적 감정의 강도가 낮아졌다. 가치 체계도 이런 변화를 반영했다. 사람들이 부정적인 사진을 더 중립적인 방향으로 재평가하자 가치 체계의 활성도가 증가했고, 긍정적인 사진에 대한 반응을 억제하자 가치 체계의 활성도가 낮아졌다.

이러한 거리 두기는 상황에 대한 감정이 생각을 왜곡할 가능성이 있을 때 특히 유용하다. 그럴 때는 이 상황이 다른 사람에게 일어난 일이라고 상상해보자. 벽에 붙은 파리처럼 멀리 떨어진 곳에서 상황을 내려다보는 중이라고 상상하거나, 이 상황이 아주 먼 곳에서 벌어진 일이라고 상상하거나, 이 상황과 나는 직접적으로 관련이 없다고 상상해본다. 외부의 관찰자는 이 상황을 어떻게 볼까? 5년 뒤에 나는 이 상황을 어떻게 기억할까? 이런 식으로 한 걸음 뒤로 물러나서 거리를 두고 상황을 바라보면, 즉각적으로 떠오른 감정이 조금이나마 식고 지혜가 샘솟으면서 의사 결정의 수준이 향상될 것이다.[43]

하지만 재평가는 어느 정도 의식적 노력이 필요한 행위라는 점에도 주목해야 한다. 이와 비슷한 또 다른 기법이 있다. 시간을 들여서 내가 어떻게 느끼는지를 살핀 뒤 그 감정에 덜 비판적이고 덜 민감한 방식으로 접근하면, 여러 이점을 얻을 수 있을 뿐만 아니라 가치 체계에서 핵심적인 뇌 반응을 변화시킬 수 있다.[44] 시간을 갖고 실제로 지금 어떤 기분인지에 집중하면(저 싸구려 슈퍼마켓에서 파는 생일 케이크는 좀 역겨워) 과거의 행동 패턴보다는 현재의 요구와 더 잘 맞는 선택을 하는 데 도움이 된다.

캘리포니아 대학교 버클리 캠퍼스의 신경과학자 헤디 코버는 다양한 감정에 마음챙김적mindful 방식으로 접근하는 것이 건강과 웰빙에 도움이 된다는 사실을 발견했다. 예를 들어, 명상을 해보지 않은 흡연자들이 흡연과 관련된 이미지를 마음챙김적으로 바라보는 방식을 배우니 뇌 반응과 갈망을 모두 억제할 수 있었다.[45] 또 다른 연구에서는 마음챙김mindfulness 훈련을 받은 흡연자들이 훈련 후 17주가 지날 때까지도 자가 진단과 객관적 행동 측정 모두에서 흡연량이 감소한 것으로 나타났다.[46] 연구 결과에 따르면, 마음챙김 훈련을 통해 흡연과 관련된 자극[47]에 대한 가치 체계의 반응도를 낮추고 특정 뇌 영역의 스트레스 반응[48]도 줄일 수 있었다. 요컨대 우리가 어디에 주의를 기울일지를 마음챙김적으로 조절하면 뇌가 가치와 보상을 계산하는 방식을 바꿀 수 있다는 뜻이다.

자신이나 타인을 위해 다양한 선택의 가치를 바꾸고 싶다면 먼저 상황에 대한 사고방식을 바꿔라. 그러면 그 상황에 대한 감정이 달라지고 결국 행동도 바꿀 수 있다. 어니에게는 이 방법이 통했다. 자신이 밀워키에서 행복해질 거라고 했던 어니의 말은 옳았다. 그는 밀워키에서 농구를 하는 시간을 즐겼을 뿐만 아니라, 미래의 아내를 만나 사랑에 빠졌다. 어니의 인생을 장기적 관점에서 봤을 때, 그는 선수로서 걸출한 경력을 쌓았고 밀워키 벅스와 워싱턴 위저즈에서 사장과 단장을 역임하는 성취를 이루었다. 그리고 결국 뉴욕에 돌아왔다. 처음에는 선수로, 나중에는 뉴욕 닉스의 단장으로 말이다.

어니의 이야기는 우리가 사랑하고 즉각적인 보상을 느끼게 해주는 일이 자신의 원대한 목표와 부합할 때 그것이 얼마나 행운인지를 보여준다. 어니는 농구를 사랑했고, 놀라운 재능이라는 운도 따랐다. 하지만 만약 단기적으로 즉각적인 즐거움을 안겨주는 일이 자신의 원대한 목표와 명확하게 일치하지 않는다면 어떻게 해야 할까? 이때는 다른 종류의 선택이 필요하다. 그냥 맛있는 케이크를 먹는 즐거움에 감사하고, 장기적으로 건강에 미치는 영향은 잠시 잊으면 된다. 혹은 반대로, 케이크를 먹었을 때의 장기적 결과나 건강한 대체식에서 마음에 드는 점에 의도적으로 초점을 맞출 수도 있다. 선택이나 상황의 어떤 측면에 빛을 비추는지에 따라 우리의 선택과 감정도 달라진다. 한편으로는, 다른 사람들의 주의를 선택의 다른 측면으로 끌어와 그들의 결정에 영향을 미칠 수도 있다. 어니가 농구에 인생을 바친다면 무엇을 얻을 수 있는지를 부각해서 보여준 이서 코치처럼 말이다.

하지만 조언을 수용하는 일이 항상 쉽지만은 않다. 우리는 조언에 방어적 태도를 보이면서 타인이 제시한 길이 자신에게 적절하지 않은 이유를 대곤 한다. 다음 장에서 더 자세히 살펴볼 내용이지만, 어니의 또 다른 인생철학이 여기서도 빛난다. 어니는 농구 코트 안팎으로 다른 사람들과의 연결에 평생 집중했다. 공원에서 다른 아이들과 어울리고 싶어 했던 마음, 부모님을 향한 사랑과 존경, 팀 동료들과 자신이 관리한 선수들에게서 느낀 온정, 손주들과 함께하는 즐거움을 늘 소중히 여겼다. 다음 장에서는 자아에 대한 고정 관념을 내려놓고, 주변 사람들과의 관계에 좀 더 초점을 맞추면 어떤 일이 일어나는지를 탐색한다.

5장

의미 있는 변화를
만드는 법

**자기
보호에서
벗어난
심리적 거리 두기**

내 남편 브렛은 온종일 이야기를 모아둔다. 아이들이 잠들면 우리 부부는 한 시간가량을 부엌에서 함께 보내곤 하는데, 이때 브렛은 자신이 읽은 흥미로운 이야기나 그날 있었던 재밌는 일들을 들려준다. "인터넷에서 봤는데 아이들이 심리치료사에게 부모에 대해 뭐라고 하는 줄 알아?" "오늘 교수 회의는 엄청났어!" 나는 브렛의 이런 습관이 꽤 사랑스럽다고 생각하고, 우리 둘의 관계가 한층 공고해지는 이 시간을 무척 좋아한다.

어느 날 저녁, 브렛이 설거지를 하는 동안 나는 좋아하는 분홍색 담요를 덮은 채 식탁 끝에 놓인 안락한 소파에 앉아서 한 학생이 연구 진행을 승인받기 위해 보낸 이메일에 답장을 쓰고 있었다. 그렇게 하루 중 내가 가장 좋아하는 순간을 즐기고 있었다. 문득 브렛이 입을 연 순간, 처음에는 그가 여느 때처럼 자신의 하루 이야기를 하려는 줄 알았다. 하지만 곧 그의 진지한 목소리가 머뭇거리고 있다는 사실을 깨달았다.

"우리가 같이 있는 시간에는 스마트폰을 다른 방에 두면 안 될까?"

브렛은 내가 스마트폰을 붙들고 있으면 자기 이야기에 관심이 없는 것 같고, 이야기를 계속하고 싶은 마음이 사라진다고 했다.

"난 당신 이야기를 제대로 듣고 있어." 나는 계속 스마트폰 화면을 들여다보면서 힘주어 대답했다. "이메일 몇 개만 처리하면 돼." 그런 다음, X를 잠깐 뒤적거리면 브렛도 관심을 가질 만한 이야깃거리들을 발견할지도 몰랐다. 가끔은 우리가 그때그때 나누는 대화 내용과 관련이 있는 통계 같은 정보를 찾을 때도 있다고 덧붙였다.

스마트폰에서 시선을 돌렸더니 브렛이 한쪽 눈썹을 살짝 치켜올린 채 나를 똑바로 보고 있는 모습이 눈에 들어왔다. 뉴잉글랜드 사람들이 깊은 한숨을 내쉬고 싶을 때 짓는 표정이었다. 브렛은 내 멀티태스킹 능력에 그다지 감탄하지 않았고, 내가 스마트폰으로 즉석에서 찾은 정보가 우리 대화에 별 도움이 되지 않는다고 느꼈던 것이다.

물론 브렛의 말이 옳았고 나도 그 사실을 알고 있었다. 사람들 대부분은 대화 중 상대가 스마트폰을 들여다보는 행동을 정말 싫어한다. 심리학자들이 진행한 실험에 따르면, 일행 중 한 명이라도 스마트폰을 사용하면 사람들 간 상호작용의 질이 눈에 띄게 떨어졌다. 심지어 스마트폰을 탁자 위에 올려놓거나 시야로부터 치워버려도 스마트폰의 존재만으로도 영향이 있었다.[1] 이 연구는, 과거에 타인의 스마트폰 사용이 함께하는 시간을 망친다고 비난했던 사람도 정작 자신이 스마트폰을 사용할 때는 나처럼 자기 행동을 정당화하려 한다는 사실까지 증명했다. 나도 산책 중에 메시지를 쓰는 친구나 저녁 식사 도중에 메시지를 작성하는 가족에게 짜증을 냈던 적이 있지만, 내가 브렛과 함께하는 시간을 망치고 있다고 인정하기는 쉽지 않았다. 그러다 문득 서로에게 온전히 집중할 때 얼마나 즐거웠는지, 함께 있을 때 스마트폰을 절대 보지 않는 친구가 얼마나 고마웠는지를 떠올렸다.

그 후 며칠 동안 그 일을 곱씹어 봤다. 브렛과 부엌에서 함께 머무는 시간에 스마트폰을 보고 싶은 유혹을 떨치기 위해, 아이들이 잠든 뒤 내 스마트폰을 위층에 둬봤다. 브렛은 내가 스마트폰 사용을 줄인 일을 눈치챘다고 했고, 그 말에 나도 기분이 좋아졌다. 하지만 여전히, 스마트폰을 사용하지 말라는 브렛의 요구가 옳다고 한 걸음 물러서서 인정하기는 어려웠다.

브렛은 전에도 이 문제에 대해 말한 적이 있다고 했지만, 아무래도 내가 그 말을 제대로 듣지 않았던 게 틀림없다. 처음에 브렛이 이 이야기를 꺼냈을 때 내가 스마트폰을 보고 있었을 수도 있고, 어쩌면 그저 그 말을 듣기 싫었을지도 모른다. 우리는 종종 자신의 유능감과 자존감을 방어하는 심리 체계가 작동하고 있다는 사실을 알아차리지 못한다. 2장에서 살펴봤듯이, 우리 뇌에서 선택의 자기 관련성과 가치를 평가하는 체계는 상당 부분 겹치며, 이는 인간이 자아(내가 누구인지에 관한 감각)와 가치(우리가 좋다고 인지하는 것)가 뒤섞이도록 만들어진 존재라는 사실을 시사한다.[2] 이런 성향은 자존감을 보호하는 데는 도움이 되지만[3] 변화를 촉구하는 자극에 직면했을 때 유익한 정보마저 반사적으로 차단하는 방어적 태도로 이어질 수도 있다.[4]

사랑하는 사람의 마음이나 습관을 바꾸도록 설득해본 적이 있다면, 혹은 반대로 원치 않은 조언을 받은 적이 있다면 이 상황에 좀 더 쉽게 공감할 것이다.[5] 어쩌면 당신은 가족에게 더 열심히 공부하라거나, 더 많이 운동하라고, 혹은 더 인내심을 가지라고 조언을 한 적이 있을지도 모르겠다. 그때 상대방의 반응은 어땠는가? 우리 모두 더 부지런히 일하고, 더 활발하게 움직이고, 짜증스러운 상황에 반응하기에 앞서 잠깐 심호흡을 할 수는 있다. 하지만 대부분의 사람들은 자신을 지적하는 조언을 달가워하지 않는다. 우리는 자기 자신을 좋은 사람으로 여기고 싶어 하므로, 우리가 최선을 다하지 않고 있다는 메시지는 자아상을 위협할 수도 있다. 그래서 우리는 조언에 방어적 태도를 취하고 그 말이 자신에게 적절하지 않은 이유를 만들어낸다. 변화를 종용당하는 사람들이 방어적으로 반응할 때, 이들의 뇌에서는 신경 경보 체계neural alarm system의 활성도가 높아지고 자기 관련성 체계와 가치 체계의 활성도가 낮아진다. 자아와 가치를 통합하려는 뇌의 성향은 '지금까지 내가 행동하거나 생각해온 방식의 나'를 좋은 것으로 인식하고, 이렇게 훌륭한 나와 그 메시지는 관계가 없다며 무시하게 한다. 그 결과 우리는 정체성을 위협하는 메시지에 반박하고, 오랜 습관을 오히려 강화하며, 자신에게 이로울 수 있는 변화에 저항한다.

우리가 방어적 태도를 취할 가능성이 가장 높은 순간이, 해당 사안으로 우리가 얻을 이해관계와 잠재적 혜택이 가장 클 때라는 사실은 문제를 더 복잡하게 만든다. 즉, 그 사안이 우리에게 정말로 중요하거나 핵심 정체성의 일부인 상황이다. 기존에 갖고 있던 습관이나 신념이 강할수록(자신에게 중요하다고 느낄수록) 그것들이 공격당할 때 우리는 더 쉽게 방어적 태도를 보인다.[6] 나는 진심으로 좋은 배우자가 되고 싶었다. 그래서 브렛이 우리가 함께 시간을 보내는 동안 내가 스마트폰을 보면 상처받는다고 말했을 때, 처음에는 그 말을 제대로 듣지 못했고 그다음에는 내 행동을 정당화하려 했다. 하지만 우리를 방어적으로 만드는 가치들이 가끔 다른 선택을 하도록 이끌기도 한다.

물론 모든 조언이 훌륭하거나 특정한 상황과 개인의 목표에 적확하진 않다. "적이 있을 만큼 당신이 대단한 사람이란 사실을 보여주려면 차에 흠집을 내라"라고 조언하는 사람은 그냥 무시해도 좋다.[7] 하지만 우리가 지나치게 방어적으로 굴어서 새로운 정보와 아이디어를 반사적으로 '나와 관계없는 것'이라고 치부해버리면, 유용할 수도 있는 새로운 관점을 놓치게 된다. 새로운 관점이 열어줄 가능성을 받아들이면 직장이나 여타 공동체에서 정의에 관해 더 생산적인 대화를 나눌 수 있을지도 모른다. 정치적 차이를 뛰어넘어 서로 의견을 나누거나 더 좋은 친구, 상사, 팀원이 되는 방법을 찾아 머리를 맞댈 수도 있다.

뇌 속에서 자아와 가치의 통합이 방어적 태도를 유발하는 과정, 그리고 자기 관련성 체계·사회 관련성 체계·가치 체계가 함께 가치를 산출하는 과정을 이해하면, 방어적 태도를 줄이고 새로운 아이디어와 행동에서 가치를 더 쉽게 발견하게 해주는 도구를 얻을 수 있다. 타인의 시선을 통해 새로운 가능성을 발견할 때 우리는 변화를 꾀하고 새로운 길로 나아갈 기회를 얻게 된다. 하지만 이 일은 절대 쉽지 않다. 우리의 자아는 우리를 보호하도록 아주 철저히 훈련받았기 때문이다.

오래된 물건을 버리기 힘든 이유

　자아와 가치를 통합하려는 성향으로 인해 우리는 종종 차라리 버리는 편이 나을 온갖 잡동사니에 매달리곤 한다. 대학생 시절에 나는 친구들과 함께 버스를 타고 로드아일랜드주의 항구도시 뉴포트로 놀러 간 적이 있었다. 온종일 우리는 벽돌과 조약돌로 포장된 고풍스러운 거리를 걸었고, 돌길과 푸른 관목으로 둘러싸인 채 바다를 내려다보며 절벽 위에 늘어선 저택들을 둘러봤다. 그렇게 길을 걷던 중 우연히 '공짜'라고 적힌 상자를 발견했다. 다양한 보물이 가득한 상자에서 나는 머그잔 하나를 집어 들었다. 누군가가 '나만의 머그잔 만들기 원데이 클래스' 같은 도자기 공방 이벤트에 참여해 만든 것처럼 보였다. 이 예술가는 머그잔에 배와 바다, 그리고 그 주변에서 노래하는 랍스터를 엉성하게 그려 넣었다. 랍스터의 작은 머리에서는 음표가 흘러나오고 있었다! 나는 반쯤 장난으로 그 머그잔을 집에 가져왔다. 그리고 수십 년간 브렛은 눈썹을 슬쩍 치켜올리는 특유의 표정을 지으며 머그잔을 버리라고 은근하게 종용했다. "저 머그잔은 정말 끔찍해. 안 그래?"

　"말도 안 돼." 나는 매번 고개를 저었다. "이건 내 머그잔이야."

　여러분도 나처럼 부엌 찬장에 머그잔과 잡동사니를 쌓아두고 있을지도 모르겠다. 뉴포트 여행의 기념품이 내 유일한 머그잔이면 좋겠지만 사실 그렇지 않다. 우리 집에는 학회 기념품이나 다른 여행지에서 사 온 머그잔들이 꽤 있다. 인지신경과학자 탈리아 콘클Talia Konkle이 만든 머그잔은 특히 소중한데, 내 친구이자 동료인 마리나 베드니^{Marina} ^{Bedny}의 현명한 조언이 담겨 있기 때문이다. 이 머그잔에는 소중한 것을 지키기 위해 맞서라는 의미로 "분노하라, 후회는 찰나일 뿐이다 When I blow my top, I only ever regret it in the short term"라는 문구가 새겨져 있다. 머그잔 몇 개는 꽤 오래됐는데 어디서 가져왔는지 잘 기억나지 않는다. 하지만 브렛에게 말했듯이, 이 머그잔들은 모두 '내 것'이다. 이 사실은 잡동사니를 싫어하는 브렛에게 작게나마 위안이 되고 있다.

연구 데이터를 보면 머그잔을 버리기를 주저하며 고집부리는 사람이 나뿐만은 아닌 듯하다. 놀랍게도 무려 두 명의 노벨상 수상자가 이 '머그잔 현상'을 연구했었다. 심리학자 대니얼 카너먼$^{Daniel\ Kahneman}$과 경제학자 리처드 세일러$^{Richard\ Thaler}$, 잭 네치$^{Jack\ Knetsch}$는 1990년에 그 유명한 머그잔 실험을 발표했다. 이들은 머그잔을 선물 받은 사람들은 그 머그잔을 매우 빠르게 자기 것으로 인식하며, 소유를 지키기 위해 돈을 포기한다는 사실을 발견했다.[8] 연구팀은 코넬 대학교의 어느 수업에서 한 명씩 건너뛰며 차례로 학생들에게 대학 로고가 그려진 머그잔을 나눠줬다. 그러고는 자신이 받은 머그잔을 살펴보게 했는데, 머그잔을 받지 못한 학생은 옆자리 학생의 머그잔을 보라고 했다. 그다음, 머그잔을 받은 학생들과 받지 못한 학생들에게 서로 다른 지시를 내렸다. 머그잔을 받은 학생들에게는 이렇게 말했다. "이제 그 머그잔은 여러분의 것입니다." 이 학생들에게 머그잔 가격을 매기도록 한 뒤 옆자리 학생에게 팔거나 그냥 가져도 된다고 했다. 머그잔을 받지 못한 학생들에게는 다음과 같이 말했다. "옆자리 학생이 가진 머그잔을

5장 의미 있는 변화를 만드는 법

161

여러분은 갖고 있지 않습니다." 이 학생들에게는 머그잔을 살 수 있는 선택권이 주어졌다. 옆자리 학생이 매긴 가격이 괜찮다고 생각하면 그 머그잔을 살 수 있었고, 아니면 돈을 내지 않고 머그잔도 갖지 않은 채 실험을 끝낼 수 있었다.

머그잔을 파는 선택지를 줬을 때, 머그잔을 소유한 학생들은 '자신의 머그잔'에 보통 사람들이 새 머그잔을 살 수 있는 가격의 두 배를 붙였다. 판매자와 구매자 두 집단은 머그잔과 돈 중 하나를 선택해야 한다는 점에서 객관적으로 동일한 재정적 상황에 놓여있었지만, 그들이 각각 머그잔에 부여한 금전적 가치는 완전히 달랐다. 머그잔의 소유권을 가진 판매자들은 그것을 팔아서 얻을 수 있는 돈을 포기하면서까지 머그잔을 계속 소유하려 했다("이건 내 거야!").

나 역시 머그잔을 좋아하는 사람이긴 하지만, 이 실험 결과는 도자기 잔이 빚어낸 마법이 아니다. 연구팀은 사람들에게 펜이나 초콜릿을 주고 이를 판매하거나 교환하도록 한 실험에서도 같은 패턴을 발견했다. 앞선 실험에서 학생들이 '자신의 머그잔'을 계속 소유하려 했던 것과 동일하게 후속 실험에서도 사람들은 '자신의 펜'처럼 처음에 받았던 물건이 무엇이든 그것을 계속 소유하려는 성향을 보였다. 이는 물건을 계속 가지고 있으려는 마음이 물건의 특성이 아니라 물건에 부여한 소유감에서 나온다는 사실을 암시한다.[9]

처음에 받은 물건을 '내 것'이라고 생각하면 사람들은 만족감을 더 높일 수도 있는 거래를 주저했다. 연구팀은 서로 다른 강의를 듣는 세 집단의 학생들에게 설문지를 작성하면 기념품을 준다고 하고 실험을 진행했는데 역시나 같은 현상이 목격됐다. 첫 번째 강의실에서는 처음에 모든 학생에게 머그잔을 나누어준 뒤 강의가 끝났을 때 머그잔을 초콜릿바로 바꿀 기회를 줬다. 두 번째 강의실에서는 모든 학생에게 초콜릿바를 나누어준 뒤 강의가 끝났을 때 머그잔으로 바꿀 기회를 줬다. 마지막 강의실에서는 강의를 시작할 때 모든 학생에게 머그잔과 초콜릿바 중에 하나를 선택하게 했다. 모든 학생이 머그잔을 받은 첫 번째 강의실에서는 89퍼센트의 학생이 머그잔을 계속 소유했고, 머그잔과 초콜릿바 중 선택할 수 있었던 마지막 강의실에서는 56퍼센트의 학생들만 머그잔을 계속 가지고 있었다. 처음에 초콜릿바를 받았던 두 번째 강의실에서는 90퍼센트의 학생들이 초콜릿바를 계속 소유했다. 학생들이 각각의 물건을 소유한 시간은 불과 몇 분이었다! 그러니 수년간 그 작은 집게발로 내게 매달려 있던 기념품을 버리기가 어려운 건 당연하다.

'내 것'이라고 생각하거나 자신의 정체성과 연관된 물건에 집착하는 심리적 성향을 '소유 효과endowment effect'라고 한다. 사람들에게 물건을 준 뒤 돈을 받고 그것을 판매하라고 했을 때와 처음부터 물건과 돈 사이에서 선택하게 했을 때를 비교하면, 뇌의 자아 체계와 가치 체계의 핵심 영역이 각각 다르게 반응한다.[10] 다시 한번 강조하지만 이 선택들은 기능 면에서는 동일하다. 물건을 판매하는 일은 물건을 소유할지, 돈을 받을지를 선택하는 일과 본질적으로 같기 때문이다. 하지만 뇌의 여러 영역에서는 이 선택들이 서로 다르다고 인지한다.

복측선조체 같은 가치 체계의 일부가 활성화되는 현상은 사람들이 그 물건을 얼마나 좋아하는지와 관련이 있으며, 선택지가 제시된 방식(소유한 물건을 포기할 것인가, 그 물건을 새로 구매할 기회인가)과는 무관하다. 요컨대 물건을 좋아하는 정도가 사람들의 선택을 이끄는 동기라고 할 수 있다. 내측전전두피질은 결정에 필요한 입력값들을 통합하고 자기 관련성을 처리하는 가치 체계의 일부로, 연구자들은 이 뇌 영역이 활성화했을 때 다른 반응을 발견했다. 소유권 프레임에 민감하게 반응하는 내측전전두피질에 주목하면, 사람들이 '내 것'에 집착하는 이유를 설명할 수 있었다. 또한, 연구팀은 '내 것'을 포기했을 때의 혐오감이 갈등과 상실을 추적하는 뇌 영역들을 자극한다는 사실도 발견했다. 사람들이 단순히 새 물건을 사려고 고민할 때는 이런 반응이 나타나지 않았다. 그러므로 뇌의 가치 체계는 의사 결정을 내릴 때 실용적 가치가 없더라도 '내 것'이라는 감각을 고려한다는 사실을 알 수 있다.

소유 효과가 부엌 찬장을 어지럽히는 잡동사니에 한정된다면 별문제가 되지 않을 것이다. 하지만 우리는 머릿속에서 자아와 가치를 뒤섞고, 생각이나 습관처럼 뇌가 '내 것'으로 여기는 것들을 포기하지 않아서 더 큰 기회를 놓치곤 한다.

나를 지키려는 뇌

물건을 버리기가 너무 힘든 이유를 지금까지 살펴봤다. 인간의 뇌는 어떤 물건을 자신의 정체성의 일부라고 인식하면 그 물건을 '좋게' 느낀다. 우리의 생각과 행동도 마찬가지이다. 방어적 태도를 버리고 열린 마음을 가지고 싶다면, 우리의 자아감에 정말로 중요한 특성과 가치가 무엇인지를 살펴보는 것도 하나의 방법이다.

자기 관련성과 가치가 뒤섞여있다고 했던 2장의 내용을 기억하는가? 그때 당신에게 자신을 어떻게 설명할지 생각해보라고 했었다. 혹시 자신이 사려 깊고, 야심만만하며, 시간을 잘 지키는 사람이라고 대답하진 않았나? 이제 당신의 특성들을 중요한 순서대로 나열하라고 하면(당신의 정체성에서 '핵심'을 이루는 특성들의 순위를 매기라고 하면) 얼마간 고민할 시간이 필요하긴 해도 결국 잘 해낼 테다. 내 경우에는 친한 사람들을 잘 배려한다고 자신을 설명할 것이다. 다소 감상적인 면도 있고 뉴포트 머그잔 같은 기념품을 수집하는 버릇도 있지만, 이런 점들은 핵심적 특성에서 뻗어 나온 지엽적 특성이라고 할 수 있다. 2장에서 살펴봤던 제니 슬레이트의 경우에 연결을 향한 욕구는 그의 성격을 이루는 핵심이고, 다정함은 핵심적 특성에서 뻗어 나온 지엽적 특성이다.

자신의 특성을 관찰하다 보면 핵심적 특성을 중심으로 네트워크를 그려볼 수 있다. 캘리포니아 대학교 리버사이드 캠퍼스의 심리학자 제이컵 엘더Jacob Elder와 브렌트 휴즈Brent Hughes는 피험자 수백 명을 대상으로 한 실험에서 긍정적 특성 148개의 상관관계를 지도로 정리했다. 두 사람은 울새를 예로 들면서 특성들의 관계를 설명했다. 울새의 '비행'이나 '둥지 짓기'는 날개에 의존하는 특성이므로 '날개'가 울새의 가장 중요한 특성이 된다. 반면에 '빨간 가슴'은 여기서 파생하는 다른

5장 의미 있는 변화를 만드는 법

특성이 없으므로 핵심적 특성이 되지 못한다. 인간의 경우에는 '재치 있는' 특성이 '재밌는' 특성에 좌우되고, '재밌는' 특성은 '사교적' 특성에 좌우되며, '사교적' 특성은 '외향적' 특성에 좌우된다. 이 특성들의 관계를 다음과 같이 정리할 수 있다.

외향적(핵심적 특성) → 사교적 → 재밌는 → 재치 있는(지엽적 특성)

이 네트워크에 따르면, 자신이 '재치 있다'고 생각하는 사람은 스스로를 '재밌는' 사람이라고 말할 가능성이 크다. 하지만 자신을 '재밌는' 사람이라고 생각한다고 해서 반드시 스스로를 '재치 있다'고 하지는 않는다. '재밌는' 특성이 핵심적 특성에 더 가깝기 때문이다. 이러한 네트워크 구조는 인간의 자아 개념에 일관성과 체계성을 부여한다.

흥미롭게도 제이컵과 브렌트의 연구는 뇌가 자기 관련성을 처리할 때 이 네트워크 구조를 고려한다는 사실을 알려준다. 자기 관련성 체계는 '나는 예의 바른가? 지저분한가? 정직한가?' 같은 기본적 질문들에 답할 수 있게 해주지만, 이를 전부 같은 방식으로 처리하지는 않으며 어떤 질문은 다른 질문보다 더 쉽게 판단한다. 연구팀은 피험자들이 자신을 설명하는 형용사를 판단할 때 자기 관련성 체계의 핵심 영역에서 뇌 활성도를 관찰했다. 그리고 그 결과 나타난 뇌 활동과 특성의 핵심도(일반적으로 사람들이 한 특성이 다른 특성에 좌우된다고 생각하는 정도) 사이에 관계가 있는지를 살펴봤다. 둘은 정말 연관성이 있을까?

관찰 결과 둘 사이에는 연관성이 있었다. 이전 연구들과 마찬가지로, 사람들은 핵심적 특성이 긍정적일수록 자신을 더 잘 설명한다고 대답했다. 핵심적 특성이 부정적일수록 자신과 부합하지 않는다고 말하는 경향도 있었다. 자존감이 높은 사람일수록 이런 경향이 뚜렷하게 보였고, 우울감이 높은 사람들에게서는 이런 경향이 드물게 나타났다. 또한, 내측전전두피질 같은 자기 관련성 체계의 몇몇 영역에서 각 특성이 우리에게 얼마나 깊이 뿌리내렸는지를 추적한다는 사실도 발견됐다. 핵심적 특성을 생각할 때는 지엽적 특성을 생각할 때보다 내측전전두피질의 활성도가 낮았다.[11] 다시 말해, 자기 관련성 체계는 핵심적 특성보다 지엽적 특성에 관해 판단할 때 더 많은 처리 과정을 거치는 듯 보인다. 우리는 수많은 특성이 정체성 형성에 각자 동등하게 이바지하지 않는다는 사실을 직관적으로 알고 있다. 마찬가지로 우리 뇌 역시 그 특성들을 모두 같은 방식으로 보지는 않는다.

뇌가 모든 특성을 공평하게 방어하지 않는다는 점은 매우 중요하다. 제이컵과 브렌트 연구팀은 또 다른 연구에서 일반적으로 인간은 핵심적 특성보다 지엽적 특성에 대한 피드백을 더 잘 수용한다는 사실을 발견했다.[12] 대학생들을 대상으로 한 이 연구에서는 '끈기 있는', '사려 깊은', '자존심 강한', '호기심 많은' 등 앞서 만든 148개 특성이 자신을 얼마나 잘 설명하는지 점수를 매기도록 했다. 그런 다음, 학생들이 자신에 대해 설명하고 목표와 관심사를 이야기하는 인터뷰 영상을 찍었다. 학생들에게는 이 영상을 대학교 입학사정위원회에 제출한 뒤 개인별 자질에 대한 피드백을 제공하겠다고 했다. 마지막 실험에서는 입학사정위원회가 학생들을 어떻게 평가했는지 알려주고, 자신의 특성을 다시 평가하게 했다. 실제 평가 내용은 무작위로 생성됐으므로, 이 실험에서 연구팀은 학생들이 피드백과 자신의 자질을 조화시키는 방식을 확인할 수 있었다.

피드백을 확인한 학생들은 일반적인 의미 네트워크semantic network에서 '유창한' 같은 지엽적 특성에 대한 평가는 꽤 많이 정정했지만, '친절한' 같은 핵심적 특성에 대한 평가는 고수하는 모습을 보였다. 당연하게도 학생들은 자신의 관점을 더 긍정적 방향에 맞추려고 했다(내 아이디어는 생각보다 더 창의적일지도 몰라!). 반면에 부정적 피드백에는 저항하려 했다(그때 내가 긴장한 탓에 입학사정위원회는 내가 얼마나 친절한 사람인지 알아차리지 못했을 거야).[13]

앞서 살펴본 대로, 낙관적이고 긍정적인 자아감을 갖게 하는 편향은 사람들이 자존감을 건강한 수준으로 유지하도록 돕는다. 그리고 핵심적 특성에 대한 관점을 고수하려는 경향은 자기 일관성을 유지하는 데 기여한다. 예를 들면, 나는 좀 지저분할 수도 있지만(지엽적 특성) 친절한 사람(핵심적 특성)일 수도 있다. 자신을 다정하고 유쾌하며 사교적인 사람이라고 생각하면 이 정보를 이용해서 자존감을 보호할 수 있다. '맞아. 내 책상이 엉망이긴 하지만 난 여전히 모두에게 다정한 좋은 친구야'라는 식으로 말이다. 게다가 자존감이 높은 사람은 긍정적 학습률positive learning rate 또한 더 높았다. 자존감이 높은 사람은 긍정적 피드백을 들었을 때 자신에 대한 최초의 관점을 업데이트할 가능성이 더 컸다. 하지만 우울감이 심한 사람은 긍정적 피드백을 바탕으로 자신에 대한 관점을 업데이트하기보다는 부정적 피드백을 내면화할 가능성이 더 컸다.

이와 관련하여, 좋은 일에서는 책임을 더 많이 지려 하고 나쁜 일에서는 책임을 더 적게 지려는 경향이 있다.[14] 예를 들어, 브렛이 늦은 밤 부엌에서의 수다에 즐거워했다면 나는 좋은 대화 상대인 나 자신을 칭찬할 것이다. 반대로 브렛이 조금 짜증스러워 보이거나 눈썹을 찡그렸다면 내가 스마트폰을 봐서 화를 낸다고 생각하기보다는 그가 오늘 힘든 하루를 보냈으리라고 생각할 것이다.

지금의 좋은 기분을 최대로 누리고 싶거나 지금의 나쁜 기분을 최소로 줄이고 싶다면 자신의 약점에 신경 쓰지 않는 편이 나을 수도 있다. 그러나 여기에도 문제는 있다. 약점과 개선점을 머릿속 러그 밑에 숨겨버리면 더 나아질 기회를 놓치게 된다는 것이다. 약점에 눈을 감는 대신 자신의 핵심적 특성을 되돌아봐야 성장과 변화에 사용할 잠재적 도구를 갖출 수 있다.

우리를 더 큰 목표로 이끄는 가치 확언

당신에게는 무엇이 가장 중요한가? 친구나 가족과의 관계일 수도 있고, 영성, 야심, 혹은 창의성일 수도 있겠다. 앞으로 이것들을 활용할 미래를 그려보자. 아마도 당신은 사랑하는 사람들과 시간을 함께 보내거나, 자신을 넘어서는 위대한 무언가를 창조하고 있을 것이다. 이런 식으로 자신의 가치에 관해 성찰하는 기법을 심리학에서는 '가치 확언values affirmation'이라고 부른다.[15]

우리 연구팀은 간단한 가치 확언이 사람들의 뇌가 조언에 반응하는 방식을 어떻게 바꾸는지를 뇌영상 실험으로 관찰했다. 또한, 이러한 확언이 새로운 아이디어와 행동을 더 열린 마음으로 수용하게 만든다는 사실도 확인했다.[16] 사람들은 가치 확언을 통해 자신의 가치가 단 하나의 행동에 달린 것만은 아니라는 점을 확인하거나 떠올린다. 예를 들어, 잠시 시간을 갖고 내게 무엇이 중요한지 생각해보면 내가 여전히 호기심이 풍부하고 창의적인 사람이라는 사실을 깨닫게 된다. 물론 브렛과 함께 있으면서 스마트폰을 놓지 못할 때도 있지만, 브렛의 피드백을 무시하기보다는 그에 부응하여 바뀌는 쪽이 내가 되고 싶은 나 자신과 더 부합한다.

우리는 실험으로도 이 사실을 한 번 더 확인할 수 있었다. 지금은 럿거스 대학교에 재직 중인 심리학자 강유나가 우리 연구실에 있을 때 이끈 실험에서 책상이나 소파, 차에 앉아있는 시간이 많은 사람들을 연구했었다.[17] 피험자 중에 이 습관을 바꾸고 싶다고 확실하게 말한 사람은 아무도 없었다. 방어적 태도를 연구하는 실험이라 변화의 동기를 가진 사람은 모집하지 않았기 때문이다. 우리는 피험자들에게 연민, 친구와 가족, 영성, 권력, 부, 명성, 창의성, 독립성 등이 적힌 가치 목록을 건넨 뒤 그들의 삶에서 개인적 중요도에 따라 가치의 순위를 평가하게 했다. 일부 피험자에게는 잠시 시간을 내서 자신에게 가장 중요한 가치가 무엇인지 생각해달라고 요청했다. 다른 피험자 집단

(대조군)에게는 목록에서 순위가 낮은 가치, 즉 다른 사람에게는 중요할 수도 있지만 그들에게는 중요하지 않은 가치에 대해 생각해달라고 요청했다. 영성에 큰 관심이 없는 사람은 종교가 타인에게는 도움이 되지만 자신의 행복에는 별로 중요하지 않다고 생각하듯이 자신에게 상대적으로 덜 중요한 가치에 대해서 말이다. 그러고 나서 이들의 뇌를 스캔하면서 피험자 전체에게 운동을 더 열심히 하라는 메시지를 똑같이 보여줬다.

피험자들은 정확히 똑같은 내용의 조언을 들었지만, 그들의 뇌 반응은 직전에 자신에게 중요한 가치를 생각하는 시간이 있었는지에 따라 뚜렷하게 갈렸다. 자신의 핵심 가치를 되돌아본 피험자들은 메시지를 본 뒤 대조군에 비해 가치 체계와 자기 관련성 체계가 훨씬 큰 폭으로 활성화했다. 뇌를 스캔하고 나서 1개월 동안 우리 연구팀은 피험자들이 연구실에서 봤던 운동 팁과 더불어 확언형 조언을 문자 메시지로 계속 보냈다. 이와 동시에 활동 수준을 추적하는 손목시계를 연구실에 오기 몇 주 전부터 착용시켜서 피험자들의 행동을 객관적으로 측정하고자 했다. 운동 권장 메시지를 확인하기 전에 자신의 핵심 가치를 간단히 생각해보라는 메시지를 받은 사람들은 이후 일일 평균 운동 시간이 5분가량 늘어났다. 반면 대조군은 일일 평균 운동 시간이 3분가량 줄었다.[18] 너무 작은 변화처럼 보일 수도 있지만 미국 질병통제예방센터가 일주일에 총 150분(하루에 약 20분씩) 동안 운동하라고 권고한 내용을 생각해보면 이는 충분히 의미 있는 변화이다.[19] 자신의 정체성에 중요한 가치들을 단 몇 분이라도 돌아본 사람들의 뇌는 가치 있는 조언에 더 열린 태도를 보였고, 그에 응하여 이들이 변화할 가능성도 더 커졌다.

가치 확언을 경험한 사람들은 자신의 관점에 도전하는 증거를 더 열린 마음으로 볼 뿐 아니라, 다른 이념을 가진 타인의 관점을 고려할 가능성 역시 크다는 또 다른 연구 결과도 있다.[20] 자신의 핵심 가치를 되돌아본 흡연자들은 타인과 더 연결감을 느꼈고 흡연의 해악을 알리는 정보의 타당성에 대해 덜 회의적이었다.[21] 가치 확언을 경험한 음주자들은 암과 알코올 사이의 연관성에 관한 정보에 더 수용적인 태도를 보였다.[22] 가치 확언 훈련은 미국의 백인들이 자신이 가진 사회적 특권을 더 열린 태도로 바라보고, 구조적인 인종차별의 기능을 명확히 깨닫게 하는 데도 도움이 됐다.[23] 백인들은 자신들이 인종차별을 하고 있다는 사실을 인지하지 못할 때가 많으며, 인종에 대한 편견이 백인에게 보이지 않게 유리하게 작용한다는 사고에 방어적 태도를 보이곤 한다. 하지만 가치 확언 훈련을 경험한 미국의 백인들은 인종차별을 기꺼이 개인 차원이 아닌 제도 차원에서 받아들였다. 인종차별이 스스로 인종차별주의자라고 분명하게 드러내는 사람들에 의해서만이 아니라, 이미 사회 구조 안에 두루 뿌리내리고 있다는 사실을 깨달은 것이다. 이러한 사고방식은 그간 백인에게 유리하고 다른 인종에게는 불리했던 구조적 인종차별과 사회적 불평등을 줄일 수 있다는 가능성을 시사한다.

자신에게 진정으로 중요한 것이 무엇인지를 생각해보면 우리가 원하는 방향으로 이끄는 새로운 관점과 피드백에 더 열린 태도를 갖게 된다. 잠재적으로 유용한 이 방법을 나도 실생활에서 종종 활용하곤 한다. 팀원들끼리 쌍방향 피드백을 주고받는 성과 평가 회의 같은 자리를 앞두고 있을 때, 도움이 되긴 하지만 듣기에 괴로운 피드백을 받을 것에 대비해서 얼마간 여유 시간을 갖는 식으로 말이다. 내게 비판적인 사람이 참여하는 회의를 앞뒀을 때도 준비 시간을 따로 마련하곤 한다. 잠깐 일기를 쓰거나 산책하면서 내게 정말 중요한 것이 무엇인지 되새기려 한다. 벽에 걸어둔 사진을 그저 몇 분간 바라보면서 아이들과 즐거웠던 시간이나 할머니와의 대화를 떠올릴 때도 있다. 이런 것들을 되새기며 마음을 단단히 먹으면 회의 자리에서 도움이 된다. 이렇게 하면 회의 중에 사람들이 어디에 주목하고 있는지 더 잘 알아차릴 수 있고, 처음의 방어적 태도에서 벗어나서 그에 응하여 내가 변화하고 싶은지 결정하는 능력을 흐리지 않을 수 있다.

자신의 핵심 가치를 되돌아보는 일이 내키지 않을 수도 있다. 지금 당장 자신에게 가장 중요한 것이 무엇인지 생각해내기가 어렵거나 그 일을 하기 싫어하는 다른 사람을 도와야 할 수도 있고, 일기 쓰기가 싫을 수도 있다. 그렇다면 다른 방법이 있다. 비슷한 효과를 얻기 위해 연구자들은 퀴즈를 활용했다. 본인이 좋아하는 자신의 면모에 대해 답하거나[24] 빈칸이 들어간 문장을 주고 자신을 정의하는 정체성을 넣어 완성하는 식의 퀴즈들이었다. 빈칸에 들어갈 정체성으로는 '예술가, 코미디언/재밌는 사람, 운동선수, 음악가, 사업가, 학생, 간호사, 의사, 법률가, 수학자, 과학자, 기술자'와 같은 선택지가 주어졌다. 문장의 앞부분에 들어갈 정체성을 고른 뒤 다음과 같은 전체 문장들을 완성하게 했다. '~이/가 되면 나는 ~한 기분이 든다.' '~이/가 되면 내 진짜 ~이 드러난다.' '~이/가 되면 나는 ~을 경험한다.'[25]

다양한 환경과 참여 방식에서 가치 확언은 본능적으로 발현되는 방어적 태도를 억누르고 더 열린 태도로 변화에 임하게 만든다. 이렇게 해서 우리가 성공적으로 변화하면 성장은 보상이 된다.[26] 그렇다면 가치 확언의 영향력을 극대화하려면 어떻게 해야 할까?

어려운 회의를 앞두고 자신을 위한 시간을 가지라고 했던 조언을 떠올려보자. 여기에는 그럴 만한 이유가 있다. 가치 확언 훈련은 잠재적 위협이 가해지기 바로 직전에 해야 효과가 있기 때문이다.[27] 일이 벌어진 직후에도 효과가 있을 수 있지만, 그 지속 시간은 짧으며 단 몇 분에 그칠 수도 있다. 일단 방어적 태도가 굳어지기 시작하면 가치 확언이 힘을 발휘하기에는 이미 늦은 상태이다.[28]

예를 들어, 회의에서 누군가가 당신의 아이디어를 못마땅하게 여긴다고 하자. 이어서 다른 누군가가 당신의 아이디어에 대해 캐묻기 시작하면 가치 확언을 효과적으로 사용할 기회를 놓치게 된다. 방어적 태도가 이미 작동을 시작했을 테니 말이다. 만약 당신이 환자에게 건강을 위해 습관을 바꾸라고 조언하는 의사라면, 조언 직전에 환자에게 그의 핵심 가치를 생각해보게 하거나 조언 직후 핵심 가치를 되돌아보게 하면 효과가 있을 테다. 하지만 이미 조언에 대한 답을 환자에게 요구한 상태라면 효과를 기대하기가 어렵다. 심리학자 제프리 코헨Geoffrey Cohen과 데이비드 셔먼David Sherman은 가치 확언 같은 사회심리학적 개입은 "의도된 우연의 일치와 같다. 이는 웬만해서는 동시에 일어나지 않을 세 가지 사건, 즉 긍정적인 영향·도전·즉각적인 변화의 기회를 매우 긴밀하게 배치한다"라고 설명했다.[29]

좋은 소식이 또 하나 있다(초기에 개입할 수 있는지 여부에 따라 나쁜 소식일 수도 있다). 작은 성공이(그리고 실패도) 눈덩이처럼 불어날 수 있다는 점이다. 58개의 연구를 메타 분석한 결과, 가치 확언은 사회적 소외 계층의 학업적 잠재력을 다양한 방식으로 향상시켰다. 가치 확언은 중요한 시험을 앞두고 효과를 발휘하거나 학교 성적에 영향을 미치는 등 여러 방식으로 학생들에게 도움을 줬다.[30] 컬럼비아 대학교, 콜로라도 대학교, 스탠퍼드 대학교 연구자들은 학기 첫 주에 가치 확언 훈련을 받은 흑인 학생들을 관찰하면서 이 사실을 발견했다. 훈련을 받은 학생들은 학교에 대한 소속감이 높아졌고 학습 동기도 잘 유지했다. 하지만 학기 초에 가치 확언 훈련을 받지 못한 대조군 학생들은 소속감과 학업 성취도가 낮아졌다. 나중에 가서 대조군 학생들에게도 가치 확언 훈련을 하자 학업 성적이 어느 정도 향상됐지만 소속감은 회복되지 못했다.[31] 따라서 도전과 관련하여 이러한 개입이 일어나는 시점은 그 효과에도 영향을 미치며, 이는 중대한 결과를 초래할 수 있다.

가치 확언의 개입 시점에 관한 정보를 잘 활용하면, 언제 자신을 위해 가치 확언을 사용하거나 다른 사람들에게 그 기회를 제공할지 가늠할 수 있다. 대개 사람들은 고등학교 입학, 대학교 입학, 새로운 회사 입사 같은 과도기에 상황을 예측하기 어려워하고 더 큰 위협을 느낀다. 이럴 때는 간단한 가치 확언 훈련도 큰 효과를 낸다. 초기의 성공은 자신감을 심어주고 이점의 누적으로 이어질 수 있기 때문이다.[32] 같은 이유로, 새 팀원이 들어오거나 아이가 입학했을 때처럼 어떤 일의 초기에 제대로 주의를 기울이지 않으면 부정적 감정이 쌓여서 나중에 그 영향을 극복하기가 어려울 수 있다.[33] 이러한 효과 차이는 가치 확언을 통한 개인적 개입이 주변 환경과 상호작용하는 더 큰 맥락에서 이해돼야 한다. 개인 차원의 가치 확언 훈련으로 회사나 학교 환경에서 비롯하는 해악을 없애지는 못하지만, 초기의 가치 확언으로 개인의 소속감과 자존감을 북돋우는 데 도움을 줄 수는 있다. 초기의 성공은 이후에 반복적인 성공을 가능하게 하는 기반이 되지만, 초기의 부정적 피드백은 역효과를 초래할 수 있다.

이렇게 가치 확언을 반복하다 보면 긍정적 피드백 고리가 만들어진다. 정기적으로 가치 확언을 실천하면 더 원대한 목적의식을 갖게 되고, 변화를 요구하는 피드백도 덜 위협적으로 느끼게 된다. 내 친구이자 동료인 빅 스트레처는 목적^{purpose}을 과학적으로 연구하는 전문가인데, 그는 가치 확언을 '가장 중요한 것에 기반한 목적 지향적 행동'이라고 정의한다. 이때의 목적은 '삶의 중심을 차지하며 자기 주도적으로 나아가는 지향점'이 된다. 그의 연구 결과에 따르면, 목적의식이 뚜렷한 사람은 상대적으로 더 오래 살고 더 행복하고 더 건강한 편이다. 심장병과 인지 저하로 고생하거나 뇌졸중이 발생할 확률도 더 낮다.[34] 과학자들은 뚜렷한 목적의식을 지닌 사람들이 상대적으로 자기 관리를 더 잘하기 때문에 목적의식과 수명 사이에 상관관계가 나타난다고 생각했다.[35] 또한, 이 연구는 친구에게 전화하기, 숙면하기,

산책하기 등 건강한 행동을 통해 목적의식을 높일 수 있다는 사실도 알려줬다.[36]

우리 연구실에서 가치 확언과 운동 코칭을 연구하던 팀은 이 연구에서 영감을 받아 새로운 과제를 설정했다. 삶의 의미와 목적의식을 더욱 분명하게 느끼면 코칭이나 건설적 조언을 보다 쉽게 받아들일 수 있을까 하는 의문이었다.[37] 이 연구도 강유나가 이끌었는데, 피험자들은 자신이 얼마나 원대한 삶의 목표를 지니고 있는지를 스스로 평가한 뒤에 뇌를 스캔하는 동안 건강 관련 조언을 들었다. 그 결과, 자신이 강력한 목적의식을 품었다고 대답한 사람들은 조언을 들었을 때 갈등을 탐지하는 뇌 영역에서 낮은 활성도를 보였다. 이 현상의 정확한 이유는 아직 명확히 밝혀지지 않았지만, 다음과 같은 두 가지 가설이 있다. 첫 번째는 목적의식이 강할수록 단기적 행동이 장기적 행복이나 다른 목표를 뒷받침한다는 점을 더 쉽게 이해한다는 설명이다. 두 번째는 목적의식이 뚜렷하면 기준점이 분명하고 자신감도 생겨서 행동을 약간 바꾸라는 조언을 들었을 때 덜 위협적으로 느끼고 방어적으로 반응하지 않게 된다는 설명이다.

우리를 더 큰 목표나 목적으로 이끄는 가치 확언이나 다른 훈련의 효과를 극대화하고 싶다면, 자신과 타인을 연결하는 가치와 목표를 설정하는 편이 좋다고 연구 결과들은 말한다. 실제로 우리 연구팀은 가치 확언이 뇌에서 발휘하는 효과를 관찰하기 위해 피험자들에게 긴 목록을 주고 가장 중요한 가치를 거기서 하나씩 선택하게 했다. 앞서 살펴봤듯이, 어떤 가치를 선택하든 그것과 연결되는 일은 피험자들이 운동 조언을 가치 있으며 자신과 관련이 있다고 받아들이게 하는 데 도움이 됐다. 그리고 결과적으로 그들의 행동에도 변화를 일으켰다. 그런데 여기서 우리 연구팀은 새로운 의문을 품었다. 혹시 방어적 태도를 허무는 데 더 효과적인 가치가 있진 않을까?

피험자들이 가치 확언 훈련에서 가장 높게 평가한 가치와 코칭 메시지를 들었을 때의 뇌 반응을 비교하니 흥미로운 양상이 나타났다. 명예처럼 자기중심적 가치를 선택한 사람과 친구나 가족, 연민 같은 자기 초월적 가치를 선택한 사람을 비교해보니, 후자의 경우가 편도체 amygdala처럼 위협을 인지하는 뇌 영역에서 낮은 활성도를 보였다. 무서운 사진을 보여주면서 위기감을 조작해서 뇌를 스캔했던 이전 연구에서 활성화됐던 광범위한 뇌 영역도 더 낮은 활성도를 보였다.[38] 어째서 자기 초월적 가치가 변화에 열린 마음으로 임하게 하는 강력한 동인이 되는지는 아직 연구 중이다. 타인과의 연결이나 그들의 행복에 초점을 맞추면, 본능적으로 갖고 있던 편협하고 자기중심적인 태도와 근시안적 자기 인식에서 벗어나면서 방어적 태도를 유발하는 심리적 기제가 약해지는 것은 아닐까 하는 추측이 있긴 하다.

타인의 관점에서 바라보면 변화할 수 있다

브렛이 스마트폰 문제를 거론한 날 저녁, 처음에 나는 정말 방어적인 생각만 해댔다. 다음 날이 돼서야 겨우 다른 사람들에 대해 생각할 수 있었고 주변 사람들과 나, 스마트폰의 상호작용에 대해서도 고민해봤다. 그러자 함께 있을 때 절대 스마트폰을 보지 않는 친구들에게서 얼마나 깊은 연결감을 느꼈는지가 떠올랐다. 먼저, 대학원생 시절에 친구 에린Erin과 함께 먹었던 맛있는 저녁 식사가 생각났다. 알렉스Alex, 클라라Clara와 함께 정원과 아트 스튜디오에서 나눴던 깊고 진지한 대화도 떠올렸다. 니아즈Niaz와 오랫동안 한가롭게 즐겼던 산책도 생각났다. 이 모든 기억에는 작고 네모난 방해물이 없었다. 친구들은 그저 그 자리에 나와 함께 있었다. 그리고 나도 브렛에게 그런 배우자가 되고 싶었다.

대부분의 사람에게 타인과 연결되는 일은 삶에서 가장 중요하고 의미 있는 일 중 하나이다. 앞에서 살펴봤듯이 타인의 생각과 감정을 살피는 일은 우리의 일부이다. 새로운 생각과 행동에 열린 태도를 갖추는 수준을 넘어서서 타인의 가치와 행동을 이해하는 일은, 우리 자신의 가치와 행동마저 바꿔놓을 수 있다. 심지어 다른 사람의 이야기만으로도 우리의 생각과 행동이 바뀔 수 있다.[39] 이야기는 뇌 속의 사회 관련성 체계를 자극한다.[40] 변화로 이어지는 대부분의 길이 그렇듯이, 이렇게 사회적 학습으로 촉진된 변화는 사람들을 더 행복하고 더 건강하게 만들고 더 큰 연결감을 갖게 한다. 하지만 이는 우리가 원하지 않았던 결과, 즉 해롭고 폭력적인 행동으로 이어지기도 한다. 결국 우리는 사회적 학습이 어떻게 작동하는지를 이해함으로써 지금 무슨 일이 벌어지고 있는지, 왜 그 일이 일어나는지를 더 잘 인식할 수 있게 된다.

실존 인물이든 이야기 속 인물이든, 롤모델을 통하면 직접적 메시지나 행동으로 우리를 변화시키려는 시도를 마주했을 때 나타나는 방어적 태도를 피할 수 있다.[41] 가끔 나는 속으로 '카렌 수$^{Karen Hsu}$라면 어떻게 할까?'라고 생각하곤 한다. 카렌은 내가 대학을 졸업하고 인지신경과학을 공부하기 전에 다녔던 의료 컨설팅 회사의 상사였다. 그녀는 정말 훌륭한 상사였다. 전화 회의에서 새로운 아이디어를 제안할 때는 팀원들을 향해 조용히 윙크하고 미소를 지으면서 자신의 전화기 주변에 모여 앉게 했다. 회식 때는 늘 한턱냈으며, 팀원들에게 시간을 아끼지 않았다. 팀원마다 무엇을 가치 있게 여기는지, 무슨 일을 잘하는지, 어떤 부분에서 더 성장할 수 있는지를 진심으로 알고 싶어 했다. 자신이 직접 해보지 않은 일을 시키는 경우는 거의 없었고, 성공에 이르는 현실적 계획을 함께 생각해줬다. 가장 중요한 것은 카렌은 항상 열린 태도로 우리의 피드백을 진지하게 경청했다는 사실이다. 팀원 모두가 대학을 갓 졸업한 신입 사원이었는데도 말이다. 이제 연구실 책임자가 된 나는 시험을 망친 스트레스로 맞은편 테이블에서 울고 있는 학생, 까다로운 외부업체와의 회의에 당황한 팀원, 연구실의 운영 방법에 대해 제안을 건네는 동료를 보면서 카렌을 떠올리곤 한다. 그러면 차분하고 따뜻한 마음을 유지하면서 개인과 팀에 무엇이 가장 좋은지 집중할 수 있게 된다.

심리학자 메건 마이어$^{Meghan Meyer}$와 다이애나 타미르의 연구 결과에 따르면, 내가 이런 식으로 카렌을 떠올릴 때 실제로 자신을 보는 방식이 달라질 수도 있다고 한다.[42] 이 연구에서 메건과 다이애나는 피험자들에게 과거에 있었던 일을 회상해달라고 요청했다. 좋은 소식을 들었던 때나 학교 성적이 나빴던 때를 떠올리고는 그때 어떤 기분이었는지, 그리고 같은 상황에서 당신의 친구는 어떻게 느낄지를 상상해보라고 했다. 피험자들에게 다시 한 번 같은 기억을 떠올리도록 했을 때, 같은 상황에 대한 피험자들의 감정 평가가 바뀐 사실을 알 수 있었다. 이제 그들은 자신의 친구가 느끼리라고 상상했던 감정을 떠올렸다. 이와 비슷하게 다른 연구에서도 피험자들에게 친구의 성격을 생각한 뒤 자신의 성격 특성을 평가하게 했는데, 그러자 처음에 평가했던 자기 성격보다는 친구의 성격에 더 가깝게 평가가 바뀌었다. 이런 효과는 특히 피험자가 그 친구를 자신과 비슷하다고 느낄수록 더 강력하게 나타났다. 마찬가지로, 카렌이 멘토링을 어떻게 하고 피드백을 어떻게 받을지를 상상해보는 것만으로도 실제로 나는 카렌처럼 더 관대하고 열린 마음을 갖게 된다.

 뇌영상 연구는 우리가 특정한 특성을 갖춘 사람의 관점을 취할 때, 마치 우리가 그 특성을 가진 것처럼 뇌가 반응한다는 사실을 더 분명하게 밝혀냈다. 컬럼비아 대학교의 마이클 길리아드Michael Gilead와 케빈 옥스너는 피험자들에게 앞서 이 연구에 참여했던 두 명의 '동료'에 대해 알려줬다.[43] 사실 두 동료는 강인한 사람과 예민한 사람의 전형적 인물상을 떠올리도록 연구팀이 만들어낸 가상의 인물들이었다. '강인한 동료'는 응급 구조사로 일하며, 공포 영화와 시끄러운 음악을 좋아하고, 회복탄력성이 뛰어난 편이라고 자신을 설명했다. 반면에 '예민한 동료'는 그래픽 디자이너로 일하며, 로맨틱코미디와 클래식 음악을 좋아하고, 자신을 섬세한 편이라고 묘사했다. 이를 들은 진짜 피험자들은 뇌가 스캔되는 동안 두 동료의 관점과 자신의 관점에서 다양한 사진을 평가했다. 피험자들이 본 사진 중에는 중립적 이미지(가구나 일상 용품)도 있었고, 부정적 감정을 강하게 불러일으키는 이미지(피와 폭력이 난무하는 장면)도 있었다. 예상대로 피험자들은 부정적 이미지를 중립적 이미지보다 더 부정적으로 평가했다. 하지만 그 평가 정도는 피험자가 누구의 관점을 취했는지에 따라 달라졌다. '예민한 동료'의 관점을 취하면서 그가 사진을 보고 어떻게 느낄지를 예측할 때는 '강인한 동료'의 관점을 취했을 때보다 더 부정적으로 평가했다. 요컨대 '예민한 동료'의 관점을 취했을 때는 뇌가 감정적으로 더 민감하게 반응했지만, '강인한 동료'의 관점을 취했을 때는 뇌가 덜 민감하게 반응했다.

　피험자들의 뇌 속에서 자기 관련성 체계와 사회 관련성 체계는 그들이 누구의 관점을 취하고 있는지를 추적했다. 연구팀은 자기 관련성 체계와 사회 관련성 체계가 중복되는 영역인 내측전전두피질의 활성 패턴을 관찰하면서 피험자가 현재 누구의 관점을 취하고 있는지를 구분하고 예측할 수 있었다. 또한, 사회 관련성 체계의 활성화는 감정 반응을 담당하는 뇌 영역의 활성화와 상관관계를 보였다. 이는 '예민한 동료'나 '강인한 동료'의 관점을 취하면 사회 관련성 체계가 활성화되면서 피험자의 감정 반응도 따라서 바뀐다는 사실을 보여준다.

　이런 식으로 타인의 관점을 빌려오면 힘든 일이나 자아를 위협하는 상황이 생겼을 때 대처하기가 쉬워진다. 내가 업무적으로 힘든 상황에 직면했을 때 '카렌 수라면 어떻게 했을까?'라고 자문했던 것처럼, 여러분도 삶에서 일어나는 사건들을 친구, 멘토, 가족, 이야기 속 인물 등 자신이 본받고자 하는 가치를 지니고 행동하는 사람의 관점에서 볼 수 있다. '이 상황에서는 〈스타트렉Star Trek〉의 스팍Spock처럼 냉정하게 행동해야 할까, 커크Kirk 선장처럼 과감하게 승부수를 던져야 할까?' 하고 말이다.

　삶의 다른 영역에도 이 방법을 적용할 수 있다. 입사 전형에서 탈락했다는 소식을 들었을 때, 의사가 더 건강한 생활 습관을 지녀야 한다고 했을 때, 회의에서 말투에 대해 동료에게 피드백을 받았을 때 이를 내가 아닌 타인의 관점에서 바라보면 덜 위협적으로 느낄 수 있다. 특히 그 사람이 내가 본받고자 하는 방식으로 반응하는 인물이라면 더더욱 효과가 좋다. 최근에 의사의 조언을 받고 채소를 더 많이 먹으려 노력하던 친구가 내게 전화를 걸어왔다. 그 친구가 생각하기에 나는 채소가 가득한 식단을 즐거운 마음으로 먹을 사람이었나 보다. 물론 친구의 생각은 정답이었다! 구운 가지·토마토소스·시금치·염소 치즈를 넣은 파스타, 아보카도·크루통·사과를 넣은 풍성한 시저샐러드, 채소 코코넛 카레 등 내가 좋아하는 채소 요리 중 쉽고 빠르게 만들 수 있는 조리법을 기꺼이 알려줬다. 덤으로 우리는 함께 요리하고 식사하는 시간까지 보낼 수 있었다. 이렇게 우리는 의사의 조언을 따르면서 관계도 돈독히 할 기회를 얻었다. 나는 새로운 시도를 하면서 맞닥뜨리는 어려움을 이런 식으로 상쇄하고 싶다.

　타인의 관점을 취하면 감정뿐만 아니라 행동까지 바꿀 수 있다. 일단 피드백을 받아들이고 나면, 사회 관련성 체계를 활용하는 관점은 행동 변화를 유도하는 유용한 도구가 된다. 나는 예전에 펜실베이니아 대학교, 컬럼비아 대학교, 다트머스 대학교, 브리검영 대학교의 여러 연구실이 참여했던 대규모 학제 간 협력 연구를 이끈 적이 있었다. 이 연구는 무작위 실험을 통해 대학생들이 자기보다 술을 적게 마시는 동료의 관점을 수용할 때 음주량이 줄어든다는 사실을 알아냈다.[44] 펜실베이니아 대학교와 컬럼비아 대학교 내 사교모임 24개에서 피험자들을 모집한 뒤 이들이 서로를 평가하게 했는데, 여기에는 술을 얼마나 마시는가 하는 음주량에 관한 질문도 들어갔다. 그리고 나서 다음 달부터 매일 피험자들에게 메시지를 보내서는 음주에 대해 조언했다. 몇 주 동안은 술자리가 생긴다면 자연스럽게 반응하라는 조언을 보냈다. 그리고 다음 몇 주 동안은 자신보다 술을 덜 마시는 동료의 관점을 취해보라는 조언을 했다.[45] 예를 들어, 처음의 설문에서 메리^{Mary}가 존^{John}이 자기보다 술을 덜 마신다고 평가했다고 하자. 그럼 우리는 메리에게 매일 메시지를 보내서 술을 마실 때 존의 관점을 취하도록 조언했다.

학생들은 자기보다 술을 덜 마시는 동료의 관점을 취하라는 메시지를 받은 주에는 자연스럽게 술을 마셨던 주보다 음주량이 줄었다고 보고했다.[46] 첫 번째 실험은 학생들이 캠퍼스에 있을 때 실시됐고, 메시지를 통한 개입은 학생들의 음주 빈도를 6일에 1회꼴에서 8일에 1회꼴로 줄였다. 두 번째 실험은 코로나19 팬데믹이 시작되면서 학생들이 캠퍼스에 없을 때 실시됐고, 메시지를 통한 개입은 학생들의 음주

빈도를 9일에 1회꼴에서 11일에 1회꼴로 줄였다. 술을 덜 마시는 동료를 매일 잠깐씩 생각하게 하는 단순한 개입으로도 학생들의 행동에서 의미 있는 변화를 끌어낼 수 있었다. 이 모든 변화는 단지 짧은 메시지 하나로 가능했다. 이 사실을 기억하라. 내가 주목하는 사람이 나를 만든다.

3인칭 시점으로 나를 내려놓기

'가치 확언'과 '관점 수용'에 반응하는 뇌 영역이 사회 관련성 체계만은 아니다. 같은 방식으로 자기 관련성 체계도 활용할 수 있다. 새로운 아이디어나 행동이 자신과 관련됐고 가치도 있다는 사실을 더 강하게 인지할수록 변화를 잘 수용하게 된다. 하지만 앞서 살펴본 대로 핵심 자아를 고집스럽게 붙들고 있으면 방어적 태도가 나오게 마련이다. 이럴 때는 다른 방법을 써야 한다. 바로 상황과 자신을 분리하는 것이다.

우리 대부분은 제3자의 관점에서 보는 일이 얼마나 유용한지를 직관적으로 알고 있다. 심리학자 이선 크로스$^{Ethan Kross}$는 농구 선수 르브론 제임스$^{LeBron James}$가 연고지 팀인 오하이오주 클리블랜드 캐벌리어스에 잔류할지를 두고 힘든 결정을 내려야 했던 상황으로 이를 설명한다.[47] 르브론은 캐벌리어스에서 슈퍼스타의 자리에 올랐고 오하이오주 팬들도 그를 무척 사랑했지만, 클리블랜드 캐벌리어스는 챔피언십에서 우승하지 못했다. 그러다가 르브론에게 플로리다주 마이애미 히트로 이적할 기회가 생겼다. 히트에는 뛰어난 선수들이 있었고 챔피언십 우승 가능성이 더 컸다. 르브론은 텔레비전에 나와서 자신의 결정에 대해 이렇게 말했다. "나는 감정적 결정은 절대 하고 싶지 않았다. 나는 르브론 제임스에게 가장 좋은 결정, 르브론 제임스를 가장 행복하게 할 결정을 내리고 싶었다."[48]

이선은 르브론이 처음에는 1인칭인 '나'로 이야기를 시작했지만, 뒤에서 3인칭인 '르브론 제임스'로 호칭을 바꾼 사실에 주목한다.[49] 이선은 자신을 제3자처럼 지칭하면 부정적 감정을 효과적으로 조절할 수 있다고 한다. 이런 식으로 말이다. '에밀리, 숨을 깊이 들이마시자. 할 일은 많지만 너라면 해낼 수 있을 거야.' 또한, 제3자의 관점에서 문제를 설명하면서 '문제를 겪는 나'와 '문제를 바라보는 나' 사이에 거리를 벌리면 문제 해결 능력도 높아진다고 한다.[50] 심지어 '벽에 붙은 파리'[51]의 관점을 취하기만 해도 분노를 가라앉히고 갈등을 악화시키는 공격적 생각과 행동을 줄일 수 있다.[52] 이런 기술들은 4장에서 살펴본 '재평가'와 비슷한 맥락으로, 부정적 감정이나 긍정적 감정을 강화하거나 억제하는 데 활용할 수 있다.

한 상황을 새로운 시각이나 관점에서 바라보고, 자신과의 관련성이라는 측면에서 해석하려는 습관을 버리면 실제로 뇌가 작동하는 방식이 변화한다.[53] 대학생들의 음주를 줄이기 위해 동료의 관점을 취하게 했던 실험에서 우리 연구팀은 음주 관련 이미지(나중에는 진짜 술)를 보여주고 약간 다르게 행동하도록 유도하면서 학생들의 뇌에서 무슨 일이 일어나는지를 관찰했다. "상황을 관찰하면서 정신적으로 거리를 두세요. 더 공정하고 덜 비판적이며 호기심 어린 태도로 반응하되 상황이나 반응에 매몰되지 않도록 하세요." 이런 식으로 학생들에게 조언하면서 주어진 상황에서 한 걸음 물러서도록 했다. 그러고 나서 이렇게 거리를 뒀을 때와 평소처럼 자연스럽게 반응했을 때 뇌에 어떤 차이가 있는지를 비교했다.[54]

비록 학생들은 자신의 뇌 상태를 통제하고 공정하게 생각하기 위해 꽤나 애를 먹었지만, 일단 한 번 성공하자 뇌의 다양한 영역이 서로 소통하면서 더 빠르게 변화했다. 즉 사람들이 한 걸음 물러서서 자기 생각과 감정을 판단하지 않고 바라보면, 뇌에 무슨 일이 일어나든 그 상태에 사로잡히지 않고 다음 단계로 넘어갈 수 있었다.[55]

"이 또한 지나가리라." 최근에 참가했던 요가 수업에서 들은 말이다. 나는 강사의 말을 듣고는 이 연구를 떠올렸다. 불편을 느낄 때 그 감정을 판단하거나 흥분하는 대신, 시간이 계속 흘러가고 상황이 바뀌리라고 믿어야 한다. 이 순간이 지나가리라고 믿어라. 나는 이 말이 정말 마음에 들었다. 갑갑함을 느끼거나 언짢을 때, 전체적으로 기분이 별로일 때, 나는 이 연구 결과를 떠올리곤 한다. 그저 놓아버리는 것만으로도 내 뇌는 더 활동적으로 바뀌리라.

2장에서 살펴봤듯이, 한 걸음 물러서서 반응하지 않고 상황에 접근하는 방식은 요가뿐만 아니라 다양한 명상법, 마음챙김 등 수천 년에 걸친 동양의 전통 지혜와도 일맥상통한다.[56] 과학자들은 이 방법을 '심리적 거리 두기psychological distance intervention'라고 부른다. 동양의 전통과 상호 보완 관계에 있는 현대의 연구들은, '나답거나, 나답지 않은 것'으로 나뉘는 자아의 제한적 개념을 버리고 일상의 삶과 자신의 내면에 내재한 변동성을 받아들이면 자아를 향한 위협에 덜 반응하게 된다고 오래전부터 강조해왔다. 오랫동안 진지하게 명상해온 사람들에 대한 연구 또한 일상적 사건에 대응하는 뇌의 자동 반응을 변화시키는 것이 가능하다고 주장한다.[57] 마음챙김 수용법이나 사고의 초점을 전환하는 방법을 배우는 단순한 경험도 효과가 있었다. 이렇게 하면 뜨거운 물체를 만졌을 때 느껴지는 신체적 통증이 감소하고, 불쾌한 이미지를 봤을 때 느껴지는 부정적 감정이 줄었으며(이 현상은 자가 보고와 뇌영상을 통해 두루 증명됐다)[58] 술[59]·담배[60]·건강에 해로운 음식[61]·약물[62] 등에 대한 갈망도 약해졌다. 요컨대 마음챙김 수용법은 감정적으로 중요한 이미지와 경험에 대한 평가를 바꿈으로써 감정의 강도를 조절한다고 할 수 있다. 만약 우리가 지나치게 엄격한 자아 개념을 내려놓는다면 방어할 대상도 사라진다.

'자아'라는 감각은 부분적으로는 과거 경험, 신념, 행동을 바탕으로 형성된다. 그리고 우리는 존재의 일관성과 긍정적 인식을 유지하기 위해 이런 조각들에 집착하곤 한다. 하지만 자신이 진정으로 중요하게 여기는 가치에 어울리는 선택을 하고 싶다면, 때로는 현재의 필요와 미래의 목표에 맞지 않는 자아 조각들은 내려놓는 편이 낫다.

예전에도 브렛은 저녁 시간에 스마트폰을 멀리하는 편이 좋겠다고 몇 번이나 말했지만, 나는 그 제안에 제대로 대답하지 않으면서 브렛과 더 깊은 관계를 맺을 기회를 번번이 놓쳤다. 이와 마찬가지로, 동료나 팀원의 비판적인 피드백을 무시하면 새로운 기술을 익혀서 직무 역량을 향상할 기회를 잃을 수 있다. 갈등에 내 책임은 없는지 살피기보다, 자신의 짜증스러운 행동을 합리화하거나 타인을 비난하면 가족이나 친구와 깊은 관계를 맺을 기회를 잃게 된다.

 어떤 상황을 관찰하면서 판단하지 않고 호기심을 가지고 반응하는 것은 변화에 대한 감정적 저항을 줄이고, 뇌가 자신에 대한 과거의 생각을 고수하는 대신 더 유연하게 현재에 집중할 수 있도록 해준다.[63] 3인칭 관점을 취하거나 한 걸음 뒤로 물러서는 식으로 심리적 거리를 두면, 변화를 가로막는 방어적 태도와 감정의 영향을 줄이는 데 도움이 된다. 하지만 여기서 끝이 아니다. 새로운 아이디어와 기회, 변화를 더 열린 태도로 대하는 데 그치지 않고 한 걸음 더 나아가려면 어떻게 해야 할까? 훨씬 다양한 사람이나 아이디어와 적극적으로 연결되는 새로운 방법을 상상해보면 어떨까?

6장

무엇이 선택에 영향을 미치는가

사회 연결망 구조를 학습하는 뇌

어느 해 늦봄, 중학생 토냐 모슬리Tonya Mosley가 공부하던 교실은 숨이 막히도록 더웠다. 토냐가 다니던 디트로이트 공립중학교에는 에어컨이 없었고, 선풍기만이 끈적거리는 뜨거운 바람을 이곳저곳으로 날려 보낼 뿐이었다. 창문은 많았지만 대부분 굳게 닫혀있었다. 학생들이 땀에 절어 불편해하는 교실은 이상적인 학습 환경은 아니었다. 하지만 학교의 복장 규정에 따라 여학생들은 무릎 아래까지 내려오는 반바지를 입어야 했다. 왜일까?

이 의문은 온종일 토냐의 머릿속을 맴돌았다. 토냐는 집에 돌아간 뒤 학교에서 있었던 일을 엄마에게 늘어놓으면서 불공평한 복장 규정에 대해 불평했다.

"원래 그런 거야. 항상 그랬잖아." 토냐의 이야기를 들은 엄마가 말했다. 하지만 토냐는 그 말이 마음에 들지 않았다.

토냐는 특별한 학생이었다. 반 친구들과 교사들, 교장 선생님 등 모두가 토냐를 좋아했고, 그녀가 친절하고 정직한 학생이라고 생각했다. 평소에 토냐는 사람들과 대화하면서 관찰한 정보로 그들을 돕는 일을 즐겼다. 그녀는 사람들이 서로의 관점을 이해한다면 진정한 변화를 끌어낼 수 있다는 믿음을 갖고 있기도 했다. 이런 믿음을 바탕으로 토냐는 복장 규정을 바꿔 달라는 청원서를 작성했고 반 친구들 거의 모두에게서 동의 서명을 받았다. 그러고 나서 토냐는 일부러 눈에 띌 만한 짧은 반바지를 입고 등교했다. 자신의 옷차림이 사람들의 주의를 끌기 시작하자, 토냐는 교장실을 찾아가서 학생들의 사정을 설명하며 청원서를 제출했다. 그녀는 복장 규정 때문에 학습 환경이 더 나빠지고 있으며 이 문제는 여학생들에게 더 불리하다고 설명했다.

그다음에 일어난 일은 사회 관련성 체계의 잠재력과 한계를 확인할 수 있게 해줬다. 앞에서 우리는 누구에게 매력을 느끼는지와 같은 일상적 선택부터 효율적으로 에너지를 절약하는 방법처럼 지구에 중대한 선택까지, 타인이 어떻게 우리의 의사 결정에 영향을 미치는지를 살펴봤다. 게다가 우리는 사회 관련성의 입력값이 가치 산출에 얼마나 큰 영향을 미치는지도 알고 있다. 실제로 과학자들은 인간이 몸에 비해 뇌를 그렇게 크게 진화시킨 이유가 복잡한 사회적 정보를 추적하기 위해서라고 추측한다.[1] 사회적 집단을 이루며 살아가는 것이 생존에 유리하다는 사실은 우리가 타인과 협력할 필요가 있다는 뜻이기도 하다. 그러나 우리는 자신과 가장 비슷하고[2] 자신의 신념과 선호를 인정해주는[3] 사람들로만 교류를 제한하는 경향도 있다. 예를 들어, 성인은 다른 성인의 의견을 선뜻 듣지만, 아이들의 걱정은 전혀 눈치채지 못할 수도 있다.

토냐의 교장 선생님도 그런 경우였을지 모른다. 그는 복장 규정과 에어컨 문제 사이의 연관성을 학생들의 관점에서 생각하지 않았다. 그러던 중 토냐가 청원서와 새로운 관점으로 무장하고 교장실에 나타났다. 토냐는 교장 선생님이 사안을 다른 관점으로 보도록 도우면서, 자신이 쌓아온 관계를 활용해서 변화를 유도할 수 있었다. 그렇게 해서 복장 규정이 바뀌었다.

훗날 토냐는 기자가 됐다. 내셔널 퍼블릭 라디오 애청자라면 토냐의 목소리를 한 번쯤 들어봤을 테다. 토냐는 미국에서 가장 큰 공영 라디오 방송국 중 하나인 샌프란시스코 KQED에서 실리콘밸리 지국장으로 근무했고, 이후에는 보스턴에서 매주 500만 명 이상이 청취하는 뉴스 프로그램 〈히어 앤 나우 Here and Now〉의 진행자로 활약했다.[4] 어쩌면 당신은 토냐가 테리 그로스 Terry Gross와 공동으로 진행하는 라디오 프로그램 〈프레시 에어 Fresh Air〉에서 게스트를 인터뷰하는 방송을 들어봤을지도 모르겠다. 토냐의 팟캐스트 〈진실을 말하다 Truth Be Told〉 혹은 믿을 수 없을 정도로 강력하고 개인적인 이야기를 들려줬던 팟캐스트 시리즈 〈그녀의 이름 She Has a Name〉의 팬일 수도 있고 말이다. 토냐가 일을 할 때 가장 애용하는 기술은 예전에 학교의 복장 규정을 바꿀 때 활용했던 기술의 확장판이다. 토냐는 다양한 사람과 수월하게 관계를 맺고, 그들에게 무엇이 중요한지 경청하며, 평소에 좀처럼 알기 힘든 관점을 대중에게 전달한다.

사회학에서는 토냐처럼 평소에 접점이 없는 타인들과 광범위하게 연결되는 사람을 '정보 브로커 information broker'라고 부른다. 기업 조직에서는 정보 브로커 유형의 직원이 더 많은 보수를 받고 더 빨리 승진하는 경향이 있는데, 다양한 정보와 아이디어의 원천에 접근해서 이를 문제 해결에 활용할 수 있기 때문이다.⁵ 또한, 이 유형은 리더의 자질을 더 잘 인정받기도 한다.⁶

관계는 양방향으로 작용한다. 사업적 성공은 새로운 관계를 맺을 가능성으로 이어지기도 하지만, 한편으로는 서로의 관점을 아직 이해하지 못한 사람들과 집단 사이에 다리를 놓음으로써 변화를 이끌기도 한다.⁷ 이러한 노력에서는 사람들을 관찰하고 그들 사이의 관계를 추적하는 사회 관련성 체계가 핵심이 된다. 이 장에서는 사회 관련성 체계가 자동으로 타인의 역할과 지위를 추적하는 방식, 그리고 선택을 하거나 관계를 맺을 때 더 많은 사람의 관점을 고려할 수 있도록 시야를 확장하는 방법을 탐색한다. 이 작업이 중요한 이유는, 우리와 관련이 있다고 여기는 사람 그리고 사회 관련성 체계와 가치 체계가 주의를 기울이는 사람이 우리 마음속에서 생각의 우선순위를 결정하기 때문이다. 동시에 그들은 어떤 아이디어가 우선권을 얻는 일을 제한하기도 한다. 만약 우리가 좀 더 다양한 사고방식으로 어떤 관점이 가장 적절한지를 가려낼 수 있다면, 자신과 타인을 위한 가능성을 더 많이 발견하고 실현할 수 있을지도 모른다.

이를 달성할 방법은 여러 가지가 있으며, 이 장에서는 각자 다른 방식으로 이 일을 해낸 사람들을 만날 예정이다. 앞에서 소개한 토냐는 언론인으로서 다양한 목소리를 조명하며 이 일을 해냈다. 지금부터는 나와 함께 일하면서 사내 소통 방식을 개선했던 아디다스의 '혁신 탐험가' 롤런드 세이델Roland Seydel을 만나볼 것이다. 그러고 나서 호기심을 비롯해 흥미로운 주제들을 연구해온 동료 신경과학자 대니 배싯Dani Bassett의 이야기도 소개하겠다. 다양한 전문가의 의견 경청, 서로 다른 영역 간의 소통, 호기심을 갖는 태도가 합쳐질 때 우리는 관계를 맺고 그 안에서 가치를 찾는 방식을 잠재적으로 바꿀 수 있게 된다.

의사 결정에 영향을 미치는 네 가지 요인

내가 롤런드와 만났을 때, 그는 새로운 아이디어를 내면서 광활한 스포츠 분야에 변화의 바람을 불러일으킬 만한 제품을 디자인하는 팀들을 지원하는 업무를 맡고 있었다. 그는 기계공학, 물리학, 스포츠 교육을 공부했고, 모두가 더 쉽고 편안하며 즐겁게 스포츠를 즐기기를 바랐다. 당시 아디다스는 우수한 공학 기술에 주력하는 조직 문화를 갖고 있었고, 훌륭한 디자인과 뛰어난 기능을 갖춘 고품질 제품을 만들어냈다. 하지만 한계도 명확했다. 아디다스 제품들은 탁월한 기능과 소비자의 기대를 분명하게 연결하는 일관된 메시지가 부족해 보였다. 예를 들어, 아디다스의 엔지니어들이 노력 끝에 더 가벼운 미끄럼 방지용 밑창이 달린 새 축구화를 개발해서 더 빨리 달릴 수 있게 됐더라도, 평범한 10대 청소년이 가게에서 그 축구화를 본다면 이런 점이 잘 와닿지 않을 것 같았다. 과연 제품들이 실질적으로 가장 유용하게 사용할 소비자의 손에 들어가고 있는지 의문이 들었다.

당시 아디다스에서는 사원들이 자기 소속 외의 분야와 부서에서 어떤 일을 하는지 잘 몰랐고, 서로 의견을 표현하는 방식도 다 달랐다. 롤런드는 이 문제의 해결책을 찾다가 나를 컨설턴트로 영입한 것이었다.[8] 우리는 조직 전체가 가장 중요한 문제에 집중하고, 무엇보다 그것에 대해 서로 소통할 수 있도록 돕는 일종의 로제타석을 개발하려고 했다.

롤런드는 자신의 접근법을 설명하면서 '곤충의 눈'으로 문제를 살펴보고 싶다고 했다. 곤충의 겹눈은 수천 개의 아주 작고 독립적인 홑눈이 모여서 만들어진다. 그는 이런 식으로 모든 각도와 모든 관점을 통합하면 하나의 단순한 렌즈로 볼 때보다 더 복합적인 전체 상을 볼 수 있다고 믿었다. 그래서 그는 토나처럼 광범위한 관점을 모으는 데 힘썼다. 롤런드는 아디다스 사원 전원이 각자의 전문 분야에서 바라본 관점을 바탕으로 제품 디자인, 혁신, 마케팅에 관해 서로 소통하도록 돕기에 최적의 인물이었다.

서로 다른 아이디어와 전문성을 지닌 사람들을 연결하는 작업은 롤런드가 추구하는 긍정적 효과를 창출할 핵심 열쇠였다. 한 연구에 따르면, 다양한 전문성과 관점을 가진 사람들에게 직접 전화를 걸어 소통할 수 있는 능력은 문제를 더 창의적이고 생산적으로 해결하는 데 도움이 된다고 한다.[9] 이 작업을 제대로 해내기 위해 롤런드는 수많은 정보를 파악하는 동시에, 다른 사람들이 무엇을 아는지 파악하고, 사람들의 빈틈도 알아둬야 했다. 그는 아디다스에서 누가 무엇을 아는지, 누가 누구와 관계를 맺고 있는지를 보여주는 지도를 머릿속에 그려야 했다. 또한, 어떤 전문가들이 상호 보완적인 지식을 갖고 있는지, 이미 소통 중인 전문가들은 누구인지, 서로 대화를 시작하도록 소개가 필요한 사람들은 누구인지도 알아야 했다.

여러분은 롤런드의 물리학 지식이 이 작업들에 도움이 됐으리라고 예상했을지도 모르겠다. 사물 간의 관계를 파악하는 종류의 지능은 그래프들을 효과적으로 시각화하고, 사회 구조에 뚫린 빈틈을 찾아내며, 사람들을 연결할 유익한 기회를 발견하는 데도 적용할 수 있으니 말이다. 어쩌면 여러분 중에는 우리 주변 사람들 사이의 사회적 관계를 보여주는 지도를 머릿속에 그리고 해석하기 위해서 다른 기술이 필요하리라고 의심하는 사람이 있을 수도 있다.

이런 다양한 가능성을 구별하는 기술이 바로 뇌영상이다. 나는 스티브 톰슨Steve Tompson과 대니 배싯이 이끄는 펜실베이니아 대학교 연구팀에서 사회 연결망 구조를 학습하는 뇌 체계가 어디인지를 함께 연구했다. 연구팀은 대학생들을 실험실로 데려와서 아바타들을 차례로 보여주며 뇌를 스캔했다. 아바타는 사람들을 대변했고, 아바타가 나오는 순서는 사람들 사이의 관계를 대변했다. 피험자들은 아바타들을 차례로 보면서 그들이 이전에 본 적이 없었던 사회 연결망의 구조를 학습했다. 즉 그들이 알지 못하는 사람들의 관계를 학습한 것인데, 이는 롤런드가 아디다스에서 사원들의 인간관계를 학습한 방식의 단순화 버전이기도 했다. 학생들은 사물 간의 관계도 학습했다. 우리는 다양한 사물의 관계를 학습하고 기억하는 기본적인 기억 체계의 일부가 사람들 사이의 관계를 이해하는 데도 도움이 된다는 사실을 발견했다.

하지만 뇌가 관계를 추적하는 방식은 사람마다 다르다. 특히 누가 누구와 이어져 있는지, 즉 사회 연결망에서 어떤 사람들이 어울리는지를 학습할 때는 건축 자재나 암석층 같은 비사회적 대상들의 관계를 학습할 때와는 달리 사회 관련성 체계가 관여한다.[10] 인간 추론 능력과 사물 추론 능력은 상호 보완적이지만 분명히 다른 기술이다. 어떤 사람들은 비사회적 연결망 구조를 학습하는 능력은 뛰어나지만 사회 연결망에서 누가 누구와 관계가 있는지를 학습하는 능력은 형편없으며, 그 반대의 유형도 존재한다.[11] 만약 혁신을 위해 다양한 사람과 아이디어를 연결하는 능력을 계발하고자 한다면, 사물 간의 관계를 분석할 때와는 다른 뇌 체계를 사용해야 할 수도 있다.

이 작업을 위해, 즉시 눈앞에 떠오르는 사람 외에도 자신의 네트워크에 또 어떤 사람들이 있는지를 적극적으로 생각해보는 것은 좋은 출발점이 될 수 있다. 기업에서 사람들의 관계를 관찰해보면 역할이나 부서에 따라 예측이 가능한 형태로 긴밀한 집단이 형성되는 경향이 있다. 새 부서나 지위로 이동할 때, 이전 부서 동료들과 관계를 유지하려고 노력하면 사람들과의 연결고리를 탄탄히 구축할 수 있다.[12] 이와 마찬가지로, 아직 관계를 맺기 전의 사람들에게 적극적으로 정보를 전달해서 공동의 이해를 형성하는 사람은 리더로 인식되는 경향이 있다.[13]

한 연구 결과에 따르면, 조직 내 관계 지도를 만들고 이를 활용하는 교육 프로그램을 이수한 임원들은 더 빨리 승진하고 고과에서 더 높은 점수를 받는 경향이 있었다. 다만 이 결과는 그들이 교육에 적극적으로 참여했을 경우만 해당됐다.[14] 자신의 네트워크 안에서 누가 누구와 연결되어 있는지 찾아보거나 관계 지도를 만드는 데 적극적으로 시간을 투자하면, 아직 서로를 모르는 사람들을 찾아내서 그들을 연결하는 능력을 키울 수 있다. 설령 그들이 실제로 교류하지 않더라도, 다양한 출처에 나온 아이디어들을 연결하는 능력을 연습할 수는 있을 테다. 이런 기술은 기업 조직이나 온라인 커뮤니티, 연구 집단에서 활용된다. 창작 작업을 하는 예술가, 지역 문제에 대한 새로운 해결책을 찾는 공무원과 시민 단체, 새 프로그램을 고민 중인 학교 관리자에게도 마찬가지로 유용한 기술이다.[15]

동기와 행동 변화에 관한 심리학과 신경과학 문헌을 살펴보고 여러 시도를 거친 끝에 롤런드와 나는 라이즈 프레임워크$^{RISE\ framework}$라는 것을 고안했다. 라이즈 프레임워크는 사람들의 의사 결정에 영향을 미치는 네 가지 요인, 즉 합리성^{Rational}·정체성^{Identity}·사회성^{Social}·감정^{Emotional}을 강조하는 개념이다. 우리는 엔지니어들에게 제품을 설계할 때 축구화의 끝부분이 축구공과 접촉할 때의 물리학(RISE의 R)뿐만 아니라, 애초에 사람들이 왜 축구를 하고 싶어하는지를 이해하는 것이 중요하다고 설명했다. 사람들의 정체성, 사회적 욕구, 감정적 욕구 전부를 지지하는 제품을 어떻게 설계할 수 있을까? 반대로, 마케팅팀에는 세심하게 설계된 아디다스 제품이 실제로 어떤 면에서 더 뛰어난지를 이해해야 한다고 강조했다.

롤런드는 라이즈 프레임워크를 축구 혁신, 여성 러닝, 소비자 인사이트 등 다양한 부서에 공유하기 시작했다. 글로벌 소비자 인사이트 책임자인 필립 함바흐^Philip Hambach는 마켓 부문과 글로벌 부문의 책임자들이 화이트보드 앞에 모인 모습을 보고 무척 흥분했다고 한다. "우리가 서로 소통하기를 바랐던 사람들이 함께 앉아서 화이트보드를 보면서 토론하는 모습을 눈앞에서 목격했죠."[16] 필립은 그전까지 두 부문이 서로 다른 언어를 사용한다고 생각했지만, 이제는 상대의 관점을 배울 방법이 생겼고 소비자에 대해 더 총체적으로 생각할 수 있게 됐다. 그들은 통찰을 공유하며 깊은 대화를 나눴다. 필립과 롤런드의 지원에 힘입어 라이즈는 더 많은 부문으로 확산됐고, 2016년 아디다스 글로벌 마케팅 회의에서 주목을 받았다.

라이즈 프레임워크를 통해 우리는 사람들을 한데 모으고 서로의 관점에 대해 논의할 수 있는 공통의 언어를 제시했다. 하지만 롤런드 같은 중간자가 없다면 역량을 쏟을 곳을 어떻게 선택할 수 있을까? 뇌는 우리 주변의 수많은 사람을 어떻게 분류할까? 여러 이유로 계속 유지하고 싶은 수많은 인간관계 중 우리 뇌는 집중 대상의 우선순위를 어떻게 매길까? 그리고 이런 우선순위는 어떻게 정해지는 걸까?

뇌는 어떻게 우선순위를 결정하는가

토냐 모즐리는 경력을 가꿔나가는 내내 어떤 문제에 호기심을 품었다. 팟캐스트 〈진실을 말하다〉를 운영한 것은 수년간 텔레비전 뉴스 리포터로 일한 것에 대한 반작용이었다. 리포터는 오랫동안 동경한 일이었지만 고되고 스트레스도 상당했으며 무언가가 부족한 느낌이 들었다. 미디어 업계에서 큰 성공을 거둔 뒤, 토냐는 스탠퍼드 대학교에서 펠로우십을 받고 저널리즘에 내포된 암묵적 편향을 사회과학자들과 함께 연구했다. 바로 이때부터 토냐의 생각이 확고해졌다. "사실, 하나의 이야기가 계속 재생산되고 있어요." 그리고 토냐는 이렇게 덧붙였다. "우리는 이야기의 다른 부분을 놓치고 있죠."

미디어가 들려주는 이야기 그리고 우리가 자신에게 들려주는 이야기는 종종 특정한 문화 규범, 가치, 전제가 정한 대본을 따른다. 어떤 목소리가 주목받을지는 이야기에서 누구의 관점이 중요한지를 결정하는 규칙에 따라 달라진다. 명문화된 규칙이든, 불문율이든 간에 이 규칙은 대부분 이성애자이자 시스젠더(심리적 성별과 생물학적 성별이 일치하는 사람-옮긴이)인 백인 남성에 의해 만들어진다. 예를 들어, 뉴스에서 1980년대 디트로이트의 마약 위기를 다룰 때 경제학자를 불러서 마약과의 전쟁 비용이나 정부의 대응에 관해 논평할 수 있다. 그러나 이렇게 만들어진 뉴스는 그 과정에서 실제로 목숨을 잃은 사람이나 마약 문제가 지역 사회에 미치는 영향을 무시할 수 있다. 그리고 이런 이야기는 흑인 여성인 토냐의 관점을 온전히 반영하지 않으며, 다른 수많은 관점도 고려하지 않는다.

사람들 대부분은 저널리즘의 규칙에 얽매이지 않지만, 일상적인 의사 결정에서 그와 유사한 판단을 내리곤 한다. 앞서 살펴봤듯이, 사회 관련성과 가치 체계는 타인의 신념과 선호, 행동으로부터 큰 영향을 받는다. 베네딕트 컴버배치의 매력에 대한 내 판단도 부분적으로는 주변 사람들의 관점을 따라 형성됐다. 여기서 핵심은 이러한 논리가 타인에 대한 다양한 평가에까지 확장된다는 사실이다. 우리 뇌는 다른 사람들의 외적 매력뿐만 아니라, 그들이 신뢰할 만한지, 친절한지, 훌륭한 리더인지 등 다양한 형태의 사회적 지위를 추적한다. 한 연구 결과에 따르면, 우리는 자신의 네트워크에 속한 사람에게서 가치를 인정받은 이의 관점에 더 민감하게 반응하는 경향이 있다.[17] 요컨대 우리는 모든 사람을 똑같이 주목하지 않는다. 그 대신 자신의 네트워크에 속한 특정 사람들의 생각과 감정을 우선으로 이해하려 한다.

자신의 학창 시절을 떠올려보자. 같은 학년의 모든 학생이나 누가 누구와 친구였는지까지는 정확히 기억할 수 없더라도, 특히 친절했던 아이나 모두가 좋아했던 아이 정도는 지금도 기억할 수 있을 테다. 지금 회사에서 함께 일하는 사람들도 마찬가지이다. 아마도 여러분은 직위가 높은 사람의 견해에 더 민감하게 반응할 것이다. 대개 우리는 자신의 사회 연결망을 매일 의식적으로 추적하진 않지만, 주변 사람들이 서로, 그리고 우리와 어떤 관계를 맺고 있는지에 관한 정보 중 일부는 무의식적으로 뇌에 저장한다. 게다가 소셜 미디어의 알고리즘은 우리를 어떤 사람과 연결하고 또 다른 사람과는 단절시키며, 어떤 메시지는 강조하고 어떤 메시지는 무시한다. 그렇기에 뇌의 이런 성향을 이해하는 일은 더욱 중요하다. 우리에게 노출된 정보가 편향됐을 가능성을 더 잘 알아차릴 수 있기 때문이다.

우리 뇌가 모든 사회관계를 공평하게 다루지 않는다는 사실은 중요한 의미를 지닌다. 예를 들어, 브래드^{Brad}라는 인물이 회사에서 새롭게

꾸리는 팀에 데이터 분석가가 필요하다고 하자. 그는 회사 웹사이트를 스크롤하면서 누가 이 일에 적합할지를 고민한다. 자신의 팀과 다른 팀의 데이터 분석가들의 얼굴을 훑어보면서 그들이 최근에 했던 업무와 결과를 떠올린다. 그러다가 제이크^{Jake}의 사진을 보고는 고개를 끄덕인다. "그래, 제이크가 딱이야." 브래드는 어떻게 확신할 수 있을까? 그가 의식적으로 모든 요인을 고려해서 결정한 것은 아닐 수도 있지만, 브래드의 뇌는 그가 훑어보는 사람들에 관한 수많은 정보를 무의식적으로 계속 추적했다. 누가 성실하고, 누가 같이 일하기 어려우며, 누가 똑똑하고 협업을 잘한다는 평판을 가졌는가? 자신의 사회 연결망에서 누구와 가장 가까운가? 나중에 제품을 홍보하는 데 도움이 될 만한 인맥을 가진 사람은 누구인가?

우리 뇌는 누가 누구를 아는지 추적하면서 그 관계의 성격에 관한 정보도 자동으로 추적한다.[18] 누가 얼마나 인기 있고 타인과 좋은 관계를 맺는지[19] 또는 누가 다른 사람들에게 사회적 지지와 공감을 표현하는 데 가장 뛰어난지[20]를 파악하는 것이다. 스탠퍼드 대학교의 심리학자 실비아 모렐리 비투섹$^{Sylvia\ Morelli\ Vitousek}$(지금은 인스타그램에 근무한다)과 자밀 자키$^{Jamil\ Zaki}$의 연구 결과를 보면, 사람들이 자신의 사회 연결망에서 공감과 지지를 잘 표현하는 동료의 얼굴을 봤을 때 그들의 가치 체계와 사회 관련성 체계의 활성도가 높아졌다.[21] 이와 마찬가지로, 많은 사람이 제이크를 유능하고 협조적인 사람으로 생각한다는 사실은 브래드가 웹사이트에서 제이크의 사진을 봤을 때의 반응에 영향을 미친다. 다른 사람들의 의견은 우리의 사회 관련성 체계와 가치 산출 체계에 영향을 미치며, 우리는 그중에서도 특정인의 관점을 이해하기 위해 더 큰 노력을 기울인다.

연구 결과에 따르면, 우리는 자신과 비슷한 사람들의 생각과 감정을 더 중요하게 고려하는 경향이 있다. 그러면서 자신과 다른 관점을 가진 사람들의 의견도 가치 있을 수 있다는 점을 종종 간과한다.[22] 이러한 경향이 불공평하게 느껴질 수도 있지만, 뇌가 사람들의 평판을 사회 관련성 체계와 가치 산출 체계에 반영하는 데는 이유가 있다. 예를 들어보자. 실비아는 심리학자 동료들 사이에서 '공감의 허브' 역할을 한다. 좋은 일을 함께 기뻐해줄 친구가 필요할 때나, 안 좋은 일을 위로받고 싶을 때 떠오르는 사람이 바로 실비아다. 나는 실비아가 다른 사람들과 어울리는 모습을 지켜보며(실비아는 어쩜 저렇게 딱 맞는 말만 할까 감탄하면서!) 그녀가 얼마나 진정성 있는 사람인지 감탄하곤 한다. 이는 실비아의 연구 결과와도 일치하는데, 만약 여러분이 실비아처럼 행동하면 다른 사람들의 뇌가 이를 알아차릴 것이다.

이런 신호들은 때로 유용한 정보를 담고 있다. 공감 능력이 뛰어나다고 두루 인정받는 사람은 친구로 지내기에 좋은 사람이라는 식의 정보 말이다. 이와 동시에, 공감과 지지를 얻고 싶거나 좋아하는 사람을 물었을 때 어떤 사람이 떠오르지 않는 데는 여러 이유가 있다. 이는 그 사람이 실제로 좋은 친구나 팀원이 될 수 있는지와는 아무 관계가 없을 수도 있다. 브래드 역시 홈페이지를 스크롤하면서 자신이 모르거나 친분이 얕은 사람들을 그냥 지나쳐버릴 수 있지만, 그들도 제이크와 똑같이 유능할 수 있다. 따라서 실력은 있지만 연차가 낮은 데이터 분석가들은 브래드의 다음 프로젝트에서 자신을 증명할 기회를 얻지 못한다. 이 경우에 브래드 역시 새로운 사람을 알게 될 기회, 그리고 자신의 팀에 새로운 관점을 제시할 사람을 만날 기회를 놓치게 된다.

우리에게 자신의 네트워크에서 지위가 높거나 비슷한 사람의 관점에 더 집중하는 경향이 있다면 우리는 무엇을 놓치고 있는 걸까? 어쩌면 머릿속에 쉽게 떠오르지 않는 사람들의 관점은 우리의 사고를 자극하고 새로운 기회를 제시하며 미지의 가능성을 밝혀줄지도 모른다.[23] 요컨대 사회 관련성 체계는 자신과 가장 관련성이 큰 사람을 판단하고 주목하는 기능을 하지만, 기존의 편향을 고착화할 위험성도 지닌다. 바로 이 점이 토냐가 적극적으로 대항하려고 했던 부분이다. 노스캐롤라이나 대학교의 신경과학자들이 50편 이상의 논문을 메타분석한 결과, 자신과 다른 외집단out-group으로 여기는 사람보다 자신과 비슷한 내집단in-group으로 여기는 사람을 생각할 때 사회 관련성 체계가 더 활발히 작동한다는 사실을 발견했다.[24] 이는 상대방의 젠더, 인종, 계급 등에 관한 즉각적인 판단이 기술자로서의 능력, 법정에서 전문가 증인으로서의 자격, 전반적인 능력, 총체적인 팀 성과 등 여러 분야에서 전문성을 판단하는 데 영향을 미친다는 또 다른 연구 결과와도 통한다.[25] 하지만 소수집단의 아이디어가 오히려 더 참신하고[26] 더 생산적인[27] 경향이 있다고 주장하는 연구 결과도 있다. 그럼 다른 사람들의 관점으로부터 얻을 수 있는 가르침에 대해 더 폭넓게 상상한다면 우리는 무엇을 배울 수 있을까?

바로 이것이 토냐의 질문이었다. 나는 코로나19 팬데믹 동안 〈진실을 말하다〉를 듣다가 토냐의 작업들을 알게 됐다. 극도로 혼란스러운 세상에서 사람들이 고통에 빠져있을 때, 어떻게 하면 즐거움과 기쁨을 지킬 수 있을지를 이야기하는 토냐의 탐구심에 처음 매력을 느꼈다. 그리고 토냐가 뉴스와 팟캐스트에서 크고 작은 문제, 개인적이며 정치적인 문제에 대해 새롭고 유용한 사고방식을 제시한다는 사실을 발견했다.

토냐는 '전문가'에 대한 통념에 의문을 제기한다. 자신의 주관을 명확히 드러내지 않은 채 의견을 제시하는 뉴스 평론가 같은 사람들 말이다. 그 대신 토냐는 자신이 보기에 현명한 사람들을 방송에 초대한다. 이들은 해박한 지식과 생생한 경험 모두를 지닌 사람들이다. 토냐는 자신의 방송에서 이들의 살아있는 경험을 선명하게 강조하면서 다른 전문지식과 함께 소개한다. 토냐는 이런 방식으로 사회에 의미 있는 지식과 경험이 무엇인지에 관한 청취자들의 견해를 확장한다. 다른 프로그램에서 들어본 적 없는 관점을 전면에 내세우는 토냐의 팟캐스트는 내가 새로운 방식으로 생각하게끔 도왔다.

〈진실을 말하다〉의 첫 번째 에피소드에서 토냐는 자신의 할머니인 에르네스틴 모슬리 Ernestine Mosley를 인터뷰했는데, 할머니가 인종차별, 제한된 자원과 기회에 맞서 싸우는 동안 느꼈던 즐거움과 기쁨에 관해 생생한 경험담을 들려줬다. 성과 쾌락, 사회정의 추구 사이의 연관성을 다룬 책 《쾌락 활동주의 Pleasure Activism》의 저자 에이드리엔 머리 브라운 Adrienne Maree Brown에 대한 인터뷰도 첫 번째 에피소드에 함께 들어갔다.[28] 토냐는 두 인터뷰를 편집한 뒤 자신의 논평을 덧붙이며 두 사람의 관점을 연결했다. 보통 사람들은 할머니와의 대화를 성에 관한 대화와 연관 지을 생각을 쉽게 떠올리지 못하지만 토냐는 달랐다. 이 에피소드는 내 삶과 연구에서 기쁨과 긍정적 감정을 새로운 방식으로 사고하게 만들었다. 암 예방, 인종차별, 기후 재난 등 우리 연구실에서 다루는 주제 대부분은 감정적으로 무거운 편이다. 그러나 이 에피소드를 듣고 난 뒤 연구를 해나가면서 배려와 기쁨을 더 명확하게 실천하는 새로운 방식을 고려하게 됐다. 토냐는 자신의 할머니와 작가 에이드리엔 머리 브라운이 삶에서 기쁨과 쾌락을 창조하고 이를 활용해서 회복탄력성을 북돋는 상호 보완적인 전문가들이라는 사실을 잘 알고 있었다. 그래서 그는 둘의 아이디어를 결합하고 그 연관성을 청취자가 알 수 있도록 강조했다.

토냐의 작업은 유색인종 그리고 주류 뉴스 보도에서 제대로 인정받지 못하는 전문가들의 관점을 부각한다. 그의 접근법은 다양한 사람을 연결해서 각기 다른 형태의 전문성을 확인하고 이를 한자리에 모아서 새로운 아이디어를 촉진한다. 이는 앞서 살펴봤던 혁신을 장려하는 강력하고 명확하게 입증된 전략의 또 다른 예이다.[29] 사람들은 다른 사회 집단[30]과 관계를 맺거나, 다양한 지식과 전문성을 가진 이들과 교류할 때 더 창의적인 아이디어와 문제 해결책을 생각해낸다.[31] 우리는 호기심의 범위를 확장해서 이익을 얻고, 사회는 문제 해결을 위해 더 많은 목소리를 수용하면서 이익을 얻는다. 하지만 우리 중 대다수가 자신과 다른 사람들의 사회 관련성을 제대로 보지 못하거나,

너무 바쁜 나머지 다양한 관점에 주의를 기울이지 않아서 이런 관계를 맺을 기회를 놓친다.

서로 배경과 경력이 상당히 다르지만 토냐와 롤런드는 다양한 출처에서 나오는 전문성과 통찰을 존중할 줄 아는 이들이다. 그리고 이들은 사회적 제약 때문에 종종 특정 관점이 더 많이 주목받는다는 사실을 인식하고 있다. 이런 문제를 마주했을 때, 펜실베이니아 대학교의 대니 배싯(사람들이 어떻게 사회 연결망을 학습하는지 알아보는 연구를 이끌었던 동료다)과 대니의 쌍둥이 페리 주른$^{Perry\ Zurn}$은 다음과 같이 권고한다. 문제를 해결할 때 우리가 누구의 아이디어에 주목해서 사고를 전개하는지 적극적으로 점검해보라고 말이다.[32] 이 연구팀은 각 논문이 여성과 남성, 유색인종과 백인 저자 중 누구에 의해 얼마나 작성됐는지를 추정할 수 있는 도구를 만들었다.[33]

우리도 이런 작업을 해볼 수 있다. 자신이 가장 자주 접하는 아이디어의 출처에 관한 객관적 데이터를 수집해보는 것이다. 최근에 읽은 책 열 권의 저자 혹은 지난 몇 달간 들었던 팟캐스트 진행자 목록을 보면 어떤 패턴이 있는가? 지난 6개월간 회사에서 가장 많이 대화한 사람들의 목록을 적어보면 어떤가?[34] 자신의 뇌에서 가장 높은 우선순위를 차지하는 아이디어는 누구의 것인가? 일상 속 문제와 세상을 이해하기 위해 적절한 아이디어나 전문성을 갖춘 사람에 대한 전제를 확장한다면, 사람들과 아이디어를 연결할 새로운 기회를 발견할 수 있을까? 여러분이 어떤 환경에서 더 큰 권력을 가질수록 이런 질문을 던지고 점검하는 일은 더 중요해진다.

리더의 뇌는 다르다

현재 토냐는 자신의 제작사 티엠아이 프로덕션즈를 운영하고 있으며, 방송에서 무슨 이야기를 어떻게 다룰지를 훨씬 넘어서는 결정권을 갖고 있다. 이제 토냐는 누군가의 상사이다. 그는 자신이 관리하는 팀의 권력 구조를 인식하고, 다른 사람들의 관점을 존중하기 위해 의식적으로 노력해야 한다.

예를 들어, 토냐의 팟캐스트 〈진실을 말하다〉 제작팀은 의사소통이 활발한 편이지만 상사로서의 토냐는 팀원들에게 언제 메시지를 보낼지를 신경 쓴다. 그는 사람들이 서둘러 답을 보내야 한다는 압박을 느낀다는 점을 잘 알고 있다. 토냐는 이렇게 말했다. "이건 내게 중요한 문제예요. 나는 밤낮으로 온종일 메시지를 보내고, 밤낮으로 온종일 메시지에 답하는 데 익숙하거든요. 상사에게서 연락이 오면 나는 곧바로 답을 보내겠죠. 만약 가족과 저녁 식사 중이라고 해도 아랑곳하지 않고 재빨리 줄줄 써서 답을 보낼 거예요." 하지만 토냐는 온종일 일해야 한다고 느끼지 않는 문화를 구축해서 자신과 사랑하는 사람들을 돌볼 힘을 얻을 수 있기를 바란다. 〈진실을 말하다〉에서 토냐와 게스트들이 논의하는 회복력과 웰빙에 대한 아이디어는 이런 식으로 토냐와 팀원들의 삶에서 실천되고 있다. 토냐는 방송과 현실 양쪽에서 회복력과 웰빙에 대한 질문들을 풀어가며 도미노 효과가 일어나, 이 문화가 팟캐스트 팀을 넘어 더 널리 확산하기를 바라고 있다.

하지만 역설적으로 사람들은 더 큰 권력과 높은 지위를 가질수록 타인의 관점에 주의를 기울이지 않는다.[35] 타인과 관계를 맺을 기회가 실제로 더 늘어났는데도 말이다.[36] 새로운 관계를 맺을 기회가 생긴다고 해서, 모두가 관계를 위해 노력하진 않는다.[37] 그런 면에서 젊은 기자들이나 공영 라디오에서 자기 조직 밖의 사람들과 관계를 맺으려 노력하는 토냐는 예외적인 존재이다. 토냐는 그들의 목표를 이해하려 노력하며, 그들에게 조언을 건네거나 무엇이 중요한지를 전할 때 사려 깊게 생각한다. 그들의 목표와 가치에 관해 대화하고, 상사가 원하는 것에만 초점을 맞추지 말고 업무 속도를 조금 늦추더라도 자신이 업무에서 좋아하고 싫어하는 부분이 무엇인지 찾아내서 직업상 결정을 내릴 때 이 부분을 존중하라고 한다.

비즈니스적 관점에서 볼 때 타인의 관점을 적극적으로 이해하려는 성향과 그것을 정확하게 이해하는 능력은 리더십의 핵심이다.[38] 상대방 혹은 상대 집단의 관점을 이해하면 협상을 더 유리하게 이끌 수 있고[39] 상대의 관점을 이해하려 할 때 양측 모두가 가치를 창출하는 윈-윈 해결책을 찾을 수 있다.[40] 하지만 토냐처럼 타인의 다양한 관점을 알려고 하는 리더는 좀처럼 보기 힘들다. 대부분의 보좌진도 상사의 관점을 수용하려고 하며, 그 반대는 드물다. 왜 그럴까?

UCLA의 킬리 머스커텔^{Keely Muscatell}과 나오미 아이젠버거가 이끈 연구에서 우리는 각기 다른 권력과 지위를 가진 사람들이 타인의 이야기를 들을 때 뇌를 어떻게 사용하는지를 관찰했다. 우리는 피험자들에게 다른 대학생들의 사진을 보여주면서 뇌를 스캔했는데, 특정 순간에 그 학생들의 경험, 생각, 감정에 관한 이야기도 이때 함께 들려줬다. 새 학기가 시작됐을 때나 친구들과 시간을 보낼 때 어떤 감정을 느꼈는가 하는 이야기들이었다. 덧붙여서, 피험자들이 캠퍼스 내의 다른 학생들과 비교해서 자신의 사회경제적 지위를 어떻게 평가하는지도 측정했다. 얼마나 많은 돈, 권력, 명성을 갖고 있는가 하는 평가였다. 이 연구에서 자신의 지위를 낮게 평가한 학생들은 타인의 생각과 감정을 이해하는 데 관여하는 사회 관련성 뇌 영역이 더 크게 활성화했다.[41]

두 번째 연구에서도 비슷한 결과가 나왔다. 이번에는 피험자들에게 다양한 감정을 표현하는 또래들의 얼굴을 보여줬는데, 사회경제적 지위가 높은 사람들은 부정적 감정을 표현하는 얼굴을 봤을 때 사회 관련성 체계와 감정 처리 영역이 덜 활성화됐다.[42] 이는 사회경제적 지위가 높은 사람들은 따로 노력하지 않으면 자연스럽게 타인의 관점을 덜 고려하는 경향이 있다는 사실을 보여준다. 이를 회사에 적용해보면, 자원과 권력을 갖춘 리더 위치에 있는 사람들은 팀을 위해 개인적으로나 사회적으로 중요하고 가치 있는 것이 무엇인지 인지하는 감각이 떨어지는 경향이 있다고 할 수 있다. 리더에게 핵심적인 자질인데도 말이다.[43]

하지만 다행스럽게도 타인의 관점을 헤아리는 능력은 누구나 계발할 수 있으며, 사람들이 타인의 관점을 고려하도록 유도될 때 뇌의 사회 관련성 체계가 작동한다.[44] 컬럼비아 대학교의 애덤 갈린스키Adam Galinsky가 이끌고 뉴욕 대학교, 흐로닝언 대학교, 리하이 대학교, 아이오와 대학교의 동료들이 함께한 연구에서 피험자들은 두 명씩 짝을 지어서 살인 미스터리를 해결하는 과제를 수행했다.[45] 파트너 각자에게 다른 정보를 주고 서로 정보를 합쳐야만 정확한 용의자를 알 수 있게 했다. 하지만 이 실험에는 특별한 장치가 하나 있었다. 각 파트너에게 무작위로 권력을 부여해 둘 중 한 명은 '상사' 역할을, 다른 한 명은 '직원' 역할을 맡게 한 것이다. 또한 상사 그룹의 절반과 직원 그룹의 절반은 과제를 해결하는 동안 파트너의 관점을 이해하도록 노력하라는 특별한 지시를 받았다. 상사와 직원 역할은 무작위로 정해졌으므로, 실험 중 피험자들이 가진 권력의 크기와 파트너의 관점을 이해하려는 동기는 그들의 선천적인 능력이나 성향과는 관계가 없었다.

애덤의 연구팀은 더 많은 권력을 가지도록 배정된 사람(상사 역할) 중에서 상대방의 관점을 이해하도록 노력하라는 지시를 받은 사람들이 파트너와 정보를 더 많이 공유했고, 상대만 알던 특별 단서를 더 많이 획득했으며, 용의자를 정확하게 특정할 확률이 더 높다는 사실을 발견했다.[46] 반면 상대방의 관점을 이해하려고 하라는 지시를 받지 못한 상사가 있는 팀에서는 직원이 상사의 관점을 수용하려고 아무리 노력해도 용의자를 정확히 식별할 확률이 떨어졌다. 이러한 연구 결과는 권력과 조망 수용 perspective taking 을 결합했을 때의 이점을 보여준다. 우리는 좀 더 의도적으로 타인의 관점을 이해하기 위해 노력할 수 있으며, 이를 통해 팀의 성과와 협동을 개선할 수도 있다. 이는 특히 권력을 가진 위치에 있는 사람들이 고려해야 할 중요한 점이다.

하지만 타인의 관점을 정확하게 이해하는 일이 생각만큼 쉽지 않다는 사실도 염두에 두어야 한다. 우리 어머니는 아버지가 수줍음을 탄다는 사실을 25년을 함께 산 뒤에야 아셨다. 어떻게 그 오랜 세월 동안 이 사실을 몰랐는지 내가 황당해하자 어머니는 이렇게 말씀하셨다. "나는 수줍음을 타지 않으니까 지금까지 그게 뭔지도 몰랐어." 우리 중 누구도 타인의 마음을 100퍼센트 정확하게 읽는 마법 같은 능력을 타고나지 못했으므로, 인간은 타인이 무슨 생각을 할지 추측하거나 최악의 경우 이미 알고 있다고 단정하면서 대부분의 시간을 보낸다고 할 수 있다. 이는 인간이 타고난 성향이다. 우리 뇌는 사회 관련성 체계를 활용해서 다른 사람의 마음을 시뮬레이션하곤 한다. 가끔은 타인의 마음을 제대로 읽어내기도 하지만 꽤 자주 오독하고[47] 상대방에게 무엇이 중요한지, 그래서 그 사람이 어떤 행동을 할지 이해하기를 포기할 때도 있다.[48]

타인이 무슨 생각을 하는지 상상할 때(조망 수용), 우리는 그 사람의 머릿속에서 무슨 일이 일어나는지 안다고 확신하곤 한다. 하지만 그러한 추측은 틀릴 때도 많으므로 더 정확히 알아내기 위해서는 적극적으로 행동하는 것이 중요하다.[49] 다음과 같은 질문들을 던지면서 말이다. '지금 기분이 어떤가요?' '무엇을 선호하죠?' '왜 그렇게 결정했나요?' 자신과 다른 관점과 정체성을 가진 사람들이 쓴 글을 읽거나 팟캐스트를 듣는 방법도 있다. 이런 노력은 우리의 세계관이 서로 조화를 이룰 수 있도록 소통의 문을 열어준다. 다른 사람들의 생각과 감정을 짐작만 하며 살아가기보다는, 그들을 정확하게 이해할 수 있도록 타인의 관점을 적극적으로 알아내려고 해야 한다. 다른 사람들의

관점을 경청하면 그들이 존중받는다는 느낌을 줄 수 있고 우리와의 관계도 더 좋아질 수 있다.[50]

타인의 관점을 이해하라

다른 사람의 관점을 이해하려는 노력은 유능한 리더가 되기 위해 꼭 필요한 일이며, 여러분이 이미 권력을 가진 위치라면 더더욱 중요하다. 롤런드와 토냐가 보여줬듯이, 이런 일은 문제 해결에 중요한 새로운 관점을 가져올 수도 있다. 혹시 외향적인 사람이나 이런 일을 할 수 있다고 생각하는 사람이 있을지도 모르겠다. 하지만 내 동료인 대니 배싯은 그 생각이 틀렸음을 보여주며, 연구 결과 또한 그를 뒷받침한다.[51] 우리가 내면에서 키워야 할 더 본질적인 특성은 외향성이 아니라 호기심이다.

대니는 어렸을 때 홈스쿨링을 하면서 아침마다 책 속에서 아이디어를 탐험했고 나무와 자연에 대한 친밀감을 키웠다. 현재 대니는 물리학을 전공한 혁신적인 학자이며, 일명 '천재 상Genius Grant'으로 불리는 맥아더 펠로십MacArthur Fellowship을 받기까지 했다. 대니는 호기심과 연결을 연구할 뿐만 아니라 연구하며 배운 내용을 실천하며 살아간다. 조용하고 신중하게 발언하며, 그룹 대화나 팀 회의에서 끼어들기보다 듣는 편인 대니는 언뜻 사회적 허브 역할을 할 것처럼은 보이지 않는다. 하지만 광범위한 주제의 대화가 오갈 때 대니는 누가 그 주제에 흥미가 있는지, 혹은 누가 관련 주제를 연구하는지를 이미 꿰고 있다. 나무뿌리들이 서로 얽혀서 네트워크를 이루듯 대니는 전 세계의 수많은 학자와 연결돼 있으며, 사람들을 의외의 방식으로 이어주는 일을 중요하게 여긴다.

대니는 자신의 연구실에서 평소라면 서로 대화하지 않을 사람들을 이어주곤 한다. 예술가와 과학자가 함께 네트워크를 시각화하여 예술과 과학 모두를 발전시키는 훈련 프로그램도 운영하며, 다양한 연구 분야의 사람들과 교류하고 관련 자료를 읽어나간다. 롤런드와 토냐처럼 대니는 지식인과 지식, 지식을 이해하는 방식 사이의 관계를 폭넓게 상상한다. 재료물리학부터 신경과학, 사회학까지 아우르는 대니의 연구 프로그램은 가히 획기적이다.[52]

대니와 페리 쌍둥이가 함께 쓴 책 《호기심 Curious Minds》은 호기심의 경험을 함께 나누자며 독자들을 불러들이고, 서로 다른 생각과 사람들이 어떻게 연결될 수 있을지에 대한 상상력을 확장하자고 제안한다.[53] 이들은 자기 자신과 타인이 품은 다양한 호기심을 인식하고 잘 키워나가라고 격려한다. 여기에는 다양한 방법이 있는데 어떤 사람은 한 분야를 깊이 파고들어 모든 것을 익히고 싶어 한다. 그리고 또 다른 사람은 여러 주제를 넘나들면서 폭넓은 분야를 섭렵하고 싶어 한다. 혹은 완전히 다른 방식으로 호기심을 키우는 사람도 있을 수 있다. 대니와 페리는 호기심을 네트워크 위 점들을 연결하는 "경계 작업edgework"이라고 설명하는데, 이는 서로 다른 지식인들이 가진 조각을 연결하고 의미를 만들어내며 "함께 세계의 지형을 다시 그리는" 일이

6장 무엇이 선택에 영향을 미치는가

기도 하다.

이런 관점과 같은 선상에 있는 언론인 토냐 모슬리는 사람들의 생생한 경험에서 나오는 전문성을 전면에 내세우며, 이를 보편적으로 인정받는 기존의 전문성, 광범위한 역사적·정치적 맥락과 연결하여 대화를 이끌어간다. 그 결과, 청취자들은 자기 자신에 대한 이해 그리고 평소 관심을 가졌던 문제에 새로운 방식으로 접근할 수 있게 된다.

롤런드 역시 폭넓은 전문성을 우선시하는데, 그 구체적 방법은 좀 다르다. 롤런드는 물리학자와 재료과학자의 글을 읽으며 심리학자와 신경과학자, 건축가, 곤충학자의 작업도 섭렵한다. 또한 여러 분야의 전문가들과 관계를 맺으면서 수많은 질문을 던지는데, 이때 상황이나 사람들에 대해 자신이 이미 알고 있다고 가정하지 않으려 한다.

이와 마찬가지로, 우리는 그동안 간과했던 전문성을 가진 사람들에게 의식적으로 호기심을 품으려 시도해볼 수 있다. 또한, 어떤 결정을 내릴 때 누구의 의견이 가장 큰 영향을 미치는지를 검토해볼 수도 있다. 사람들과 아이디어를 연결할 가능성이 깃든 지점을 찾아내는 연습을 해보고, 원한다면 다양한 호기심을 시험해볼 수 있다. 평소에 만나는 사람들과 신변잡기를 넘어서는 대화를 의식적으로 시도해보는 방법도 있다. 이에 더해 다양한 장르의 책을 읽고, 폭넓은 관점을 가진 사람들이 진행하는 팟캐스트를 들으며, 풍부한 감정과 경험을 떠올리게 하는 영화를 보고, 같은 언어를 사용하는 사람으로만 대화상대를 제한하지 않으면, 호기심을 따라 더 깊은 땅속으로, 그리고 더 높은 하늘로 나아갈 수 있을 것이다. 대화 상대가 살아가는 시대와 장소에 얽매이지 않고 말이다.

  아이디어를 연결하는 일은 올바른 사고방식만 있다면 어디서나 가능하며, 타인과의 연결은 삶에 의미와 만족을 안겨주는 가장 심오한 원천 중 하나이다. 다음으로 우리는 소통과 영향력에 관한 최신 신경과학 연구를 통해 이러한 연결의 작동방식을 더 자세히 알아볼 것이다. 우리가 타인과 연결될 때 가치 체계와 사회 관련성 체계가 직간접적으로 어떤 영향을 미치는지 살펴보고, 그 연결이 우리 자신과 주변 환경을 바꿀 힘을 획득하는 과정도 확인한다.

7장

소통하며
연결하는 뇌

뇌의
동기화와
타인과의 연결

드디어 내게도 뉴잉글랜드식 눈썹 치켜올리기를 돌려줄 기회가 찾아왔다. 브렛이 우리의 결혼식에서 서로에게 반지를 던지자고 제안한 것이다. "진짜 멋질 거야! 우리 둘이 반지를 동시에 잡을 수도 있잖아!"

영 근거가 없는 제안은 아니었다. 가끔 브렛은 내가 현관문을 나설 때 차 키를 던져주거나 간식이 먹고 싶다고 하면 부엌에서 오렌지를 던져주곤 했다. 날아오는 물체를 잡으려면, 브렛이 그 물체를 던질 계획이라는 사실을 알고 그의 움직임을 예측해서 내 손을 적절한 위치에 내밀어야 한다. 브렛은 내가 차 키나 오렌지를 무사히 받으면 우리 둘이 서로의 생각과 욕구를 예측하고 거기에 반응하면서 연결됐다는 느낌을 받는다고 한다. 하지만 그렇다고 해서 결혼반지를 던진다고?! 아무래도 결혼식 전까지 그 신통한 기술을 제대로 익힐 수 있을 것 같지 않았다. 게다가 실수라도 하면 결혼 생활의 시작이 불길하게 느껴지지 않을까?

당시 나는 신체적 동기화의 신호에 대한 브렛의 애착이 그저 재밌

7장 소통하며 연결하는 뇌

다고만 생각했고, 결혼반지를 던지지 않겠다는 것 말고는 별다른 생각을 하지 않았다. 당연히 신경과학적 측면에서 이 현상을 숙고해본 적도 없었다. 그러나 몇 년 사이에 이와 관련된 연구가 훌쩍 증가했다. 최신 연구 결과들에 따르면, 반지를 던지며 결혼을 시작하자고 했던 브렛의 제안은 꽤 괜찮았던 것 같다. 사람들은 뇌와 몸이 더 동기화될수록 서로를 더 잘 이해하는 경향이 있기 때문이다.

이런 경험을 하는 건 인간뿐만 아니라 동물도 마찬가지다. 캘리포니아 대학교 버클리 캠퍼스의 신경과학자 마이클 야르체브Michael Yartsev가 관리하고 있는 '박쥐 동굴'은 약 300마리의 박쥐가 모여있는 보금자리이다. 이들은 고등학교 댄스파티에 모인 10대들처럼 무리를 지어 함께 매달려 지낸다.[1] 야생 박쥐는 매우 사회적인 동물로, 복잡한 음성 소통을 사용하고 함께 보금자리를 만들며 대규모로 모여서 한데 잠든다. 박쥐도 인간처럼 먹이와 공간, 짝을 두고 옥신각신하지만, 사회적 관계를 오랫동안 유지하는 편이다. 실험실에서 복도 끝에 있는 플라이트 룸에 박쥐 한 쌍을 풀어놓았더니 이 둘은 함께 지내는 경우가 많았고 비슷한 시간에 활동하고 쉬는 경향을 보였다. 게다가 야르체브 연구팀이 박쥐 여러 쌍의 뇌 활성도, 발성, 비행 패턴, 행동을 추적한 결과, 박쥐들이 사회화될수록 뇌 활성화 패턴도 놀라울 정도로 동기화한다는 사실을 발견했다.[2] 박쥐들의 상호작용이 늘어날수록 이들의 뇌도 더 동기화했고, 그럴수록 박쥐들은 더 사회화됐다. 반대로 박쥐 한 쌍을 각기 다른 방에 풀어놓으면 이들의 뇌 활성도는 동기화하지 않았다. 연구팀이 관찰한 뇌 동기화는 그저 비슷한 일정에 따라 활동하거나 잠드는 것이 아니라 사회적 상호작용의 결과였다.

아마 여러분은 사람도 박쥐처럼 무작위로 누군가와 일정 시간 동안 짝을 이루게 되면 자연스럽게 동기화되는 사람도 있고, 차라리 혼자 플라이트 룸에 남겨지고 싶은 사람도 있으리라고 직관적으로 생각할 것이다. 플라이트 룸에 함께 있던 박쥐 한 쌍처럼, 사람의 뇌도 사회적 상호작용을 하는 동안 서로 동기화된다는 사실이 실제로 밝혀졌다. 최신 신경과학 연구에 따르면, 이러한 뇌의 동기화 현상은 성공적인 소통을 위한 출발점이 될 수 있다고 한다.

누군가가 새 아이디어를 설명해줬는데 마음에 쏙 들었던 순간을 떠올려보자. 혹은 친구가 여러분을 진심으로 이해해준 순간도 좋다. 서로의 다음 행동을 척척 예측하고 매끄럽게 협업을 이루는 팀에서 일했거나, 마치 한 몸처럼 움직이는 파트너와 춤을 췄던 경험이 있을지도 모르겠다. 친구나 가족, 연인과 함께 있을 때, 상대방이 하려던 말을 내가 끝맺거나 내가 막 하려던 말을 상대방이 먼저 했던 경우는 없는가? 이럴 때 우리는 이렇게 생각한다. "우리 뇌가 똑같이 작동하는 것 같네." 실제로 이 생각이 사실인 경우가 있다! '잘 맞는다'는 개념은 단순한 은유에 머무르지 않으며, 신체적 움직임의 조화를 넘어서는 의미를 지닌다. 공감대가 형성된 상황에서는 종종 두 사람(혹은 그 이상)의 뇌가 실제로 같은 일을 하거나, 서로의 감정 기복을 따라 움직이고, 적어도 한 사람의 뇌 신호로 다른 사람의 뇌 신호를 예측할 수 있을 정도로 조화를 이룬다.[3] 플라이트 룸에서 함께 매달려 지내는 박쥐들처럼, 인간의 뇌 사이의 동기화는 타인으로부터 무언가를 배울 때 기반이 된다. 더 넓게 보면, (동기화를 포함하는) 뇌와 뇌 사이의 조화는 사회적 소통과 상호작용에서 중요한 토대로 기능하는 듯하다.

어떻게 보면 이것은 놀라운 일이 아닐 수도 있다. 여러분도 가까운 사람들과 어떤 사안에 대해 동의하거나 비슷한 관점을 나누면서 '잘 맞는다'는 기분을 느껴본 적이 이미 있지 않은가. 이런 일은 부분적으로 서로의 사회 관련성 체계가 조화를 이루며 활성화하는 과정에서 비롯됐을 수 있다. 앞에서 살펴봤듯이, 선호도나 세계관이 비슷해지면 가치 체계를 활성화할 수 있다.

처음 만난 사람들과 관계를 맺는 과정에서 더 주체적으로 행동하며 이런 종류의 동기화에 이르는 방법을 제시하는 연구 결과도 있다. 이런 지식은 우리와 찰떡같이 잘 맞는 사람, 혹은 우리를 잘 이해하는 사람이 따로 있다는 생각을 넘어서도록 도와준다.

생각이 일치하는 '뇌-뇌 동기화'

우리는 '생각이 일치한다'거나 '잘 맞는다'는 것이 어떤 느낌인지 잘 안다. 예를 들어, 함께 춤을 추거나 곡을 연주하면서 다른 사람들과 신체적 조화를 이루는 경우 혹은 서로 이해하거나 인정하거나 생각이 통한다고 느끼는 심리적 경우에 이런 느낌을 받는다. 브렛이 부엌에서 물건을 던지고 받으며 즐거워하듯이, 다른 사람과 동작을 맞춰서 움직이는 단순한 행동도 만족감을 줄 수 있다. 드럼을 치면서 다른 사람과 박자가 잘 맞은 경우 (잘 안 맞은 경우에 비해) 뇌의 가치 체계가 더 크게 활성화했다는 연구 결과도 있다. 특히 타인과 쉽게 동기화되는 사람들은 이 실험에서 더 강한 반응을 보였다.[4] 이와 마찬가지로, 사람들은 대화에서 딱히 유익한 정보를 얻지 못하더라도 타인과 소통하면서 동기화되는 것 자체를 가치 있게 여긴다. 시카고 대학교의 심리학자 스테파니 카치오포Stephanie Cacioppo의 연구를 예로 들어보자. 피험자들은 비언어적 의사소통이 동기화됐을 때(특히 메시지를 주고받으면서 키보드를 두드리는 리듬이 서로 맞아떨어졌을 때) 상대를 더 긍정적으로 바라보며 관계도 더 깊어졌다고 느꼈다. 상대가 실제 인간이 아니라 미리 프로그램 된 시스템이라 무작위로 작동했는데도 불구하고 말이다.[5] 이처럼 동기화는 뇌의 사회 관련성 체계와 가치 체계를 활성화하며, 비언어적 동기화가 사회적 동기를 자극하는 방법의 하나라는 사실을 보여준다.

브렛이 던진 차 키를 내가 받을 때 우리 둘의 뇌는 일시적으로 동기화된다. 각자의 뇌가 허공을 가로지르는 차 키의 궤적을 따라가면서 열쇠를 받으려면 내 손이 어디에 있어야 할지를 계산한다. 다른 사람과 무언가를 할 때 뇌가 동기화되면 그 자체로 만족감을 준다는 연구 결과도 있다(고통스럽거나 불쾌한 경험을 함께 겪을 때도 뇌가 동기화되기는 한다).[6] 예를 들어, 사람들은 혼자서 미로를 풀 때보다 타인과 협력해서 미로를 풀 때 사회 관련성 및 보상과 관련된 뇌 영역이 더 활성화하는 경향을 보인다.[7] 사회 관련성 체계는 우리가 타인을 이해하고 그

들과 조화를 이루도록 돕고, 가치 체계는 그렇게 조화가 이뤄졌을 때 보상을 제공한다.[8]

뇌-뇌 동기화는 그 자체로 내적 보상을 제공할 뿐만 아니라, 우리가 성공적으로 소통하고 함께 일할 수 있도록 공동의 이해를 구축하는 토대가 되기도 한다. 우리는 가끔 타인에게 어떤 사건에 관해 이야기하면서 그 사람이 우리의 경험을 당연히 이해할 수 있다고 여긴다. 혹은 팀원에게 지시를 전달하면서 그 사람이 우리가 원하는 것을 당연히 알아들으리라 여기기도 한다. 뇌-뇌 동기화는 이런 일을 가능하게 하는 한 부분이며, 뇌-뇌 동기화가 결여되면 공동의 이해가 잘 형성되지 않는다.

낯선 사람의 이야기를 듣는 상황에서, 청자의 뇌가 화자의 뇌의 오르내림 패턴을 따라갈수록 나중에 이야기 내용을 더 정확하게 기억하는 모습을 보였다.[9] 즉 화자와 청자의 뇌가 동기화했을 때 청자는 화자의 이야기에서 배움을 얻었다. 학생들의 뇌가 교사의 뇌 패턴을 더 잘 따라갈수록 학생들이 교사의 수업에서 더 많은 내용을 배운다는 연구 결과도 있다.[10] 교사와 뇌를 강하게 동기화한 학생들은 학업 성적도 뛰어났다. 또 다른 실험에서는 혼자 혹은 네 명의 팀으로 문제를 풀도록 피험자들을 무작위로 배정했는데, 문제를 풀면서 팀원들의 뇌 활동이 더 많이 동기화할수록 과제도 더 잘 해결했다.[11] 상대가 아직 겪어보지 못한 경험에 대한 정보를 정확하게 전달하려면 신경 동기화 neural synchronization 가 중요하다고 하는 연구도 있다.[12]

뇌를 동기화하는 능력이 가져다줄 다양한 혜택을 상상해보자. 뇌 동기화를 통해 타인의 경험과 지식을 학습해서 누릴 이점은 쉽게 떠올릴 수 있다. 만약 병원에 갔는데 의사가 여러분의 일상적인 생활 패턴을 잘 이해한다면, 약을 잊지 않고 복용하도록 더 나은 처방을 내릴 수 있을 것이다. 또는 여러분의 상사가 메아리가 울릴 정도로 큰 회의실에서 고객에게 발표했던 경험을 효과적으로 설명할 수 있다면, 그래서 여러분이 아직 가보지 못한 그 회의실을 상상할 수 있다면 어떨까? 아마도 여러분은 회의실 맨 뒷자리에 앉은 사람이 눈을 찡그리면서 슬라이드를 읽지 않아도 되게끔 발표 자료를 수정하고, 모두에게 발표가 더 잘 들리도록 마이크를 준비할 수 있을 것이다. 만약 여러분이 팀원들과의 소통을 바탕으로 서로 동기화된 팀에서 일하고 있다면, 여러분은 팀원들의 행동을 예측하고 더욱 매끄럽게 협업을 진행할 수 있다.

경험을 공유할수록 같은 가치를 추구한다

지금까지 우리는 두 사람의 뇌가 동기화하면 서로를 더 잘 이해할 가능성이 크다는 사실을 살펴봤다. 하지만 우리가 늘 주변 사람들과 자연스럽게 동기화된다고 느끼는 것은 아니며, 그래서 관계 맺기가 더 어려울 때도 있다. 어쩌면 여러분은 누군가와 논쟁을 벌이면서 그 사람이 상황의 기본적인 사실조차 이해하지 못한 것 같다고 느낀 적이 있을 것이다. 또는 항상 여러분을 짜증 나게 하면서 여러분의 관점을 이해하지 못하는 동료가 있을지도 모른다. 때로 동기화가 너무 어려운 이유를 이해하려면(그리고 동기화의 이점을 고려해서 이 상황을 해결하려면), 애초에 왜 어떤 사람과는 동기화가 더 잘 되는지를 살펴보는 것이 도움이 된다. 힘든 하루를 보낸 내게 무엇이 필요한지 정확하게 아는 친구를 떠올려보라. 가족 내 역학 관계를 샅샅이 꿰고 있는 형제자매 혹은 나와 유머 코드가 잘 맞는 동료는 어떠한가. 왜 어떤 사람들과는 그냥 잘 맞을까?

다트머스 대학교의 캐럴린 파킨슨Carolyn Parkinson과 탈리아 위틀리Thalia Wheatley, 애덤 클라인바움Adam Kleinbaum의 연구 결과에 따르면 '유유상종類類相從'이라는 직관은 실제로 맞는 말이었다. 가까운 친구들이 세상을 이해할 때 보이는 뇌 패턴은 놀라울 정도로 서로 닮아있었다. 연구팀은 경영대학원 학생들에게 짧은 영상 클립을 보여줬다. 우주에 있는 우주비행사, 야생동물 보호구역에 사는 새끼 나무늘보, 구글 글라스에 대한 리뷰, 미국 오락프로그램 〈아메리카 퍼니스트 홈 비디오America's Funniest Home Videos〉에 나오는 슬랩스틱 코미디 등 다양한 주제의 영상이었다.[13] 피험자 집단 내에서 친한 친구들은 영상 클립에 더 동기화된 뇌 반응을 보였지만 친구의 친구나 친구의 친구의 친구 사이에서는 반응이 덜 유사했다.[14] 또한, 학기 초에 영상 클립에 비슷하게 반응한 학생들은 시간이 지나면서 친구가 될 가능성이 컸다.[15] 이 결과는 뇌가 더 유사하게 작동하는 사람들은 서로 더 쉽게 통한다는 사실을 시사한다. 또는 캐럴린이 말했듯이 "비슷한 뇌끼리 어울린다"고 해야 할지도 모르겠다.

라이언 현$^{Ryan\ Hyon}$이 주도하고 캐럴린의 연구팀이 참여한 또 다른 실험은 영상 클립 같은 외부 자극 없이 마음 가는 대로 생각할 때도 친구들끼리는 친하지 않은 사이에서보다 유사한 뇌 패턴을 보인다는 사실을 발견했다.[16] 이 현상은 미국 대학생에게만 한정된 것이 아니었다. 연구팀은 염유식$^{Yoosik\ Youm}$, 김준솔$^{Junsol\ Kim}$과 협업해 한국의 한 어촌 마을 주민들에게서도 비슷한 패턴을 발견했다.[17] 마을 주민들은 사회적으로 더 가까운 관계일수록(친구 대 친구의 친구의 친구) 자유롭게 생각하는 동안 더 유사한 뇌 활동 패턴을 보였다. 또한, 물리적으로 서로 가까운 곳에 살고 비슷한 일상 경험을 더 많이 공유했을 것으로 보이는 사람들은 뇌 역시 더 많이 동기화됐다. 이 연구는 친구들 그리고 비슷한 삶의 경험을 공유한 사람들(그들이 서로 좋아하든 싫어하든 상관없다)의 뇌가 세상에 대해 더 유사한 방식으로 반응한다는 사실을 시사한다.

그러나 우리의 일상은 친구 집단이나 물리적 근접성으로만 이루어지지 않는다. 미디어는 우리가 살아가는 현실을 형성하면서 타인과 관계를 맺는 우리의 '자연스러운' 능력에까지 영향을 미친다. 이는 역으로도 작용한다. 우리의 현재 태도가 어떤 미디어를 보고 어떤 상대와 대화할지를 선택하는 데 영향을 미치기도 한다. 예를 들어, 폭스 채널에서 주로 뉴스를 접하는 사람은 CNN 채널을 주로 보는 사람과 전혀 다른 주제의 이야기에 노출되고, 같은 주제라도 다른 관점에서 강조한 내용을 보게 된다.[18] 여기서 핵심은 사람들이 같은 미디어를 보고 듣고 함께 시간을 보내면서 의견을 나누면 이들의 뇌와 신체가 동기화한다는 사실이다. 반면에 서로 다른 미디어를 소비하고 삶의 경험도 상이한 사람들은 똑같은 내용을 접해도 뇌가 다르게 반응한다. 우리가 어떤 미디어를 소비하는지, 그리고 그 미디어가 어떻게 이야기를 전달하는지에 따라 폭력[19] 젠더[20] · 섹슈얼리티[21] · 인종[22] · 정치 성향(예를 들면 사법 제도[23]나 이민 제도[24]) 등의 주제에 대해 우리가 세상을 바라보는 시각, 타인과 이야기를 나누는 방식은 달라진다. 이처럼 미디어는 우리의 총체적 세계관을 형성하는 데 중요한 역할을 하며, 우리가 품은 배경지식과 가정^{assumption}은 미디어에 대한 뇌의 반응을 좌우한다.

최근 한 연구에서 같은 미디어를 소비하는 사람들의 뇌 반응이 서로 동기화하는 과정을 밝혀냈다. 프린스턴 대학교의 우리 해슨$^{Uri\ Hasson}$이 이끈 연구에서 피험자들에게 30분가량 세르지오 레오네$^{Sergio\ Leone}$ 감독의 고전 영화 〈석양의 무법자$^{The\ Good,\ the\ Bad\ and\ the\ Ugly}$〉를 보여줬다.[25] 현상금 사냥꾼 역을 맡은 젊은 시절의 클린트 이스트우드$^{Clint\ Eastwood}$가 총격전에서 적과 대치하며 황금을 찾는 장면에서 연구팀은 피험자들의 뇌를 스캔했다. 이 영화에서 레오네 감독은 광활한 파노라마 장면과 청부 살인자의 냉철한 눈빛을 클로즈업한 장면, 총을 움켜쥐려는 손을 번갈아 배치하면서 긴장감을 구축한다. 놀랍게도, 이렇게 긴장감이 감도는 장면이 펼쳐지는 동안 한 관객의 뇌 활동을 보면 다른 관객의 뇌 활동도 예측할 수 있었다.

이러한 동기화 현상 중 일부는 영화가 만들어내는 감각적 경험에 의해 유발됐는데, 이때 관객들은 같은 영화를 보고 있었으므로 객관적으로도 비슷한 경험을 했다고 할 수 있다. 하지만 이 관객들은 자기 관련성과 사회 관련성 같은 고차원적 사고를 하는 뇌 영역에서도 놀라운 수준의 동기화를 보였다. 이는 관객들이 정확히 같은 생각을 했다는 의미는 아니다. 그보다는 대중문화, 사회적 가치, 규범에 관한 배경지식을 모두가 공유하고 있으므로 관객들이 영화나 이야기에서 사회 관련성을 발견하는 부분이 일치했을 가능성이 크다. 그리고 그 반대도 성립한다. 앞에서 소개했던 애니메이션 〈구름 조금〉을 본 아이들처럼, 이 실험에서도 관객들의 사회 관련성 체계가 다음 전개를 예측한 탓에 동기화가 일어났을 수도 있다. 결투를 준비하는 클린트 이스트우드의 얼굴을 클로즈업한 장면을 보면서 관객들은 그의 생각을 상상하게 되고, 이는 먼지 바람이 부는 현장으로 모두를 데려다 놓는다. 이와 같은 배경지식은 작가와 감독 등 미디어 업계에 종사하는 창작자들도 접근할 수 있으며, 그들에게 놀라울 정도로 유용할 것이다.

미디어는 우리의 정치적 성향과 더불어 정치적 이슈에 대한 뇌 반응에도 영향을 미친다.[26] 서로 다른 정당의 사람들이 저마다 다른 뉴스를 소비할 때(예를 들면, 폭스 시청자 대 CNN 시청자), 우리의 뇌 반응은 같은 미디어와 사상을 접하는 사람들과 더 비슷해진다. 민주당원이라면 다른 민주당원과, 공화당원이라면 다른 공화당원과 비슷한 뇌 반응을 보일 것이다.[27] 한 연구 결과에 따르면, 감정적 단어들이 들어간 뉴스 내용을 접했을 때 상반되는 정당 성향을 지닌 사람들보다 비슷한 정당 성향을 지닌 사람들 사이에서 더 유사한 뇌 반응이 나타났다.[28] 요컨대 동일한 미디어를 소비하고 비슷한 경험을 공유할수록 더 유사한 뇌 반응을 보인다고 할 수 있다.

　이러한 영향력은 양방향으로 작용할 가능성이 크다. 사람들이 자신의 정체성과 신념에 따라 각기 다른 콘텐츠에 끌리듯이, 소비하는 콘텐츠를 바꾸면 무엇을 생각하는지가 달라지고 그에 따라 무엇이 중요한지, 무엇을 믿는지도 재형성된다. 2020년 가을, 폭스 뉴스 시청자들에게 평소 폭스 채널을 시청하던 시간대에 CNN 채널을 시청하도록 권한 실험이 있었다. 그 결과 피험자들은 CNN 채널에서 일반적으로 다루는 주제에 관한 지식이 많아지고 폭스 채널에서 일반적으로 다루는 주제에 관한 지식이 줄어드는 등 평소 해박한 주제에 변화가 생겼다. 원래대로 폭스 뉴스를 계속 시청한 대조군과 비교했을 때, 피험자들이 중요하다고 생각하는 이슈, 반대하는 정당의 정책에 관한 의견, 다른 정당의 정치인을 어떻게 평가하는지도 달라졌다.[29] 이 실험은 미디어 소비 습관을 바꾸면 사람들의 신념과 의견, 중요하다고 생각하는 이슈도 달라진다는 사실을 보여준다.

　이 사실을 깨달으면 어떤 종류의 미디어를 소비할지, 그리고 그 소비가 우리의 관점과 가치를 어떻게 형성하는지에 대해 생각해볼 수 있게 된다. 미디어 콘텐츠가 우리의 생각을 바꿀 수 있다는 사실에서 더 나아가면, 우리가 동기화를 이루거나 실패하는 상대에 대해 새로운 가능성이 열린다. 결국 미디어는 우리가 타인에 대해 세우는 가정을 형성하는 핵심 요인으로 작용하며, 이런 가정들은 우리를 누군가와 동기화되거나 동기화되지 못하게 한다.

침대 위의 그녀는 누구인가

리^{Lee}가 친구 아서^{Arthur}의 전화를 받았을 때는 늦은 밤이었다. 아서는 아내 조니^{Joanie}가 파티에서 갑자기 사라져 홀로 집에 막 돌아온 참이었다. 아서는 조니가 바람을 피우고 있다고 의심한다. "그녀를 못 믿겠어." 아서가 말한다.[30] "신께 맹세해. 절대 그녀를 믿을 수 없어."

리는 수화기 너머로 아서를 진정시키려 애쓴다. 리의 침대에는 한 여인이 누워서 둘의 통화 내용을 듣고 있다. 우리는 그 여인이 누군지 알지 못한다.

제롬 데이비드 샐린저^{J. D. Salinger}의 단편 소설 〈예쁜 입과 초록빛 나의 눈동자^{Pretty Mouth and Green My Eyes}〉는 독자의 상상에 맡겨진 부분이 많다. 침대에 누운 여인은 사라진 조니일까? 누구도 확신할 수는 없지만, 독자의 배경지식에 따라 등장인물에 대한 가정도 달라진다. 여러분은 소설 속 인물들과 상황에 대해 또 무엇을 알고 있는가?

프린스턴 대학교의 신경과학자 야라 예슈런^{Yaara Yeshurun}과 우리 해슨의 연구 결과를 보자. 이 연구에서는 사람들이 처음에 서로 다른 가정을 갖고 이야기를 시작하면, 그 출발점의 편향된 맥락에 따라 우리가 다음에 일어날 일에 반응하는 방식이 달라진다고 한다. 마치 무리를 지어 날아다니는 박쥐 떼처럼, 같은 맥락을 공유하는 사람들의 뇌는 비슷한 편향에 따라 이야기를 받아들인다.[31] 야라와 우리의 연구에서 피험자들은 〈예쁜 입과 초록빛 나의 눈동자〉의 발췌본을 듣기 전에 서로 다른 두 가지 배경 설명 중 하나를 미리 듣는 동안 뇌를 스캔했다. 피험자들 절반은 리의 침대에 누운 여인이 아서의 아내 조니라고 추측할 만한 배경 설명을 들었다. 나머지 절반은 리와 조니가 불륜 관계가 아니며 아서가 그저 피해망상에 시달리고 있다는 배경 설명을 들었다.[32]

그리고 나서 발췌본을 들려주자 같은 배경 설명을 들은 피험자들끼리는 아서와 리의 대화를 비슷하게 해석했으며, 그들의 뇌도 동기화했다. 반면, 서로 다른 배경 설명을 들은 피험자들 사이에서는 같은 발췌본을 들었는데도 사뭇 다른 뇌 반응이 나타났다. 다시 말해, 같은 맥락을 공유하는 집단 내에서는 구성원들이 이야기를 비슷한 방식으로 해석하는 경향이 있다고 할 수 있다.[33]

연구팀은 한 집단에는 리와 조니가 불륜 관계라는 설정, 다른 집단에는 리와 조니가 무고하다는 설정을 전달하는 방식으로 서로 다른 믿음을 가진 두 집단을 의도적으로 만들어냈다. 우리가 대화를 시작할 때 이미 갖고 있는 믿음들은 일상에서 그만큼 강하게 작용할 수 있다. 누군가와 관계를 시작할 때 첫 단추부터 잘못 끼우거나, 이미 익숙한 관계에서 상대방에 대한 생각이 달라지는 이유 중 하나는 잘못된 가정이 동기화를 방해하기 때문이다. 기본적 가치와 정치적 견해를 공유하면서 같은 뉴스 프로그램을 보더라도, 이 세상과 사회적 관계에 관한 가정들에 영향을 미치는 요인은 그 밖에도 수없이 많다. 이러한 현상은 거대한 정치적 담론뿐만 아니라 가정이나 직장에서 오가는 사소한 대화에서도 나타난다.

조이스Joyce라는 인물이 며칠간 프레젠테이션을 준비했다고 상상해보자. 조이스는 존경하는 상사인 마야^{Maya}에게서 피드백을 받기 전이라 초조함과 흥분감을 동시에 느끼는 상태이다. 마야도 흥분했다. 마야는 조이스를 에이스로 여기며, 회사 내에서 조이스의 아이디어를 밀고 나갈 수 있도록 돕고 싶어 한다. 하지만 안타깝게도 프레젠테이션 전날 밤, 마야는 잠을 설친다. 마야는 몽롱한 상태로 오전을 정신없이 보내며, 프레젠테이션 시간인 오후까지 점심도 먹지 못한다. 조이스는 프레젠테이션 도중 마야에게 자꾸만 시선이 간다. 마야가 자신의 상사일 뿐만 아니라 무표정하고 지루한 얼굴까지 하고 있으니 계속 신경이 쓰인다. 조이스는 침착하게 발표 속도를 높이지만, 프레젠테이션이 끝나자 마야가 짧은 한마디만 던질 뿐이다.

"흥미로운 접근법이네. 셰릴^{Cheryl}이 도움이 될 만한 피드백을 줄 수 있을지 모르겠어." 그리고 나서 마야는 서둘러 회의장을 나간다.

조이스는 좌절한다. 하지만 마야는 진심으로 조이스의 접근법이 흥미롭다고 느꼈다. 그녀는 프레젠테이션에서 좋은 인상을 받았고, 조이스와 같이 일하는 것이 기뻤으며, 셰릴도 그러리라고 상상한다. 마야는 그저 배가 고팠고 남은 오후 회의를 마치려면 뭔가를 먹어야겠다고 생각했을 뿐이다.

만약 조이스가 마야가 허기진 상태라는 것을 알았거나 무표정을 지루함이 아닌 피로감으로 해석했다면, 마야의 피드백을 해석할 때 이런 사실을 반영했을 테다. 하지만 조이스에게는 이런 정보가 없었다. 조이스는 처음의 잘못된 가정 때문에 마야의 생각과 행동을 제대로 예측하지 못했다.[34] 그래서 마야가 허겁지겁 점심을 먹은 뒤 셰릴을 포함한 상사들에게 열정적으로 이메일을 보내는 동안 조이스는 사무실로 돌아와 무력한 오후를 보냈다. 조이스와 마야는 동기화는커녕 완전히 어긋났다.

여기서 신경과학 연구는 상이한 생각과 경험, 가정을 가진 사람들은 서로 다르게 해석할 수 있다는 사실뿐만 아니라, 같은 말을 듣거나 객관적으로 같은 사실을 보면서도 왜 그리고 어떻게 서로 다르게 해석하는지를 밝힌다. 조이스는 마야가 허기지고 피곤한 상태라는 사실을 몰랐으므로, 조이스의 뇌는 "흥미로운 접근법이네"라는 모호한 말을 마야의 본래 의도와 다르게 해석했다.

반대로 사람들이 어떤 상황의 배경·사실·맥락에 대해 같은 가정을 공유할 때, 그들의 뇌가 새로운 정보를 같은 방식으로 해석할 가능성은 더 커진다. 만약 마야가 최근에 셰릴에게서 전달받은 프로젝트를 생각하고 있었다는 사실을 조이스가 알았더라면, 마야가 셰릴을 언급한 이유를 바로 이해하고 조이스와 마야의 사회 관련성 체계는 더 밀접하게 동기화했을 것이다. 정치의 세계도 마찬가지이다. 집단 간에 의견이 갈렸을 때 서로 상대 집단이 자신들을 싫어하고 비인간적으로 여긴다고 과장하는 경향이 있는데, 이 가정들을 바로잡으면 그것들에 따라오는 해로운 행동을 줄일 수 있다.[35]

바로 이런 이유로 토냐 모슬리는 기자로서의 활동 방식을 바꿔야겠다고 생각했다. 파급력이 상당한 감정적·정치적 사건을 수년간 보도해 왔던 토냐는 이렇게 말했다. "나는 사람들이 서로의 말에 귀를 기울이고 배려한다는 기본 원칙조차 합의하지 못한다는 사실을 계속 목격했어요." 동기화를 이루려면 출발점이 되는 공통의 토대와 맥락이 필요하다. 하지만 거기에 이르는 건 말처럼 쉬운 일이 아니다.

인간은 늘 주변 세계에서 무슨 일이 일어나는지 가정하므로, 큰 그림에서 보면 상황이 절망적으로 보일지도 모른다. 우리는 언제나 가정을 하게 마련이지만, 그 가정이 항상 옳을 수는 없다. 하지만 사람들이 종종 상대방의 생각에 대해 세운 가정을 숨기거나 근본적으로 잘못된 가정을 한다는 사실은 오히려 의사소통을 개선할 여지가 있다는 것을 시사한다. 이 사실을 알고 명심하는 것만으로도 주변을 밝힐 손전등을 쥔 셈이 된다. 그렇다면 이 손전등을 어떻게 활용할 수 있을까? 가능성은 대체 어디에 있을까?

이를 위한 한 가지 방법은 숨겨진 가정과 해석을 명쾌하게 밝혀내는 대화를 나누는 것이다. 이 접근법은 뇌영상 연구가 제시하는 증거와도 일치한다. 대화를 나누기만 해도 그 자체로 사람들의 뇌 활동이 서로 조화를 이룰 수 있으며, 그 효과는 대화가 끝나고도 오래도록 지속된다.[36] 다트머스 대학교의 보 시버즈Beau Sievers, 탈리아 위틀리, 애덤 클라인바움의 연구에서 피험자들은 해석의 여지가 있는 영화 클립을 보고 영상에서 무슨 일이 있었는지에 대해 다른 사람들과 그룹 토론을 벌였다.[37] 다양한 해석을 토론할 기회를 가진 뒤 영화 클립을 다시 봤을 때 피험자들의 뇌는 더 많이 동기화됐다. 그 후 심지어 토론을 거치지 않은 새로운 클립을 봤을 때도 이들의 뇌는 더 많이 동기화됐다. 이 연구 결과는 사람들 사이에서 공유되는 지식이 늘어날수록, 새로운 증거와 상황을 이해하는 일은 물론이고 전반적으로 사람들의 뇌가 동기화를 이루는 데 도움이 된다는 사실을 암시한다.

프레젠테이션이 끝난 뒤 마야와 조이스에게 함께 점심을 먹으면서 이야기를 나눌 시간이 더 있었더라면, 조이스는 마야가 얼마나 허기졌는지처럼 도움이 될 만한 정보를 얻고 상사의 평가를 더 잘 이해할 수 있었을 것이다. 혹은 프레젠테이션 전에 마야가 아침에 있었던 일을 조이스에게 간단하라도 알려주고 안심시켰더라면, 조이스의 기분은 훨씬 나았을 것이다. 서로의 생각과 감정, 상이한 관점을 이해하려면 수많은 비공식적 대화가 필요하다. 이는 우리가 서로 다른 가정에서 출발했을 때나 도중에 예상치 못하게 가정이 바뀌었을 때도 마찬가지다.

다트머스 대학교 연구팀은 여러 그룹을 조사하면서 다른 피험자들이 자신보다 '지위가 더 높다'라고 인식한 사람이 있는 그룹의 경우에 주목했다. 이런 그룹에서는 실제로 전혀 다른 일이 벌어지고 있는데도 구성원들의 의견이 합의에 이른 것처럼 보이곤 했다. 실험에서는 지위가 높은 사람들이 그룹을 이끌었다. 그들은 강력한 발언권을 행사했고, 자신감 넘치는 태도를 보였으며, 다른 사람들의 말을 끊고 의구심을 드러내면서 대체로 자신의 관점에 동의하도록 밀어붙였다. 설문 조사 데이터만 보면 그들은 성공한 듯이 보인다. 그룹 구성원들이 겉으로는 그들을 따랐기 때문이다. 하지만 겉모습은 속일 수 있는 법이다. 연구팀이 모두의 뇌를 다시 스캔했을 때, 그룹 구성원들은 전혀 동기화된 상태가 아니었다. 동조 압력을 받았던 지위가 낮은 구성원들은 실제로는 동조하지 않고 있었다. 그들은 그저 그룹에 어울리기 위해 지배적 의견을 따라갔을 뿐이었다. 애덤 클라인바움은 이 현상을 연구실 밖에도 적용해봤다. 회의 자리에서 상사의 말에 동조하던 팀원들이 자기 자리로 돌아가서는 합의된 계획을 마지못해 따르거나 심지어는 망치기까지 하는 상황이 이와 같다고 봤다.[38]

하지만 그룹 내에 많은 동료와 관계를 맺고 그들에게서 호감을 산 사람(사회적 관계에서 구심점 역할을 하지만 꼭 '높은 지위'에 있진 않다)이 있을 때, 구성원들은 구두 응답과 이후의 뇌 활동이 일치하는 양상을 보였다. 이러한 인물은 그룹의 중심에 있을수록 더 큰 영향력을 발휘했지만 더 유연했고 구성원들의 의견을 기꺼이 수용했다. 계속 질문을 던지면서 구성원들의 설명을 새겨들었고, 그 결과 그 그룹은 더 높은 동기화 상태에 이르렀다.

바로 이것이 토냐가 방송에서 게스트들과 함께 보여주는 호기심의 태도이며 우리가 일상에서 더 열린 마음으로 경청하는 연습을 할 수 있는 방법이기도 하다. 우리는 진심으로 답을 구하며 질문을 던지고, 자신이 변할 수 있다는 생각에 마음을 열 수도 있다. 한 집단에 어떤 구성원들이 있는지는 그들이 가져오는 정보뿐만 아니라, 진정한 동의에 이르는 합의 능력 면에서도 중요하다. 여러분은 다른 사람들을 밀어붙여서 가짜 합의를 만드는 사람이 되고 싶은가, 더 깊은 신경학적 동기화를 일으키는 사람이 되고 싶은가? 이런 맥락에서 토냐는 자신이 방송에서 게스트들과 나눈 대화가 사회를 제대로 작동시키는 새로운 길을 열 수 있다고 본다. 이렇게 우리는 함께 문제를 해결하는 방법을 다시 상상해볼 수 있을 테다.

우리가 제대로만 하면, 대화는 각자의 출발점이 되는 가정을 드러내고, 타인의 관점을 접할 기회를 제공하며, 사람들과 동기화를 이루는 데 도움이 된다. 그렇다면 동기화를 바탕으로 다른 사람들과 강력한 관계를 구축할 또 다른 방법이 있을까? 어쩌면 다른 사람들과 관점까지 공유할 방법이 있지 않을까?

더 나은 소통을 위해 상호작용하는 뇌

공통된 신경 표현neural representation은 공동의 생각이나 지식과 밀접한 관련이 있으며, 동기화가 사회적·직업적 삶에서 성공적인 상호작용의 출발점이 된다는 사실을 앞에서 살펴봤다. 지금 여러분 중에는 앞으로 타인과의 동기화 경험을 늘려야겠다고 생각하는 사람이 있을지도 모르겠다. 하지만 이런 직관과는 반대로, 타인에게서 배우고 세상을 바라보는 다른 방식을 찾고 싶다면 항상 완벽하게 타인과 동기화를 이루거나 같은 생각을 가질 필요는 없을지도 모른다. 그 대신, 때로 서로를 보완하면서 상대가 새로운 영역을 탐색하도록 지지하는 다른 형태의 조화를 목표로 삼아야 할 수도 있다.

사람마다 나름의 방식을 갖고 있게 마련이며, 우리가 동기화하지 않는 방식에도 가치는 있다. 놀라움은 사람들의 시선을 사로잡으며, 사람들은 새로운 것을 배우고[39] 참신한 아이디어에 관해 이야기를 나눌 수 있게 해주는[40] 빠르지만[41] 깊이 있는[42] 대화를 좋아한다. 가능성을 확장하기 위해 산발적으로 흩어져 있던 아이디어들을 연결하고, 자신이 이해했다고 확신했던 단서를 다른 식으로 해석할 수 있는 삶의 경험을 가진 사람과 관계를 맺으려고도 한다.

만약 우리 뇌가 타인의 뇌와 항상 완벽하게 동기화돼 있다면, 새 아이디어를 발견하거나 대화를 재밌게 만드는 다양한 주제를 탐험할 여유가 없을 것이다. 그러므로 잘 맞는 사람들과만 시간을 보내고, 자신과 너무 동떨어졌다고 생각하는 주제 혹은 개인적이거나 논쟁적인 주제를 회피하면서까지 지속적인 동기화를 목표로 삼을 필요는 없다. 그 대신 적당한 동기화를 바탕으로 같은 출발점에서 대화를 시작한 뒤 서로 다른 방향으로 이야기를 이끌어가면서 더 넓은 영역이나 깊은 관계를 탐험하겠다는 목표를 세우는 편이 더 낫다.

최근에 나는 프린스턴 대학교 연구팀과 협력해 수행한 실험에서 다양한 관점을 바탕으로 이루어지는 대화의 유익함에 주목했다. 서배스천 스피어Sebastian Speer, 릴리 초이Lily Tsoi, 다이애나 타미르, 섀넌 번스Shannon Burns, 레티시아 므윌람브웨츠일로보Laetitia Mwilambwe-Tshilobo가 주도한 이 연구에서는 친구 사이 그리고 서로 모르는 두 사람에게 '패스트 프렌즈Fast Friends'라는 게임을 시키고 그동안 뇌를 스캔했다.[43] 패스트 프렌즈는 실험실에서 연구를 수행할 때 처음 만난 사람들이 친구가 될 수 있도록 고안된 게임이다. 참가자들이 돌아가면서 질문과 답을 주고받는 동안 질문의 친밀도가 점점 높아진다. "세상 사람 누구든지 부를 수 있다면, 저녁 식사에 누구를 초대하고 싶나요?" "당신에게 완벽한 하루는 어떤 모습인가요?" 이런 가벼운 질문부터 시작해서 다음과 같이 더 개인적인 질문으로 이어진다. "오랫동안 하고 싶었던 일이 있나요? 왜 아직 하지 않았나요?" "오늘 저녁에 세상을 떠나게 되어 누구와도 대화할 수 없다면, 누구에게 어떤 말을 하지 못한 것을 가장 후회할까요? 왜 아직 말하지 않았나요?" 마지막은 이런 지시로 끝난다. "자신의 개인적인 문제 하나를 상대방과 공유하고, 상대방이라면 어떻게 해결할지 조언을 구하세요. 그리고 그 문제를 당신이 어떻게 느끼는 것처럼 보이는지 물어보세요." 보통 피험자들은 패스트 프렌즈 게임을 즐기며 마지막에 파트너와 서로 친밀감을 느낀다. 그들이 이전에 아무 사이도 아니었거나 핵심 사안에 관한 견해가 달랐더라도, 설사 처음에 서로를 좋아할 것이라는 기대가 없었더라도 말이다.[44]

피험자들이 대화하는 동안 그들의 사회 관련성 체계에서 흥미로운 패턴이 목격됐다. 예상대로 낯선 사이에서는 대화가 진행되면서 동기화 수준이 높아졌고 공통점을 쌓아갔다. 반면에 친한 친구들은 높은 수준의 동기화 상태에서 출발했지만 대화가 진행되면서 뇌가 서로 다른 방향으로 반응했다. 우리 연구팀은 친밀감을 쌓는 활동을 할 때 친구 사이에서 (낯선 사이에서보다 더 친밀한 상태에서 시작했기 때문에) 더 폭넓은 주제를 다루는 경향이 있다는 사실을 발견했다. 그들은 새로운 영역으로 나아가면서 여러 주제를 섭렵하며 대화했다. 반면에 낯선 사이에서는 여러 주제를 넘나드는 일이 적었고 좁은 범위의 주제에 머물며 한정된 대화를 하는 경향이 있었다.

대화가 진행되면서 친구들의 뇌는 서로 다른 방향으로 반응했는데, 낯선 사이에서 다양한 주제로 폭넓은 대화를 한 경우에는 시간이 지나면서 뇌 반응이 더 큰 수준으로 달라졌다. 그러나 이들 모두 대화가 더 즐거웠다고 보고했다는 점에 주목해야 한다. 낯선 사이에서의 뇌 반응이 친한 사이에서의 뇌 반응과 비슷해질수록 더 양질의 대화를 나눴다는 사실을 의미했다. 초반에 공통점을 찾은 뒤에 다양한 주제로 뻗어나가는 방식은 양질의 대화로 이어질 가능성이 컸다.

내가 낯선 사람들과 함께 있을 때 가끔 떠올리는 연구가 있다. 다트머스 대학교의 심리학자 에마 템플턴Emma Templeton은 낯선 사람들끼리 대화의 물꼬를 틀 때 날씨나 고향처럼 예측 가능한 화젯거리를 활용하는 경향이 있다는 사실을 발견했다. 반면에 이미 관계가 어느 정도 형성된 사이에서는 곧바로 더 깊고 다양한 주제로 대화를 나눴으며 그럴수록 종종 더 즐거워했다.[45] 그래서 나는 아이의 친구가 연 생일파티에서 다른 학부모들과 내내 날씨 이야기만 하는 대신 기본적인 공통점을 확인한 뒤 이런 질문들을 던진다. "세상 사람 누구든지 부를 수 있다면, 이 파티에 누구를 초대하고 싶으세요?" "아이를 키우느라 분투하는 와중에도 도전해보고 싶었던 일이 있나요?" 그들의 대답은 가끔 나를 놀라게 하며, 내가 그들에 관해 세웠던 가정을 뒤흔들기도 한다.

넓게 보면 우리 팀의 연구 결과는 앞서 소개했던 연구들과도 궤를 같이한다. 서로 다른 아이디어를 한데 모으면 어떻게 혁신을 촉발할 수 있는지, 광범위한 아이디어를 활용할수록 어떻게 더 흥미로운 대화 상대가 되는지에 관한 연구들과 맥이 이어진다.[46] 우리 연구팀의 핵심 멤버인 섀넌 번스는 성공적인 의사소통에서는 서로의 뇌가 상호 보완적으로 작동한다는 아이디어를 처음으로 내놓았고, 이 관점을 우리가 수행하던 대화에 관한 연구에 접목했다.[47] 후속 연구에서는 서로 친분이 없는 사람들끼리 교육 부채와 환경 문제를 해결할 예산 분배 방안을 협상하게 했다. 연구팀은 이 실험에서 공통점을 더 많이 탐색한 팀이 더 좋은 대화를 나누고, 결국 어떻게 문제를 해결할지를 두고 더 긴밀한 합의에 이르렀다는 사실을 발견했다.[48]

아직 더 많은 연구가 필요한 내용이긴 하지만, 이 연구 결과는 이미 공통의 기반이 형성됐을 때의 이점을 강조한다. 일단 우리가 동기화된 토대를 확립하고 나면, 그 위에서 새로운 주제를 탐색하고 자신과 타인, 세상에 대한 새로운 지식을 학습할 수 있게 된다. 극단적으로 말하자면, 우리는 모든 사람이 항상 정확히 같은 신경 반응을 보이는 일을 바라지 않는다. 그렇게 되면 대화는 지루해지고 창의적인 사고는 가로막힐 것이다. 그 대신 우리는 정신적인 작업을 나눠서 처리하고, 대화를 주도하고 따라가는 일을 번갈아 하며, 새로운 토대를 탐색하는 등 좀 더 정교한 방식으로 사람들과 조화를 이루려고 한다.

그렇다면 절망적일 정도로 동기화가 어렵게 느껴질 때는 어떻게 해야 할까? 누군가의 말을 경청하고 그 사람이 이해받고 있다고 느끼게 해주는 것만으로도 상대방의 방어적 태도가 줄어들고 건설적인 자기 성찰이 늘어나서 극단적 태도를 완화할 수 있다.[49] 반대의 경우도 성립한다. 우리는 타인의 관점을 이해하겠다는 목표로 경청하면서 여러 가지 이점을 누릴 수 있다. 우리와 다른 견해를 가진 이웃이 자기 생각이 존중받는다고 느끼게 할 수 있고, 가치 있는 지식을 획득할 수 있으며, 더 나은 리더가 될 수도 있다. 서배스천과 섀넌의 협상 연구에서 상대를 설득하기보다 서로 타협하도록 유도하자, 피험자들은 폭넓게 아이디어를 탐색했고 대화가 끝날 무렵에 서로 의견이 더 일치하는 결정을 내렸다. 자신과 상당히 다른 사람을 대할 때는 공통점을 탐색하고, 가치 있는 대화를 나누기 위해 반드시 같은 생각을 할 필요가 없다는 점을 기억하면 건설적인 관계를 유지할 수 있다.[50]

브렛이 던진 차 키를 내가 성공적으로 잡았을 때처럼 가까운 사람과 자연스럽게 동기화되는 순간이 종종 있긴 하지만, 사실 이런 상태에 도달하려면 의식적인 노력이 필요하다. 예를 들면, 상대에게 하루가 어땠는지, 왜 그런 추천을 했는지 묻고, 그 사람의 대답을 경청해야 한다. (그러니까 스마트폰은 위층에 두고 오자, 에밀리.) 우리가 서로 동기화하고 나아가 잘 조율된 관계를 일구는 데 필요한 이런 기초 작업은 서로 정보나 이야기를 공유하는 방식과 관련이 있다. 이는 사람들의 집합의식collective consciousness을 형성하는 미디어부터, 일상에서 일어나는 사건들까지 다양한 층위에서 영향을 미친다. 이 모든 것은 우리가 세상을 어떻게 바라보는지 그리고 서로 어떻게 관계를 맺거나 맺지 못하는지에 영향을 미친다.

그런데 애초에 우리가 무언가를 공유하려는 동기는 무엇일까? 이 물음에 대한 답을 찾으면, 우리가 무엇을 공유할지 그리고 타인과 어떻게 관계 맺을지 하는 문제에 더 주체적으로 임할 수 있을 것이다. 또한, 다른 사람들이 자신의 목적을 위해 어떻게 이런 동기를 활용하는지를 이해하는 데도 도움이 된다.

8장

뇌를 변화시키는 연결과 공유

가치는 공유를 통해 확장된다

데이트앱의 프로필을 휙휙 넘기던 어느 날, 에릭의 시선이 로라Laura의 프로필에서 멈췄다. 미리보기만으로도 아름다운 외모에, 지적인 관심사들이 인상적이었다. 에릭은 로라의 사진을 터치해서 전체 프로필을 열었다. 그러자 실험실 가운을 입은 사진과 1980년대 풍의 에어로빅 클래스에서 수업을 듣는 사진이 나타났다. 사진 속에서 로라의 얼굴은 열정으로 빛났다. '스스로를 너무 심각하게 생각하지 않는 사람'이라는 소개 글은 데이트앱의 클리셰가 됐지만, 로라는 정말 그런 사람처럼 보였다. 로라는 에릭이 찾아 헤매던 모든 조건을 (아마도) 갖춘 사람이었다. 그는 앱에서 장미꽃 이모티콘을 구매해서 로라에게 보냈다. 잠시 뒤, 내 남동생은 로라가 보낸 음성 메시지를 내게 공유했다. 내 아이들의 방울토마토 사랑에 로라도 공감하면서 우아한 영국식 억양으로 메시지를 남겼다고 했다. 음성 메시지에서 로라는 "좋은 토마토는 아름답죠"라고 속삭이면서 "토메이토"가 아닌 "토마토"라고 영국식으로 발음했다. 나는 깜짝 놀라고 말았다.

에릭은 이제 막 대화를 시작한 여성이 보내온 음성 메시지를 왜 내

8장 뇌를 변화시키는 연결과 공유

게 공유한 걸까? 여러분도 그 이유가 궁금할 것이다. 나는 에릭이 로라를 알게 된 흥분을 주체할 수 없었고 로라와의 대화가 너무 만족스러워서 그런 감정을 나와 나누고 싶었던 게 아닐까 추측했다. 에릭은 누나도 토마토를 무척 좋아한다는 사실을 알고 있기도 했다. "너 당장이라도 로라와 결혼할 기세다?"라고 나는 에릭을 놀렸다(솔직히 말하자면, 나는 반쯤은 농담으로 이 말을 했다. 사실 나는 로라가 영국 비밀정보국인 MI6 요원일지도 모른다고 생각했다. 에릭의 이상형 역할을 완벽히 해내도록 막대한 비용을 들여 양성한 정부 요원이 아닌가 싶었다. 그만큼 로라는 터무니없이 다재다능해 보였다).

영혼의 단짝을 만났다는 황홀감은 아주 드물게 찾아오지만, 이런 사소한 일을 공유하는 행동은 놀라울 정도로 흔하다. 이는 우리가 서로 관계를 쌓아가는 데 중요한 요소이기도 하다. 지난 24시간의 행동을 되짚어보면 여러분도 아마 다른 사람과 무언가를 공유했을 테다. 오늘 있었던 일을 친구에게 얘기했거나, 동료와 전문지식을 공유했거나, 소셜 미디어 계정에 근황을 포스팅했거나, 사랑스러운 고양이를 자랑했거나, 휴가 때 찍은 사진 중 자신이 특히 멋져 보이는 모습들을 올렸을 수 있다(여러분이 다른 사람의 질투를 유발하려 했다는 뜻은 아니다. 물론 그런 목적인 사람도 어딘가에는 있겠지만 말이다). 아니면 좀 더 진지한 일이었을 수도 있다. 여러분은 산불 사진, 해안 도시의 침수와 대대적인 파괴, 세계 곳곳에서 일어나는 폭력 충돌 소식에 마음이 무거워졌을지 모른다. 그래서 친구에게 전화해서 이에 관해 이야기하거나 자신을 분노케 한 뉴스를 공유하면서 날이 선 발언을 덧붙였을 수 있다.

어쩌면 실제로 분노한 건 아닌데도 자신이 그 문제에 관심이 있다는 신호를 사람들에게 보내고 싶었을지도 모른다.

조용하고 친밀한 방식의 공유도 있다. 부모님의 결혼기념일 저녁 식사 자리에서 몇 년 전 돌아가신 아버지에 대한 추억을 어머니, 할머니와 함께 나눈 적이 있다. 이때 어머니는 아버지가 음성사서함에 노래를 남긴 이야기를 처음으로 들려주셨다. 이 추억담은 음악을 너무나 사랑하셨던 아버지와 언제나 집 안을 가득 채웠던 음악에 관한 옛 기억을 떠올리게 했다. 아버지가 어머니를 안고 부엌에서 어떻게 춤췄는지, 파티에서 밤새 춤을 췄던 시절은 어땠는지도 이야기해주셨다. 이야기를 듣다 보니 어머니의 시를 아버지가 얼마나 자랑스러워했는지, 내 친구 알렉스가 유대교 성인식인 바르 미츠바^{bar mitzvah}를 치렀을 때 두 분이 춤을 추며 얼마나 즐거워했는지가 기억났다. 할머니는 아버지가 가꾸던 정원을 떠올리면서 미소 지으셨다. 평소 정원에서 가꾸던 작물들에 더해 어머니가 특히 좋아하는 한련과 아스파라거스, 온갖 샐러드 채소를 몰래 심어서 놀라게 했던 일도 있었다고 한다. 어머니는 아버지가 자신이 사랑하는 것을 함께 나누고 싶어 하는 분이었다고 추억하셨다. 언젠가 어머니가 아버지에게 생일 선물로 뭘 받고 싶냐고 물은 적이 있었는데, 2주간 자신이 식사를 차리고, 자신이 고른 글들을 함께 읽고, 다큐멘터리 다섯 편을 함께 보고 싶다고 대답하셨다고 한다. 두 분의 이야기를 듣고 내 기억도 함께 나누면서 나는 아버지뿐만 아니라 어머니, 할머니와도 훨씬 더 가까워졌다고 느꼈다.

타인과 무언가를 공유하는 행위는 연결감을 형성하고 외로움을 줄여주며 자신의 경험을 이해하는 데도 도움이 된다. 우리는 공유를 통해 타인에게 자신을 어떻게 내보일지를 암묵적이지만 분명하게 결정하며("내 여자친구의 근사한 목소리 좀 들어봐") 자신이 공유하는 것을 타인이 어떻게 생각할지도 추측한다("누나는 이걸 좋아할 거야"). 큰 틀에서 보면, 무엇을 공유하겠다는 결정은 사회 전반의 문화적 규범이나 변화에 기여할 수 있다. 사람들이 진실이라고 생각하는 것, 선호도, 정치 운동의 전개, 대중문화 속 사람들의 관심사 등이 모두 공유를 통해 형성된다.

다른 사람들과 이어졌다는 연결감, 집단에 속해있다는 소속감, 권력이나 지위에 대한 욕망 같은 동기들은 온라인에서 훨씬 해로운 결과를 낳기도 한다. 연결과 공유를 향한 욕구는 온라인 플랫폼에서 우리가 계속해서 스크롤하고 클릭하고 몰입하도록 악용될 수 있을 뿐만 아니라[1] 우리의 선호도와 행동, 심지어 뇌까지 변화시킬 수 있다.[2] 이는 극단주의와 따돌림[3], 사기, 현실 세계에서의 폭력을 부추기는[4] 혐오와 분노의 소용돌이로 이어질 수 있으며, 우리를 뒤흔들어서 민주주의를 약화하려 하는[5] 정치 세력, 마케터, 악플러에게 악용되기도 한다. 정보 확산의 네트워크 메커니즘, 온라인 공유를 부추기는 사회적·경제적·정치적 이해관계, 인터넷과 다양한 플랫폼이 권력을 형성하는 과정에 대한 심도 있는 논의는 이 책에서 다루는 주제를 벗어나지만[6] 현재 활발히 연구되는 영역이라는 사실을 여기에 밝혀 둔다. 점점 더 많은 신경과학 연구가 허위 정보[7]와 급진화[8]의 영향을 포함해 해로운 형태의 공유가 늘어나는 음울한 상황에 초점을 맞추고 있다.

공유에 관한 신경과학 연구는 이제 초기 단계에 들어섰을 뿐이다. 이 장에서 살펴볼 연구 대부분은 사람들이 자신에 관한 내용이나, 신뢰할 만한 뉴스 출처에서 다룬 건강과 환경 같은 주제에 관한 정보를 공유하는 행위에 초점을 맞추고 있다. 우리는 소셜 미디어가 주요 정보원으로 부상하고 가짜 뉴스가 사회적 문제로 대두하기 전에 이 연구를 시작했다. 지금까지의 신경과학 연구는 대체로 개인 차원에서 공유의 이점에 초점을 맞추는 경향이 있었다. 지인들과 유대감을 형성하고 관계를 구축하는 일, 이타적 행동 혹은 건강에 이로운 행동을 유도하도록 설계한 메시지를 전파하는 일 등에 주목했다. 하지만 공유의 긍정적 영향과 부정적 영향을 모두 고려할 때, 애초에 사람들이 왜 무언가를 공유하려고 하는지를 이해할 필요가 있다. 이러한 지식을 바탕으로 우리는 타인과 관계를 맺으면서 얻는 이점을 더 잘 인식하고, 우리와 다른 이해관계를 가진 사람들이 관계를 어떻게 악용하는지를 알아차릴 수 있게 된다.

수많은 결정이 그러하듯이 무엇을 공유할지 선택하는 일은 가치 산출로 귀결되며, 여기서도 자기 관련성 체계와 사회 관련성 체계가 핵심 역할을 맡는다. 우리가 공유하는 것은 자신과 타인에게 영향을 미치는데, 그 영향력이 항상 우리의 예상대로 나타나진 않는다.

사람들이 정보를 공유하는 이유

로스앤젤레스에서 대학원을 다니던 시절, 나는 사람들이 타인과 아이디어를 공유하는 이유에 처음으로 관심을 가졌다. 그때 나는 건강 캠페인과 관련한 신경과학 연구에 집중하고 있었지만, 내 주변 사람들은 모두 엔터테인먼트 산업에 종사하는 듯 보였다. 거리로 나가면 최신 영화와 텔레비전 프로그램을 홍보하는 광고판 천지였다. 할리우드 제작자, 세트 디자이너, 편집 보조로 일하는 친구도 실제로 많았다.

주말 저녁마다 함께 게임을 하면서 나는 종종 친구들에게서 말도 안 되는 상사들의 이야기를 듣곤 했다. 상사가 좋아하는 단백질 바를 제시간에 못 가져가니 화분을 던졌다는 식의 이야기 말이다. 산더미 같은 원고 속에서 가능성이 있는 시나리오를 발굴하는 사람들의 이야기도 들었다. 그들은 시나리오를 선별하고 상사들이 검토할 수 있도록 보고서를 작성하는 일을 한다고 했다. 어떤 시나리오를 상사에게 보고할지에 대한 그들의 결정은 대중문화의 향방을 좌우했고, 궁극적으로 수많은 사람이 무엇을 멋지고 시의적절하며 관심을 줄 가치가 있다고 생각하는지에 영향을 미쳤다.

한편, 그때 나는 더 효과적인 건강 캠페인을 설계하는 방법을 알아내기 위해 분투하고 있었다. 박사과정을 지도해준 맷 리버먼 교수와 나는 만약 자신의 행동을 바꿔야 한다고 확신한 사람이 친구에게도 그 확신을 전하며 변화를 권유한다면 캠페인은 더 강력한 효과를 내리라고 생각했다. 실제로 우리가 주목했던 건강 메시지뿐만[9] 아니라 다른 내용의 메시지에서도 이 효과가 광범위하게 나타났다.[10] 물론 사람들은 친구에게 자신이 접한 새 아이디어를 전부 말하지는 않는다. 그래서 우리는 사람들이 특정 정보를 공유하는 동기와 이런 결정을 내릴 때 뇌에서 어떤 반응이 나타나는지 밝히고 싶었다. 그러다가 나는 산더미처럼 쌓인 원고 속에 파묻힌 내 친구들을 떠올렸다. 그랬더니 반짝하고 연구 계획이 떠올랐다.

우리는 UCLA 학부생을 두 집단으로 나누어 텔레비전 스튜디오에서 각각 인턴과 제작자 역할을 맡기고 새 프로그램 기획안을 평가하는 실험을 설계했다.[11] 연구팀은 텔레비전 쇼로 만들 만한 아이디어 20여 개를 모았다. 그중 하나인 〈마피아〉는 마피아 조직에서 더 높은 지위로 올라가려 하는 단짝 친구 두 명을 중심으로 하는 이야기였다. 친구 한 명은 술수가 뛰어나고 현명하며 다른 친구는 노련한 총잡이다. 결국 머리가 좋은 친구는 단짝 친구이자 파트너를 죽이고 조직의 수장이 된다. 다른 기획안인 〈좌충우돌 운동부〉는 별 볼 일 없는 소규모 대학 운동부가 벌이는 소동을 그린 코미디 영화였다. 스타 선수인 댄은 친절하고 적응력이 뛰어난 사람으로 보이지만 경기장을 벗어나면 완전히 다른 사람이 된다. 이런 각본으로는 에미상을 받을 수 없겠지만 지난 10년간 제작된 프로그램을 생각해보면 우리 시나리오가 그렇게까지 나쁘지는 않은 듯했다. 물론 네 명의 괴짜 과학도가 나오는 시트콤 〈빅뱅 이론 The Big Bang Theory〉이 대히트한 걸 보면 우리 연구실을 무대로 하는 프로그램을 만들어도 괜찮을 것 같지만 말이다.[12]

우리는 피험자들에게 자신이 인턴이라면 어느 기획안을 상사에게 보고할지 결정하게 하고 그들의 뇌 활성도를 관찰했다. 피험자들은 24개의 기획안이 담긴 슬라이드 쇼를 봤는데, 슬라이드에는 제목과 간단한 설명, 홍보용 이미지가 들어가있었다. 각 슬라이드를 본 뒤, 피험자들은 어떤 기획안을 보고할지 평가했다.

뇌 스캐너에서 나온 뒤, 피험자들은 잠재력이 있다고 생각하는 기획안을 추천하고 실패하리라고 생각하는 기획안을 비판하는 영상을 찍었다. 이 역할에 몰입한 일부 피험자는 실제로 그 쇼를 본다고 상상하거나 시장에서 어떻게 홍보할지 궁리하기 시작했다. 연구의 다음 단계에서는 이 영상을 제작자 역할을 맡은 피험자 그룹에 보여주고 타인에게 정보를 공유하려는 인턴 그룹의 의도를 평가하게 했다. 이를 통해 우리 연구팀 중 누가 할리우드에서 새로운 커리어를 시작할 수 있을지에 대한 피드백을 얻었을 뿐 아니라, 인턴들이 처음에 어떤 기획안을 공유할지를 결정할 때 뇌에서 무슨 일이 일어나는지도 관찰할 수 있었다. 더불어 어떤 아이디어가 인턴에서 제작자로, 그리고 그 외 사람들에게 성공적으로 전달될 때 뇌 활동이 어떤 역할을 하는지 확인할 수 있었다.

이쯤 되면, 인턴이 제작자에게 어떤 아이디어를 권할 가능성이 인턴의 뇌에서 내측전전두피질과 후대상피질(자기 관련성 체계·사회 관련성 체계·가치 처리 과정을 다루는 영역)이 활성화하는 패턴과 밀접한 연관이 있다고 해도 아마 여러분은 놀라지 않을 것이다. 결정적으로 인턴의 자기 관련성 체계, 사회 관련성 체계, 가치 체계의 핵심 영역에서 활성도가 높을수록 제작자도 나중에 그 기획안을 추천할 가능성이 커진다는 사실을 예측할 수 있었다.

이 결과는 사람들이 정보를 공유하는 동기에 대해 무엇을 알려줄까? 뇌 스캔이 사람들의 정확한 생각까지는 알려주지 못하더라도 자기 관련성 체계가 작동하면 이 아이디어가 나와 관련이 있는지, 더 보편적으로는 내가 이 아이디어를 어떻게 생각하고 느끼는지를 평가한다고 볼 수 있다. 사회 관련성 체계가 작동하면 이 아이디어가 내가 공유하려는 사람들과 관련이 있는지, 더 보편적으로는 내 주변 사람들이 이 아이디어를 어떻게 생각할지를 평가한다고 볼 수 있다. 자기 중심성과 타인 중심성의 교차점에는 이 아이디어를 공유했을 때, 타인이 나를 어떻게 평가할지에 관한 생각이 있다(내가 내 음악 취향을 친구들에게 공유하기 전에 걱정했던 일을 기억하는가?).

또 다른 차원에서 보면, 나는 이러한 연구 결과들이 공유의 심원한 기능과 부합하며, 상사에게 밈이나 파일럿 아이디어를 전할지를 고민하는 작은 결정을 초월한다고 생각한다. 이는 자신에 대해 긍정적으로 느끼고, 타인과 관계를 맺으며, 사회적 지위를 유지하려는 근본적이며 인간적인 욕구를 더 직접적으로 보여준다. 요컨대, 공유라는 우리의 사소하고 일상적인 선택이 스스로 의식하지 못한 더 깊은 욕구를 반영할 수 있다는 뜻이다.

뇌는 자기 노출을 가치 있게 여긴다

에릭이 로라에게 장미꽃 이모티콘을 보낸 지 3일 뒤, 영상 통화로 쿠키를 함께 구우며 데이트를 마친 에릭은 마음을 정했다. "정식으로 사귀고 싶어"라고 에릭은 내게 말했다. 그때는 코로나19 팬데믹이 절정에 이른 시기여서 아직 로라를 직접 만나지 못했던 터라 완벽한 화상 데이트를 계획하는 일이 더 중요하게 느껴졌다. 그때 에릭은 내가 1년 전 그의 집에 두고 간 카드 세트를 떠올렸다.

당시 에릭과 내 친구는 기업 경영진 워크숍을 준비하는 나를 돕고 있었다. 워크숍에서 나는 타인에게 자신의 정보를 공유할 기회가 생기면 뇌에서 어떤 일이 일어나는지에 관한 연구 결과를 소개했고, 참가자들에게 다양한 질문이 적힌 카드 세트를 나눠줬다. 이 카드의 정체는 아마 여러분도 짐작했겠지만 패스트 프렌즈 게임이었다. 이제 에릭은 로라를 떠올리면서 카드들을 한 장씩 살펴봤다.

"에릭은 쉬운 질문부터 시작했어요"라고 로라는 내게 말했다. 하지만 세 번째 카드 세트부터 좀 더 심도 있는 질문으로 넘어갔다. "카드에는 '오늘 밤 죽는다면 아직 전하지 못해 가장 후회하는 말은 무엇인가?'라는 질문이 있었어요." 로라는 데이트 당시를 떠올리며 웃었다. "'아무래도 이 사람을 사랑하게 될 것 같아'라는 답을 떠올렸지만, 그때는 말하지 않았죠." 에릭의 계획은 적중했고 곧 두 사람은 직접 만났다.

자신에 대한 정보를 공유할 기회를 소중히 여기는 사람들은 갓 데이트를 시작한 연인만이 아니다. 나는 아들 테오가 처음으로 내 무릎 위로 올라와 앉은 뒤 "오늘 하루 어땠어요?"라고 물었던 순간을 아직도 기억한다. 나는 아침 출근길에 막 피어나기 시작한 목련을 발견한 일과 힘든 시간을 버틴 학생과 면담했던 일, 줌을 통해 내 연구 결과를 다른 주에 있는 동료들과 공유한 일을 테오에게 들려주며 미소 지었다.

테오는 인내심을 갖고 사려 깊게 경청했고, 내 이야기가 끝나자 "우리 반에 친절 빙고판이 있어요. '어떻게 지냈어요?'나 '오늘 하루 어땠어요?'라고 물으면 한 칸을 채울 수 있어요"라고 고백했다.

나는 소리 내어 웃었다. 이런 질문을 하는 게 정말로 친절한 행동일까? 하지만 조금 더 생각해보니 테오에게 내 하루를 이야기하면서 기분이 정말로 좋아졌다는 사실을 깨달았다. 테오는 내 대답을 정말로 궁금해하는 듯이 보였다. 문득 나는 어린 내가 잠들기 전에 부모님이 자신의 어린 시절 이야기를 들려주셨던 일이 떠올랐다. 아버지가 냇가에서 핫도그를 먹었다거나 어머니가 아파트 창밖으로 바나나를 던져볼까 고민했다는 일상적인 이야기가 참 좋았다. 최근에 나는 어머니에게 그때 왜 그랬는지 물었는데, 자신도 이유를 모르겠다고 하셨다. 어머니는 그저 무슨 일이 일어날지 궁금했다고 하셨는데, 나도 어릴 때는 그런 행동이 전혀 이상하게 느껴지지 않았다. 만약 고층 아파트에 사는데 어른들이 지켜보지 않는 시간이 상당히 많고, 마침 손에 바나나를 들고 있다면, 창밖으로 던져 바닥에 떨어뜨려서 어떻게 될지 보고 싶을 수도 있다고 그때는 그렇게 생각했다. 부모님은 이런 사

8장 뇌를 변화시키는 연결과 공유

소한 이야기를 공유하는 걸 좋아하셨다.

친구와 대화하거나 데이트할 때, 혹은 직장에서 대화할 때, 여러분은 자신에 관한 이야기와 자잘한 정보를 수천 번은 공유했을 테다. 내가 이렇게 확신하듯 말할 수 있는 이유는 인간이 자신에 대해 상당히 자주 이야기하는 존재이기 때문이다.[13] 대체 인간은 왜 이러는 걸까?

테오가 오늘 하루가 어땠는지 물었을 때 나는 아이에게 대답해주면서 기분이 좋아졌다. 그런데 알고 보니 나만 그런 것이 아니었다.[14] 프린스턴 대학교의 심리학자 다이애나 타미르는 자신에 관한 정보를 공유하는 일 자체가 본질적인 보상을 제공한다는 사실을 발견했다.[15] 자신의 정보 혹은 다른 주제에 관한 정보 중 어느 것을 공유할지 선택할 때 피험자들의 뇌 활동을 관찰했더니 자신의 정보를 공개할 때 뇌의 가치 체계에서 가장 높은 활성도를 기록했다. 실제로 어떤 실험에서는 자신의 정보를 공유할지, 아니면 상식 퀴즈에 답하면서 사소한 정보를 공유할지 선택하게 한 뒤 그에 따라 다른 액수의 돈을 받게 했는데, 놀랍게도 상당히 많은 피험자들이 자신의 정보를 공유하는 쪽을 선택했다. 상식 퀴즈에 답하는 쪽이 더 많은 돈을 받을 수 있었지만 그 보상을 기꺼이 포기했다. 자신에 대한 정보를 공유하는 일은 그 자체로 보상이 되기 때문이다.

전형적인 이기심처럼 보일 수도 있지만 뇌가 자기 노출*self-disclosure*을 가치 있게 여기는 데는 그럴 만한 이유가 있다. 우선, 자신의 선호도를 공유하면 타인과 어울리기가 더 쉽다. 내가 피자 앞부분을 좋아하고 당신은 피자 끝부분을 좋아한다면, 서로 대화를 충분히 나누어서 상대방에게 친절을 베풀겠다고 괜히 서로 싫어하는 부분을 먹는 일을 피해야 한다. 이것이 바로 내가 로라를 진심으로 좋아하게 된 또 다른 이유이기도 하다. 로라는 파이 겉 부분을 좋아하고 나는 파이 속을 좋아한다. 휴일에 우리는 최고의 파트너이다.

자기 노출이 강력한 힘을 발휘하는 또 다른 이유는 일상에서 자신에 관한 이야기를 나누는 것이 타인과의 연결을 강화하는 중요한 방법이기 때문이다. 상대방에 대해 아무것도 모르면 친밀감을 느끼기가 어렵다. 따라서 좋아하는 사람들과 자신에 대해 더 많이 공유하는 것이 자연스러워 보이지만, 때로 반대의 경우도 성립한다. 개인적인 정보를 털어놓는 행위 자체가 친밀감을 더 느끼게 하며, 우리는 개인적인 정보를 드러내는 사람에게 호감을 느끼는 경향이 있다(물론 적절한 범위에서).[16]

이것이 바로 패스트 프렌즈 게임이 효과적인 이유지만, 이때 공유하는 정보가 꼭 '개인적'일 필요는 없다는 점에 주목해야 한다. 자신과 직접적인 관련이 없는 아이디어, 뉴스, 밈, 그 외 다른 정보를 공유해도 타인에게 우리가 어떤 사람이며 무엇에 관심이 있는지를 보여줄 수 있다.[17] 이는 온라인에서 접하는 해로운 행동(양극화, 극단주의에 빠지는 현상)을 이해하는 데 도움이 된다. 우리 아버지는 친구들과 가족에게 보내셨던 이메일에서 열흘간의 명상 수련을 다녀온 이유를 설명하고 명상 유튜브 영상을 공유하셨다. 에릭이 로라의 음성 메시지를 내게 공유한 일도 마찬가지이다. 내가 친구들에게 플레이리스트를 공유했던 일도 기억난다. 내 자신을 드러내는 것처럼 느껴져서 그때 나는 꽤 긴장했었다.

　공유를 자기 표현이라고 생각하면, 지금까지 살펴본 대로 인간은 본질적으로 자신을 표현하려는 동기를 지닌 존재이므로 사람들이 온라인에서 특정 유형의 메시지를 확산시키려는 이유를 이해할 수 있다. 우리 연구실의 다니 코스메^{Dani Cosme}, 크리스틴 숄츠, 행이 찬^{Hang-Yee Chan}이 주도한 일련의 연구에서는 사람들에게 건강한 생활 방식을 알려주고, 기후변화를 논의하며, 선거에서 투표를 독려하는 양질의 뉴스 기사나 소셜 미디어 포스트를 공유하도록 권장할 방법을 탐색했다. 우리는 이런 분야에서 많은 사람이 양질의 정보를 공유하면 규범을 바꾸고 자신과 공동체를 위해 더 건강한 선택을 할 수 있으리라고 생각했다. 이 연구에서 우리는 온라인으로 참여할 피험자를 모집했다. 피험자들은 특정 메시지가 자신과 관련 있는 이유를 강조하거나 단순히 메시지 내용을 설명하는 간단한 글을 작성하는 과제를 무작위로 받았다. 그런 뒤 자신과 타인에게 그 메시지가 얼마나 관련이 있는지, 그것을 온라인에 공유하고 싶은지를 평가했다.

　처음에 피험자들이 어떤 뉴스나 소셜 미디어 포스트가 자신과 관련이 있다고 느꼈을 때 타인과 그 정보를 공유할 가능성이 더 컸던 것은 그리 놀라운 결과는 아니었다.[18] 더 흥미로웠던 점은 피험자들에게 주어진 뉴스나 소셜미디어 포스트가 자신과 어떤 관련이 있는지 간단히 써달라고 요청했을 때 일어난 일이었다. 한 피험자가 "우리 집은 최근 발생한 허리케인 때문에 피해를 입었다. 기후변화는 앞으로 더 많은 사람에게 심각한 영향을 미칠 것이다"라고 했다. 정보를 자아 개념과 개인적 경험에 결부시킨 이 단순한 행동은 피험자들이 글의 기본 내용만 숙지했을 때보다 더 많은 사람에게 글을 공유하도록 동기를 부여했다. 후속 연구에서는 사람들이 해당 글이 자신과 관련이 있다고 평가할수록 자기 관련성 체계의 활성도가 더 높아지고, 온라인에서 그 글을 공유할 가능성도 더 커진다는 사실을 발견했다.[19]

우리는 자신과 관련이 있다고 생각하는 정보를 더 자주 공유한다. 따라서 왜 해당 콘텐츠가 자신에게 중요한지, 혹은 자신과 어떤 관련이 있는지 글로 써보라는 간단한 유도만으로도 콘텐츠를 공유하려는 동기는 커진다. 앞서 살펴봤듯이, 사람들은 자신에 관한 정보를 다른 사람들과 공유하고 싶어 한다(심지어 기꺼이 비용을 치르면서까지 그렇게 하려 한다!). 따라서 신뢰할 만한 출처에서 나온 건강 정보든 기대하는 신제품이든, 다른 사람들과 논의하고 공유하기를 바라는 아이디어가 있다면 이런 간단한 유도만으로도 사람들이 정보를 확산하고 거기에서 가치를 얻도록 할 수 있다. 또한 누군가가 이와 비슷한 전략으로 여러분의 주의를 끌면서 신뢰할 수 없는 정보나 정치적 분열을 조장하거나 괴롭힘을 선동하는 내용을 공유하도록 부추길 때 잠시 행동을 멈출 수도 있다.

선택은 연결을 강화시킨다

공유는 본질적으로 사회적 활동이다. 따라서 뇌영상에서 사회 관련성이 사람들의 공유 결정을 이끄는 또 다른 핵심 요인으로 나타나는 현상은 당연하다고 할 수 있다. 자기 관련성과 사회 관련성의 교차점에서 우리는 이런 질문을 던진다. 공유를 하겠다는 내 선택은 나에 대해 무엇을 드러내는가? 다른 사람들은 어떻게 반응할까? 나와 타인의 관계에 어떤 영향을 미칠까?

지금은 세상을 떠난 내 동료 엘리후 카츠$^{Elihu\ Katz}$의 아내이자 선구적인 음악학자인 루스 캐츠$^{Ruth\ Katz}$를 처음 만난 날을 기억한다. 엘리후가 커뮤니케이션 분야에 남긴 업적을 기리는 행사에 참석했는데, 그는 주변에 몰려든 사람들과 웃고 농담을 주고받느라 바빴다. 나는 루스를 잘 알지 못했지만 그녀는 나를 반겨주면서 애넌버그 커뮤니케이션 대학원 지하 아트리움에 있는 푹신한 곡선형 벤치에 앉아 대화를 나누자고 권해줬다. 루스는 학생들이 음식을 담은 접시와 와인 잔을 조심스럽게 든 모습과 행사장 중앙에 놓인 연단에서 동료들에게 둘러싸인 엘리후를 바라봤다.

나는 우리가 서로 잘 모르는 사이이니 그저 가벼운 대화를 나누게 되리라고 생각했다. 하지만 루스는 나를 정면에서 응시하면서 내 삶에 관해 묻고 조언해줬다. 자녀와 친구, 일은 시간과 에너지를 상당히 많이 필요로 한다고 루스는 말했다. 그래서 사람들은 자신의 지적이고 호기심이 넘치며 직업적인 열정을 북돋우는 아이디어를 동료와는 나누지만 배우자와는 이야기하지 않는 경우가 많다고 했다. 그녀는 내 눈을 들여다보며 좋은 결혼이란 배우자를 내 '1순위 청중'으로 삼는 것이라고 했다. 루스와 엘리후가 서로를 1순위 청중으로 삼은 일이 두 사람의 경력과 삶을 모두 풍요롭게 만들었다고 했다.

다행스럽게도 남편 브렛은 내게 뇌에 관해 이야기하거나 연구에서 발생한 곤혹스러운 일을 털어놓을 수 있는 뛰어난 1순위 청중이었다. 브렛이 자신의 암호학 연구를 내가 이해할 수 있는 범위 이상으로 더 상세히 설명하려 할 때마다 나는 루스의 말을 되새긴다(이제 우리는 브렛이 내 머리를 손질할 때는 원하는 만큼 수학 이야기를 상세하게 늘어놓을 수 있다는 규칙을 정했다). 나는 브렛이 일상에서 겪은 평범한 이야기를 공유할 때도 루스와 엘리후를 생각한다. 이런 순간들도 연결감을 느낄 소중한 기회이기 때문이다.

예를 들어, 브렛은 최근 내게 Z세대 노동자들의 우습고 괴상한 인사말에 관한 기사 링크를 보냈다.[20] 기사는 셀린^{Celine}이라는 노동자는 업무 이메일을 "다음에 봐요"로 마무리하고, 브라이언트^{Bryant}라는 노동자는 "꺼져, 난 간다"라고 끝낸다고 했다. "이게 다예요?"와 "대충 그 정도요. 음…, 네"라는 인사도 알았다. 나는 뭐가 쿨한지 모를 만큼 우리가 나이 들었다는 공감을 전하려 브렛이 이 기사를 내게 공유했다고 생각했다. 확실히 나는 나보다 한참 어린 여동생과 Z세대 연구원들에게 어떤 이모지를 보내도 되는지와 같은, 직관과는 다른 세대 차이를 자주 설명받곤 한다(여러분은 많은 젊은이가 스마일 이모지를 깔보며 가르치려 든다는 뜻으로 해석한다는 사실을 알고 있는가?).[21]

그날 밤 집에서 그 기사가 브렛에게 큰 충격을 줬으며, 그가 이에 관해 대화하고 싶어 한다는 것을 알게 됐다. "Z세대 이메일 인사말에 왜 그렇게 관심이 많아?"라고 나는 물었다. 나는 브렛이 그저 그 기사를 보고 웃으라고 보낸 줄 알았다. 우리 둘 다 젊은 세대와 일하다 보니 이런 이메일을 종종 받기 때문이다. 그러나 브렛은 다정하고 엉뚱한 이메일 인사말 모음을 보니 Z세대가 덜 위협적으로 느껴졌다고 담담한 어조로 설명했다. 최근 뉴스 기사들이 Z세대가 장시간 노동보다 가족과 친구, 재미를 더 우선한다는 내용을 잇달아 보도하자 브렛은 자신의 워커홀릭 기질이 비난받는다고 느꼈다고 했다. 그가 믿는 행복하고 건강한 삶의 의미가 거짓이라고 부정당하는 것 같았다고 했다. 하지만 Z세대 이메일 인사말에 관한 기사를 읽은 브렛은 후배들을 다시 보게 됐다. 브렛이 선택한 삶의 방식을 조롱한다기보다 그들이 그저 일을 즐기면서 솔직하게 있는 그대로를 표현한다는 생각이 들었다고 했다. 나 역시 내 연구실에 있는 젊은 연구원들이 일과 삶의 균형을 추구하는 태도가 마음에 든다고 말했다. 나는 이런 점이 학계를 더 공정하게 만드는 중요한 요소라고 생각하며, 그 덕분에 나도 훨씬 가벼운 마음으로 쉴 수 있게 된다.

앞서 우리는 자신의 정보를 공유하여 타인과의 연결이 강화되는 과정을 살펴봤다. 아이디어, 이야기, 뉴스와 같은 정보들을 공유해도 같은 효과를 볼 수 있다. 브렛과 관계를 이어오면서 나는 기사 공유를 통해 우리 사이의 유대감을 높이려는 그의 방식을 더 잘 이해하게 됐다. 그는 자신이 공유한 기사를 내가 끝까지 읽으면 고마워했고 때로 내가 아직 못 읽었다고 하면 서운해했다. 브렛을 1순위 청중으로만 여기지 말고 나 역시 브렛의 1순위 청중이 되어 그를 받아들이고 격려하라고 했던 루스의 조언이 이제야 이해가 간다. 기사 공유는 우리가 타인과 관계를 맺고 연결을 강화하며 서로에 대해 더 많은 것을 알 수 있는 기회를 제공한다. 더불어 우리 연구팀의 실험 결과를 보면 다른 사람들도 관계를 더욱 깊이 있게 만들기 위해 공유를 활용한다.

조 바이어[Joe Bayer]가 이끌고 맷 오도널[Matt O'Donnell], 데이브 하우저[Dave Hauser], 키나리 샤[Kinari Shah], 그리고 내가 참여한 연구팀은 이 아이디어를 과학적으로 검증하기 위해 대학생 지원자들을 모집해서 사이버볼[Cyberball]이라는 게임을 하게 했다.[22] 사이버볼은 세 명의 플레이어가 서로 가상의 공을 주고받는 컴퓨터 게임이다. 피험자들은 자신이 다른 두 명의 피험자와 게임하고 있다고 생각했지만, 사실 다른 두 플레이어는 컴퓨터였다. '플레이어'들은 미리 프로그래밍 된 두 가지 방식으로 게임을 했다. 하나는 모두에게 공이 골고루 가는 '공정한' 게임이었다. 다른 하나는 처음 몇 번은 피험자에게 공을 던지지만 곧 컴퓨터끼리 공을 독차지하고 인간 플레이어는 배제하는 '불공정한' 게임이었다. 언뜻 대단한 문제가 아닌 듯 보이지만, 사람들은 결국 소외감을 느끼며 기분이 나빠졌다(연구가 끝난 뒤, 피험자들이 마음의 안정을 되찾도록 실제로 무슨 일이 있었는지 설명했으니 안심해도 좋다). 이 실험을 통해 우리는 브렛이 Z세대의 일하는 방식에서 위협을 느꼈던 것처럼 수용되거나 배척당하는 기분을 시뮬레이션할 수 있었다.

게임이 끝난 뒤, 우리는 피험자들에게 전혀 관련이 없어 보이는 다른 과제, 즉 뉴스를 공유하는 새로운 앱의 베타 테스트를 부탁했다. 우리는 피험자들이 사전에 언급했던 친한 친구와 가족, 그리고 거리감이 있는 친구와 가족의 목록을 미리 앱에 입력해놓았다. 예상대로 피험자들은 대체로 친한 친구와 가족에게 뉴스를 공유했다. 그러나 사이버볼 게임에서 배척당하는 경험을 한 뒤에는 가까운 사람들에게 뉴스를 공유하는 양이 눈에 띄게 증가했다. 사회적 위협에 직면한(낯선 사람과의 게임에서 소외되는 사소한 일일지라도) 피험자들은 친구와 연결되고 유대감을 강화하며 기분을 풀 수단으로 공유를 선택했다.

그러므로 타인의 생각과 감정을 이해하도록 돕는 뇌 영역, 즉 사회 관련성 체계가 아이디어를 공유하는 사람들의 관심을 추적하는 것은 자연스러운 일이다. 여러분이 최근 공유했던 것이나 타인이 여러분에게 공유했던 것을 떠올려 보자. 예를 들어 최근 로라는 육아에 관한 팟캐스트 에피소드를 내게 공유했다. 로라는 항상 보답받지 못하더라도 자녀를 존중하는 양육법을 다룬 팟캐스트가 쌍둥이 아이를 키우는 내 일상과 관련이 있다는 사실을 알았다. 우리는 어떻게 경계를 설정해야 할까? 다른 사람의 행동을 통제할 수 없다면 어떻게 행동해야 할까? 같은 주제들을 다룬 그 팟캐스트 방송은 사려 깊고 재미있었다. 획기적인 조언까지는 아니었지만 흥미로운 내용이었고, 내 양육 경험과도 충분한 관련이 있어서 공유할 가치가 있다고 생각했다. 나는 이 팟캐스트를 우리 집 쌍둥이들과 비슷한 나이의 자녀를 키우는 애나^{Anna}와 애슐리^{Ashley}에게 공유했다. 엠마^{Emma}에게는 보내지 않았는데, 엠마는 자녀가 없었으므로 이 내용에 관심이 없을 거라고 생각했기 때문이었다. 하지만 애슐리가 내게 HBO 프로그램에 우리 고향이 나왔다고 알려줬을 때는 엠마에게 즉시 스크린샷을 보냈다. 우리가 예전에 자주 다니던 장소가 유명한 프로그램에 나온 걸 보면 엠마도 기뻐하리라고 생각했기 때문이다.

무언가를 누군가와 공유할 때 우리는 모두 이런 계산을 거친다. 대개 이런 결정은 신중할 필요가 없다. 나는 자동으로 (그리고 반쯤은 의식적으로) 팟캐스트와 HBO 프로그램의 사회 관련성을 추측해서 이를 공유할지, 공유한다면 친구 중 누구에게 보낼지를 결정했다. 애나는 이걸 좋아할까? 이 프로그램을 보고 웃을까? 육아 조언이 명확한가? 이걸 보면 나에 대해, 그리고 우리의 관계에 대해 어떻게 생각하게 될까? 우리가 이를 항상 의식하지는 않더라도 사람들이 공유를 결정할 때 뇌의 사회 관련성 체계가 활성화되는 모습을 통해 이 과정이 자연스럽게 진행된다는 걸 알 수 있다.[23] 메시지의 사회 관련성에 관한 인식을 바꾸기 위한 개입(기사 내용을 단순하게 설명하는 글보다는 '누군가를 도울' 글을 요청하는 것)도 사회 관련성 체계의 활성도를 높이며 (더불어 가치 체계와 자기 관련성 체계도 활성화된다) 사람들의 공유 동기를 증가시킨다.[24]

사회 관련성은 다른 사람을 돕고 연결감을 형성하려는 욕구를 넘어서기도 한다. 지위를 획득하고 멋지거나 영리하거나 유능하게 보이려는 욕구, 타인을 설득하려는 마음으로 확장되기도 한다.[25] 실제로 자기 관련성이 공유에 관한 사람들의 관심을 높일 수 있다는 결론을 내렸던 연구에서는 사회 관련성 효과도 폭넓게 나타나는 것을 확인했다.[26] 자신에 관한 내용을 넣도록 유도하는 단순한 제안이 공유를 장려할 수 있으며, 자신의 네트워크에 적합하게 맞춤형 콘텐츠를 만들도록 권유하는 방법도 마찬가지로 효과가 있었다. 콘텐츠를 보고 다른 사람이 어떻게 느낄지(이 뉴스로 누구를 즐겁게 할 수 있을까?), 친구가 이 정보에서 어떤 이익을 얻을지(이 정보를 알려야 할 친구를 태그하고 이유를 설명하라) 등 무엇이든 강조할 수 있다. 자기 관련성 효과와 마찬가지로, 특정 콘텐츠가 자신의 네트워크에 있는 사람들과 관련성이 높다고 평가할수록 사회 관련성 체계의 활성도는 더 높아졌다.

하지만 익명으로 공유한다는 선택지가 있다면 어떨까? 이 경우에 사회 관련성 체계는 다르게 움직일까? 선전 대학교에서 진행된 연구에서 팡 추이Fang Cui, 이자 중Yijia Zhong, 청후 펑Chenghu Feng, 샤오저 펑Xiaozhe Peng은 학생들의 뇌를 스캔하는 동안 그들에게 기사를 보여줬다.[27] 그중에는 도덕적인 행동에 관한 기사(사람들을 돕고 저축하고 기부하는 이야기)도 있었고, 비도덕적인 행동에 관한 기사(사람들을 해치고 시신을 유기하고 사기 치는 이야기)도 있었다. 학생들은 이 기사를 다른 사람과 공유할 수 있었지만 여기에는 한 가지 조건이 있었다. 기사 중 절반은 익명으로, 나머지 절반은 학생들의 실명으로 공유해야 했다.

연구팀은 공유라는 행위에서 자기 관련성과 사회 관련성이 핵심 동기를 제공한다는 점을 알았지만, 익명이라는 요인 때문에 사회 관련성 체계가 개입하는 경향이 바뀔지 궁금했다. 익명성은 타인의 생각과 감정을 이해하게 돕는 뇌 체계를 덜 사용하게 만들까? 실험 결과, 학생들은 전체적으로 비도덕적인 기사보다 도덕적인 기사를 더 많이 공유했다. 이 현상은 특히 실명으로 뉴스를 공유할 때 두드러졌으며 학생들의 사회 관련성 체계 역시 활성화됐다. 그 뒤, 연구팀이 비침습적 뇌 자극 기술을 사용해서 사회 관련성 체계의 활성도를 바꾸자 학생들은 이에 맞춰 반응했다. 뇌 자극으로 사회 관련성 체계의 핵심 영역에서 활성화가 억제되자 학생들은 실명으로 비도덕적인 기사를 공유하면서도 덜 주저하는 모습을 보였다. 다시 말해 연구팀이 사회 관련성 체계를 억누르자 학생들은 온라인에 공유하는 콘텐츠 유형에 대해 덜 신경 쓰게 됐다.

다른 많은 사람들이 자신과 같은 의견을 공유한다고 생각하면 사회 관련성 체계를 활용하는 방식도 바뀐다. 예전에 내 연구실에서 대학원생으로 있었던 크리스 카시오 Chris Cascio와 엘리사 백 Elisa Baek은 사람들이 다른 사람도 같은 것을 추천한다고 믿을 때 모바일 게임 앱 같은 제품 정보를 더 적극적으로 공유한다는 사실을 알아냈다.[28] 이 책의 앞부분에서 소개했듯이, 나는 많은 사람이 베네딕트 컴버배치를 매력적으로 생각한다는 사실을 알게 된 뒤 그를 더 매력적으로 느꼈다. 같은 맥락의 심리학과 신경과학 원리로 사람들이 무엇을 공유하고 추천할지에 관한 선호도와 그에 따른 뇌 반응을 바꿀 수 있다. 사람들은 대개 이미 어느 정도 인기 있는 아이디어를 공유하기를 선호한다.

이런 경향은 무엇이 인기 있는지를 잘못 파악하면 오히려 역효과를 불러온다. 예를 들어, 기후변화처럼 긴급한 사회 문제에 관한 연구 결과에 따르면 사람들이 지구온난화에 대해 자신은 관심이 있지만 타인은 그렇지 않다고 잘못된 믿음을 가지는 경우가 많다.[29] 학자들은 이 현상을 다원적 무지 pluralistic ignorance(실제로는 다수의 개인이 주목하지만 소수 의견이라고 잘못 인지하는 경향-옮긴이)라고 부르며, 이런 인식 때문에 사람들은 기후변화 정책 같은 주제에 관해 의견을 말하거나 공유하는 데 소극적으로 행동한다.[30] 많은 사람이 동의하거나 가치 있게 여겨줄 것이라고 생각하지 못하기 때문이다(임금님의 새 옷 이야기를 다시 생각해보자!).

그러나 이미 많은 사람이 친환경적인 행동을 실천하며 공유하고 있다는 사실을 강조하면 동참하려는 동기를 높일 수 있다는 연구 결과도 있다.[31] 스탠퍼드 대학교의 심리학자 그레그 스파크먼 Gregg Sparkman과 그레고리 월턴 Gregory Walton은 아이디어나 주장이 막 힘을 얻기 시작하는 초기 단계에는 (점점 더 많은 사람이 동참한다는) 상승 추세를 강조하면 사람들의 행동 의지가 높아진다는 점을 입증했다.[32] 사람들은 자신이 더 큰 규모의 집단에 속해있다고 느끼면 개인적으로 실천할 뿐 아니라 타인에게 공유도 하면서 더 큰 추진력을 만들어낸다.[33] 예를 들어, 자신이 환경에 관심을 갖고 점점 성장 중인 사회 집단의 일원이라는 생각을 갖게 되면 친환경적 태도와 행동이 강화된다. 따라서, 사람들이 자신에 관한 내용을 포함하도록 유도하는 아주 단순한 시도로 공유를 장려할 수 있듯이, 성장 중인 집단에 동참하라는 권유도 사람들에게 행동을 촉구하는 동기를 부여할 수 있다(변화를 요구하기 위해 대표자들에게 연락하며 성장 중인 집단에 참여하라).

더 많이 공유되는 아이디어의 비밀

당시 박사과정 학생이었던 크리스틴 숄츠가 연구 계획에 관해 논의하려고 사무실에 왔을 때, 나는 소파에 앉아있었다. 나는 무언가를 공유하겠다는 개인의 결정 너머로, 어떤 아이디어는 많은 사람에게 공유되지만 어떤 아이디어는 사장되는 이유가 무엇인지 고민하는 중이었다. 또한, 내가 대학원생 시절에 진행했던 텔레비전 연구를 대규모로 확대할 수 있을지, 실험실 환경이 아니라 실제 삶에서도 다양한 시청자들의 뇌에서 특정 콘텐츠가 고유하기에 더 매력적이라고 여기게 만드는 공통점이 있을지도 궁금했다. 현실 세계에서 개인으로부터 개인으로 아이디어가 전파될 때도 같은 원리가 작용할까? 내 첫 번째 연구에서 인턴들의 뇌 활성도가 제작자들의 결정을 예측했듯이, 최초 공유자의 뇌 활성도를 보면 차후 얼마나 많은 사람이 공유 결정을 내릴지도 예측할 수 있을까?

나는 사람들이 모바일 게임 앱을 공유하는 동기를 조사해보고 싶었지만 크리스틴은 사람들의 행복에 더 큰 영향을 줄 수 있는 다른 아이디어를 제안했다. 그는 사람들이 건강 관련 기사를 읽을 때 뇌에서 일어나는 일을 관찰하자고 주장했다. 뉴스는 종종 우리가 주변 세계를 바라보는 방식을 바꾸며, 신문에는 건강 관련 기사를 전문적으로 보도하는 지면이 있다. 크리스틴은 이런 기사를 일일 건강 조언으로 볼 수 있다고 했다. 운 좋게도 당시 《뉴욕타임스New York Times》는 기사별 통계를 공개하고 있었는데, 얼마나 많은 독자가 각 기사를 읽었는지, 그리고 공유했는지를 확인할 수 있었다. 빙고! 대규모 공유에 관한 객관적인 측정값이었다.

그래서 우리 연구팀은 소규모 집단이 보여주는 뇌 반응 데이터를 근거로 전 세계에서 건강 기사를 공유하는 행위를 예측할 수 있을지를 탐구하기로 했다.[34] 우리는 필라델피아에서 약 40명씩 두 집단을 모집해서 피험자들이 기사를 읽는 동안 뇌를 스캔하고 이들이 기사를 공유할 가능성이 얼마나 될지를 평가했다. 실험에는 다양한 빈도로 공유된 실제 기사를 사용했다. 수십 번밖에 공유되지 않은 기사도 있었지만 수천 번 공유된 기사도 있었다. 우리는 피험자들이 많이 공유된 기사와 적게 공유된 기사의 차이점을 인식했는지를 확인하기 위해, 각 기사에 대한 평균적인 뇌 반응 데이터를 구했다. 그리고 피험자들의 가치 체계와 자기 관련성 체계, 사회 관련성 체계가 각 기사에 얼마나 강력하게 반응했는지를 수치화했다. 마지막으로 우리는 이 결과를 《뉴욕타임스》의 전 세계 독자 사이에서 각 기사가 이메일이나 소셜 미디어를 통해 다운로드되거나 공유된 횟수의 통계와 비교했다.

놀랍게도 우리는 미국의 한 도시에서 모집한 두 소규모 집단의 뇌 반응을 통해 어떤 기사가 전 세계적으로 가장 많이 공유될지를 예측할 수 있었다. 소규모 실험 집단에서 뇌 활성도가 가장 높게 나타난 기사는 실제로 온라인상에서도 가장 높은 공유율을 기록했다.[35] 사람들의 관심사가 광범위하고 다양한 듯 보이지만, 무엇이 인기 있을지에 대한 예측에서는 사람들의 뇌가 비슷한 반응을 보였다.

같은 데이터를 후속 분석한 결과, 이 소규모 집단에서도 일부 사람들의 뇌는 다른 사람들보다 폭넓은 대규모 공유를 예측하는 데 더 뛰어났다는 사실이 밝혀졌다.[36] 처음 이 연구를 시작했을 때, 피험자를 《뉴욕타임스》 애독자로 제한해야 한다고 주장한 연구원들도 있었다.

그들의 논리는 이랬다. 뉴스를 읽는 데 관심이 없는 사람의 뇌를 스캔하기 위해 자원을 낭비할 필요가 있는가? 하지만 여러 현실적 제약으로, 우리는 뇌 스캐너에 안전하게 들어갈 수 있고 참여를 원하는 누구나 지원하게 하자고 결정했다. 결과적으로 다행이었다. 당시 박사후 과정 연구원이었던 브루스 도레Bruce Doré는 데이터를 분석하다가《뉴욕타임스》애독자인 피험자들은 우리가 보여주는 거의 모든 기사에 가치 체계 활성도가 높아진다는 사실을 발견했다. 당연한 결과였다. 그들은《뉴욕타임스》를 정말 좋아했기 때문이다! 그러나 이는 화제가 될 만한 기사와 열성적인 애독자만 좋아하는 기사를 구별하는 데 애독자의 뇌는 그다지 도움이 되지 않는다는 뜻이기도 했다. 반대로《뉴욕타임스》를 자주 읽지 않는 사람들의 뇌는 기사 변별력이 더 뛰어났다. 이들의 가치 체계에서 활성도가 높아지면 그 기사가 전 세계에 널리 공유될 가능성이 더 컸다. 나중에 돌이켜보니 이는 당연한 일이었다. 무언가가 널리 받아들여지려면 이미 열성적인 사람들뿐만 아니라 해당 분야와 관련이 적은 사람들도 좋아해야 한다.[37]

기업은 이런 부분을 활용해서 제품 시장을 확장해나간다. 애플이 사용자 친화적인 인터페이스를 만들고 기술 애호가뿐만 아니라 수많은 소비자의 상상력을 사로잡아 가전제품 시장에 혁신을 일으킨 방식을 생각해보자. 아니면 핏빗이 걸음 수 측정을 대중화하고 운동선수가 아닌 일반인의 활동량에 초점을 맞춘 방식을 떠올려보라. 따라서 기후변화 같은 중대한 사회 문제를 다루는 방법을 고려할 때, 특별히 환경을 의식하지 않는 사람과 의사 결정 과정에서 다른 요인을 더 우선시하는 사람에게도 실용적이며 비용 대비 효율이 높은 제품과 기술을 설계해야 할 것이다. 기후변화에 대응하는 이유와 방법을 전달하는 메시지를 만들 때도, 환경보호에 관심이 적은 사람들의 가치 체계 활성도를 관찰함으로써 특정 방식이 얼마나 광범위하게 받아들여질지를 예측할 수 있다.

정보 공유의 신경과학에 관한 초기 연구 이후 우리는 몇 가지 연구를 더 진행해서 한 집단의 가치 산출이 다른 집단을 얼마나 폭넓게 대표할 수 있는지를 탐색했다. 크리스틴 숄츠는 지금은 암스테르담 대학교에서 설득 커뮤니케이션 교수로 재직 중이며, 나와 마찬가지로 연구실을 운영한다. 숄츠는 네덜란드에서도 이따금 《뉴욕타임스》를 읽지만 유럽에서는 다른 뉴스 매체가 더 큰 영향력을 가진다. 우리가 최초로 했던 연구는 《뉴욕타임스》 기사가 전 세계에 얼마나 많이 공유되는지를 관찰했지만, 네덜란드 사람들은 당연히 《뉴욕타임스》를 즐겨 읽지 않는다. 네덜란드 사람들을 대상으로 비슷한 연구를 한다면 네덜란드인의 가치, 자기 관련성, 사회 관련성 반응은 미국의 피험자들이 그랬듯이 기사의 성공 여부를 예측할 수 있을까? 즉 우리가 이전 연구에서 발견한 사실은 미국과 공통점도 차이점도 있는 네덜란드 같은 다른 문화권에서도 적용될까?

원래 연구와 비슷하게, 우리는 피험자들이 기사 제목을 읽는 동안 그들의 뇌를 스캔했고 기사를 읽을 의향이 얼마나 있는지를 평가하게 했다. 그런 뒤, 우리가 기록한 뇌 활성도와 피험자들의 자가 보고서를 토대로 각 기사가 페이스북에서 실제로 얼마나 공유될지를 예측했다.

우선, 코로나19 팬데믹(이때가 2021년이었다)과 최근의 사건들이 사람들의 마음에 영향을 미쳐서 연구 결과가 달라질 수도 있다는 의구심에도 불구하고, 우리는 이전의 연구 결과가 굳건하다는 사실을 확인했다. 상대적으로 소규모인 피험자 집단의 뇌 활성도는 여전히 건강과 기후변화에 관한 기사가 수천 명의 사람들 사이에서 얼마나 널리 공유될지를 알려주는 지표 역할을 했다.[38] 하지만 두 집단의 뇌 신호와 자가 보고서 평가가 각각 기사 확산 가능성을 얼마나 잘 예측할지를 비교했을 때 매우 흥미로운 결과가 나왔다. 미국인의 평가는 온라인에서 기사가 실제로 얼마나 널리 공유되었는지와 일치했지만, 네덜란드인의 평가는 그렇지 않았다. 네덜란드 피험자들은 《뉴욕타임스》 독자들이 널리 공유하지 않은 기사에 관심을 보이거나, 널리 공유된 기사를 별로라고 느끼기도 했다. 그러나 네덜란드 피험자들의 뇌 활성도는 그 기사들이 전 세계에 얼마나 널리 공유됐는지와 일치했다. 즉 네덜란드 피험자들이 기사 내용을 의식적으로 평가할 때는 그들의 보고서의 실제 공유 가능성을 잘 예측하지 못했지만, 그들의 뇌는 여전히 유용한 정보를 제공했다.

이 결과는 우리가 무엇을 가치 있게 여기고 어떻게 공유할지를 결정하는 그 근원적인 본질에 관해 아주 흥미로운 점을 시사한다. 어떤 기사를 읽고 싶은지에 관한 자가 평가에서 네덜란드인과 미국인의 대답에는 차이가 있었지만, 우리가 관찰한 그들의 가치 체계 반응은 유사했다. 왜 이런 일이 일어날까?

아직은 그 이유를 모른다. 하지만 나는 더 많은 연구를 통해 우리가 공유하는 콘텐츠에 관한 의식적인 생각과 별개로 뇌 반응이 인간의 더 근본적인 욕구(연결의 가능성이나 멋져 보이는 것)를 반영하는지 아니면 두 문화권의 사람들 사이에 보편적으로 공유하는 다른 가치의 원천이 있는지를 알고자 한다. 나는 이 가능성이 정말 흥미롭다고 생각한다. 어쩌면 우리의 근본적인 자아, 사회, 그리고 가치 체계를 활성화하는 아이디어들은 보기보다 훨씬 더 유사할지도 모른다.

나의 문제에서 우리의 문제로

    자기 관련성과 사회 관련성이 타인과 정보를 공유하려는 동기를 부여하는 과정을 이해하면 테오가 내게 오늘 하루의 안부를 물었을 때처럼, 혹은 에릭이 로라와의 데이트에서 패스트 프렌즈 게임을 계획했을 때처럼, 상대에게 오롯이 관심을 쏟는 방법을 배우는 데 도움이 될지도 모른다. 이런 동기를 이해하면 현재에 집중하고 싶은데도 스마트폰이나 소셜 미디어로 자꾸만 손이 가는 충동을 더 잘 이해할 수 있다.

    에릭이 로라에게 장미꽃 이모티콘을 보내고 3년이 되기 전에 청혼했을 때, 가족 중에서 그 소식을 제일 먼저 들은 사람은 나였다. 집에 돌아가는 길에 두 사람이 할머니와 어머니께 결혼 소식을 알리겠다고 해서 나는 스마트폰 카메라를 미리 준비했다. 어머니와 할머니는 아는 사람 모두에게 이메일로 이 소식을 전하고 싶어 하실 분들이란 걸 알았기 때문이다. '식탁에서는 스마트폰 금지'라는 규칙이 있었지만 한 바탕 흥분이 가라앉자 추수감사절 저녁 식사 자리에서 친구들에게 사진을 보내지 않을 수 없었다(가족들은 너그럽게도 내게 면죄부를 주었지만 30분 정도 기다렸다가 저녁 식사가 끝난 후에 사진을 보냈다면 더 좋았을 것이다).

하지만 우리 모두 잘 알듯이 타인에게 손을 내밀고 무언가를 공유하면서 추구하는 유대감은 즐거운 시간, 사랑에 빠지는 순간만을 위한 것이 아니다. 사랑하는 친구 에밀 브루노Emile Bruneau가 악성 뇌종양인 교모세포종glioblastoma을 진단받았을 때 명확해졌듯이, 우리가 힘든 시간을 겪을 때나 공동체를 만들고 변화를 일으키려는 때에도 유대감은 뚜렷하게 드러난다.

진단을 받고 2주가 지나기 전에, 에밀은 가까운 동료들을 초대해서 함께 모일 자리를 만들었다. 그의 집 거실에는 신경과학자, 정치학자, 전 세계의 분쟁 지역에서 활동하는 NGO 리더들이 모였다. 필라델피아에 사는 사람들은 옹기종기 모여 앉았고 외국에 있는 사람들은 줌으로 참여했다. 그날의 에밀은 활력이 넘치고 집중력도 좋았으며 눈은 반짝거렸다. 그리고 13센티미터 길이의 새로운 흉터가 목덜미에서 시작되어 머리뼈 위쪽으로 뻗어있었다. 상처를 봉합한 철심이 아직 남아있었다.

에밀은 내 동료였다. 나는 그를 4년 전 우리 연구실에 채용했었고, 그 후 그는 자신의 연구실인 펜실베이니아 평화와 갈등 신경과학 연구실Penn's Peace and Conflict Neuroscience Lab을 열었지만, 우리는 계속해서 쭉 동료로 지냈다. 그는 이 모임에서 자신의 비전, 즉 콜롬비아의 평화를 증

8장 뇌를 변화시키는 연결과 공유

진하고, 분쟁으로 혹은 역사적으로 소외되어 비인간화되는 사람들을 줄이며, 미국과 여러 국가에서 확산되고 있는 정치적 양극화에 맞서는 일에 집중하고 싶다고 했다. 이 모임은 에밀이 수술 후 처음으로 조직한 일이었다. 그만큼 에밀에게는 이 문제들이 중요했다. 그는 이 프로젝트를 진행할 유일한 방법은 이 자리에 모여있는 모든 사람과 공유하는 것이라는 사실을 알았다.

그는 자신이 평생 생각했던 숙원 사업을 우리에게 알려줬다. 그는 이 상황이 상당히 기이하다는 점을 인정했다. 에밀에게 남은 시간은 2년이 채 되지 않을 것이기에 에밀이 부른 사람들은 슬픔에 젖어있었다. 에밀은 슬픔을 함께 나누는 것의 가치도 이해했다. "이건 신성하고 소중하며 인류의 너무나 아름다운 면입니다"라고 그는 말했다. "여러분에게서 슬픔을 뺏고 싶지는 않습니다. 하지만 내 비전을 일부나마 여러분에게 전하고 싶습니다." 그는 우리가 자신의 유산을 이어받아 계속 나아가길 바란다며 말을 이었다. "우리의 목표는 그저 좋은 과학보다는 더 훌륭해야 합니다. 과학이 아무리 중요하고 멋지고 좋은 일이더라도 말이죠"라고 그는 강조했다. "우리는 더 잘할 수 있습니다. 우리에게는 어둠을 뚫고 나가 빛을 전파할 잠재력이 있습니다."

이 잠재력을 실현하기 위해 에밀은 우리가 이 회의에서, 그리고 이후 몇 달간 아이디어만 공유하는 게 아니라 서로 긴밀한 관계를 맺게 했다. 거실에서 열렸던 회의가 눈물 속에서 끝날 무렵, 에밀은 빛을 전파하기 위해 그가 구상 중인 위대한 잠재력에 접근할 수 있는 방법을 설명했다. "다행인 점은 이 힘이 우리 안에 있고 공동의 것이라는 사실입니다.[39] 이 힘은 누군가가 소유할 수 없습니다. 공동의 힘을 활성화하는 가장 좋은 방법은 공동체를 이루는 것이죠. 그래서 우리가 여기 모인 겁니다."

연결과 관련된 선택은 다른 차원의 공명을 일으킨다. 많은 사람이 그저 정보만 공유하면 사람들이 대의를 지지하리라고 착각한다. 하지만 그보다는 메시지를 통해 사람들에게 스스로 돌아볼 기회를 주거나 사회적 가치를 공유해야 한다. 에밀은 자신이 평생 해왔던 일을 했고, 이는 그의 생각의 전파력을 엄청나게 높였다. 그는 우리를 한데 모이게 했고, 정보뿐만 아니라 자신의 관계를 우리와 공유했으며, 이것이 그의 성과가 계속 살아남을 방법이라는 생각을 우리에게 깊이 심어줬다. 에밀은 그것을 우리의 문제로 만들었고, 우리가 서로 연결될 수 있는 다리를 구축하도록 도왔으며, 그래서 그의 부재 속에서도 우리는 서로 연락하면서 에밀의 더 큰 목표를 향해 일을 진전시킬 수 있었다.

우리가 무엇을 어떻게 공유하는지에 따라, 그리고 타인에게 우리와 공유할 기회를 제공하면서, 우리는 주변에 영향을 미칠 힘을 갖는다. 다음 장에서 살펴보겠지만, 이렇게 하면서 우리가 속한 문화를 형성할 새로운 행동 경로를 밝힐 기회를 얻게 된다.

9장

세상을 바꾸는
더 큰 선택

어떤 미래를
만들 것인가

2021년 노벨평화상을 받기 위해 연단에 올라서자 넘쳐흐르는 감정이 선명하게 느껴져서, 마리아 레사$^{Maria\ Ressa}$는 깊게 숨을 들이쉬었다. 그는 '민주주의와 지속적인 평화의 전제 조건인 표현의 자유를 수호하려는 노력'으로 찬사받았다.[1] 연단에서 마리아는 분쟁 지역에서, 그리고 아시아에서 자연재해나 정치적 재앙 같은 엄청난 참사를 보도하는 기자로 35년간 일하며 겪은 참혹함을 말했다.

여러분은 노벨평화상을 받은 사람은 매우 중대한 이해관계가 걸린 결정을 내리며 비범한 삶을 산다고 생각할지도 모른다. 어쩌면 여러분 생각이 옳을 수도 있다. CNN 마닐라 지국장과 아시아 수석 탐사보도 기자로 근무한 마리아는 자신의 고국인 필리핀에 뉴스 웹사이트 래플러^{Rappler}를 설립했다.[2] 마리아가 이끄는 래플러 팀은 정부 관리들에게 책임 묻기를 주저하지 않았으며 당시 대통령이었던 로드리고 두테르테$^{Rodrigo\ Duterte}$ 정부에 비판적이었다. 2019년에 마리아는 사이버 명예훼손 혐의로 체포되었는데, 전 세계는 이를 공개적인 비판을 정치적 동기에 의해 보복한 것으로 보고 있다. 그래서 마리아는 정말로 엄청

9장 세상을 바꾸는 더 큰 선택

난 이해관계가 걸린 선택을 했다. 그러나 그는 자신이 살아오면서 했던 더 작은 일상의 선택도 지금의 자신을 만들었다고 믿는다. 자서전 《권력은 현실을 어떻게 조작하는가》에서 밝혔듯이, 마리아는 배우기로 선택했고, 진실을 우선으로 하며, 비난받더라도 정직하게, 두려움을 수용하고, 협력하기를 선택했다. 이런 선택은 필리핀에서 미국으로 건너가 친구를 만들고 열심히 영어를 배우며 학교에서 뛰어난 성적을 거두는 등 그의 어린 시절을 이끌었다. 이 원칙은 마리아가 풀브라이트 장학금을 받고 필리핀으로 돌아와서 그를 오슬로에 세운 일을 시작하기까지, 경력 전반에 영향을 미쳤다.

마리아가 필리핀에 처음 돌아왔던 1986년에 옛 친구는 두 사람의 관계를 다시 불붙였다. 그는 마리아를 혁명으로 파괴된 피플스 텔레비전 4에 초대했다. 방송국은 전등이 모조리 깨진 상태였고 복도에는 고양이 오줌 냄새가 진동했다. 당시 그곳에서는 뉴스 프로젝트 자체가 버거웠다. 이제 막 출범한 필리핀의 독재정권은 뉴스 미디어를 엄격하게 통제했다. 따라서 여러분은 방송국 일자리를 제안받은 마리아가 마치 벽이 밀려드는 것 같은 압박감을 느꼈으리라고 상상할 수 있을 것이다. 하지만 마리아는 가능성을 엿보았다.

마리아는 함께 어울려 바쁘게 일하는 사람들을, 방송이 시작되기 직전에 대본을 써서 방송이 시작되면 이 대본을 읽을 아나운서에게 뛰어가는 사람들을 둘러보았다. "역사의 첫 장이 거대한 영향력 아래 열리고 있었다."[3] 마리아는 일자리를 수락했고 뉴스 제작에 뛰어들어 경력을 쌓았다. 그는 이것이 그가 속했던 문화에 의해 처음부터 정해졌던 일이라는 사실을 깨닫게 되었다.

노벨상을 손에 든 채 마리아는 말했다. "저널리즘의 핵심은 명예입니다.[4] 내 명예는 옳고 그름을 배운 성장 과정, 명예의 규율을 배운 대학 시절, 그리고 기자로서 살아온 시간, 내가 배우고 기사를 쓰게 한 규범과 윤리까지, 여러 세계를 넘나들며 쌓여왔습니다. 여기에 더해 필리핀의 우탕 나 루브 utang na loob 정신(도움을 받으면 은혜를 갚는 필리핀 고유의 문화-옮긴이), 즉 마음의 빚도 있습니다. 가장 좋을 때, 미래 세대에 갚는다는 방식이죠."

우탕 나 루브는 소소한 일상의 가치 산출을 형성하는 문화적 가치의 한 사례로 들 수 있다. 마음의 빚을 강조하는 문화권에 속한 사람은 누군가를 돕거나 자신에게 집중하는 것 중 하나를 선택해야 할 때 빚을 갚으려는 쪽으로 기울게 된다. 반면 관계보다 개인의 성공을 더 중요하게 여기는 문화권의 사람들은 그렇지 않다. 마리아는 "당신은 당신 자신뿐만 아니라 당신이 영향을 미치는 주변 세계에도 책임이 있다"라고 설명한다.[5] 마리아는 문화가 그 문화에 속한 개인의 신념과 선호도, 행동으로 만들어진다는 점을 알았다. 여기에는 여러분과 여러분 주변 사람도 포함된다.

실제로 문화와 우리가 가진 개인적 가치, 일상의 가치 산출 사이에는 오가는 것이 있다. 한편으로 문화는 뇌의 가치 산출에 영향을 미치는 규범과 정체성을 형성하며 우리가 주의를 기울이는 대상과 가치의 균형을 바꾸고 우리가 내리는 결정에 정보를 제공한다. 여기에는 우리가 '정상'이라고 생각하는 것부터 맛있는 아침 식사, 민주주의가 가장 좋은 정치 형태인지, 칭찬받았을 때 적절한 반응까지 모든 것이 포함된다. 반면에 문화 규범은 전적으로 결정론적이지 않다. 우리가 내리는 결정은 문화 규범에 합치하거나 아닐 수 있다. 우리의 행동은 타인의 가치 산출과 행동에 영향을 미치며, 시간이 지나면서 우리가 영향을 미치는 범위에서 문화 규범을 바꿀 피드백 고리를 만든다.

우리는 앞에서 동료들을 관찰하는 것이 우리의 가치 산출, 더 폭넓게는 우리가 주의를 기울이는 대상에 영향을 미친다는 점을 배웠다. 이제는 이 모든 것을 통합해서 거시적 수준에서 살펴보려 한다. 문화 규범이 어떻게 우리의 가치 산출을 형성하는지, 그리고 어떻게 개인의 선택이 문화 규범을 형성하거나 재형성할 힘을 갖는지 알아보자.

뇌의 작동을 바꾸는 문화의 영향력

여러분이 좋아하는 추억의 음식은 무엇인가? 젊은이들이 궁극적으로 추구할 직업을 정할 때, 혹은 결혼할지, 한다면 누구와 할지를 정할 때, 자율성이 얼마나 보장되어야 한다고 생각하는가? 이제 지구 반대편이나 다른 나라에 사는 사람, 아니면 여러분과 같은 나라지만 다른 지역에 사는 사람에게 동일한 질문을 하면 어떤 대답이 나올지 생각해보자. 사람들이 정상적이고 바람직하다고 여기는 것은 매우 다양하며, 연구에 따르면 다양한 문화권의 사람들은 같은 문화권에 속한 다른 사람과 비슷한 가치를 갖는다. 이런 문화적 가치와 관습은 우

리의 사고와 행동을 형성할 뿐만 아니라 뇌가 움직이는 방식도 바꾼다.[6]

흔히 서구 문화권 사람들은 자수성가한 개인, 자기 힘으로 성공한 스타처럼 독립성을 소중히 여기는 경향이 있다. 반면 동아시아 문화권 사람들은 사회관계와 공동체의 선을 우선하는 개인과 더 큰 목표를 함께 달성하는 집단처럼 상호의존성을 강조하는 경향을 보인다.[7] 이런 차이점은 사람들이 자기 관련성 및 사회 관련성 체계를 사용하는 방식에도 반영된다고 연구 결과는 보여준다. 동아시아 문화권 사람들은 사회 관련성 체계가 있는 영역의 활성도가 더 높게 나타나는 경향이 있다. 반면 서구 문화권 사람들은 자기 관련성 체계가 있는 영역의 활성도가 더 높은 경향을 보인다.[8]

베이징 대학교의 연구원인 이나 마$^{Yina\ Ma}$와 스후이 한$^{Shihui\ Han}$은 덴마크인과 중국인을 대상으로 자신을 나타내는 다양한 단어를 평가하게 하면서 뇌 반응을 비교했다.[9] 그러자 여러분의 예상대로 모든 피험자는 자기 관련성 체계에서 활성을 나타냈다. 하지만 덴마크인 피험자는 내측전전두피질 같은 자기 관련성 체계의 핵심 영역에서 더 높은 활성도를 보여주었다. 반면 피험자에게 다른 사람과의 관계, 즉 '임차인'이나 '교수'처럼 사람과 사람을 연결하는 단어가 자신을 설명하는지 판단하라고 했을 때, 중국인 피험자는 측두두정접합부를 포함한 사회 관련성 체계를 덴마크인보다 더 강하게 활성화했다. 설문조사에서 중국인은 덴마크인보다 상호의존성의 가치에 평균적으로 더 큰 비중을 두었다. 우리 자신에 대해 생각하는 방식을 형성하는 근본적인 신경 과정은 그 자체가 문화에 의해 구성된다.

9장 세상을 바꾸는 더 큰 선택

문화는 가치 산출에도 영향을 미친다. UCLA의 신경과학자 에바 텔저$^{Eva\ Telzer}$ 연구팀은 라틴계와 유럽계 미국인 청년의 사고 과정에서 가족에게 돈을 제공하는 선택이 다르게 처리된다는 사실을 발견했다.[10] 보통의 유럽계 미국인에 비해 라틴계 청년은 가족이 자신의 정체성에서 큰 부분을 차지하며 집안일을 하거나 형제자매를 돌보거나 사업을 도우면서 가족을 더 많이 돕는다고 보고했다(예를 들어 가족을 도와 정부 제출 서류를 대신 작성하거나 번역한다). 이런 문화적 차이가 일상적인 가치 산출에 어떻게 연관되는지 밝히기 위해 에바 연구팀은 피험자에게 가족에게 돈을 건넬지(일부는 자신이 쓸 돈도 포기해야 했다) 아니면 자신이 소비할지 결정하게 하면서 모두의 뇌를 스캔했다. 연구실에서 두 집단이 가족에게 돈을 보내는 경향은 비슷하게 나타났지만, 청년들의 뇌는 선택 과정을 다르게 처리했다. 라틴계 피험자는 가족을 돕기 위해 자기 돈을 포기할 때 뇌의 가치 체계에서 더 큰 반응을 보였다. 반면 유럽계 피험자의 가치 체계는 평균적으로 개인의 이익에 더 크게 반응했다. 즉 연구실에서는 비슷한 결정을 내렸지만 두 집단은 선택의 가치를 다르게 평가했다는 뜻이다.

이 효과는 연구실 밖에서도 나타난다. 두 집단 모두 가족에게 큰 금액을 건넬 때 가치 체계 활성도가 더 높을수록, 연구실 밖 일상에서 가족을 더 많이 돕는 경향이 있었다. 자신의 정체성이 가족과 깊이 연관되었다고 대답한 청년들은 이 효과가 더 강하게 나타났다. 이는 문화가 사람들의 행동에 대한 기대(이 경우에는 가족을 돕는 것)뿐만 아니라 행동의 의미와 보상에까지 관여한다는 점을 보여준다.[11]

종합해보면 이 연구와 그 외 많은 연구 결과는 문화가 뇌의 자기 관련성, 사회 관련성, 가치 체계에 영향을 미치는 방식과 특히 각각의 과정에 더 큰 가중치를 부여하는 시점을 강조한다. 제니 래드클리프가 독일 은행에 침입했던 일을 다시 살펴보자. 제니는 독일 문화가 공공질서를 우선하는 경향이 있다는 사실을 알았으므로 소동을 일으키는 데 주력했다. 제니는 로비에서 사람들의 시선을 끌면 독일인 경비원이 당황해서 그녀를 들여보낼 것이라고 (정확하게) 예측했다. 지중해 국가에서는 이런 방법이 통하지 않을 것이다. 지중해 국가 사람들은 보통 더 여유롭고 로비에서 벌어지는 소동에 관심을 두지 않는다. 문화적 맥락에 대한 지식은 경비원의 가치 산출 과정을 예측할 핵심 열쇠였다.

때로 실제와 달리 우리가 타인의 생각과 감정을 잘 알고 있다고 착각한다는 점을 고려하면, 이런 연구 결과는 다른 문화권에 속한 사람의 배경과 의사 결정 과정을 이해할 때 특별히 더 주의해야 한다고 강조한다. 여러분의 동료는 피드백을 어떻게 받고 싶어 하는가? 연인의 부모님을 처음 만나는 저녁 식사 자리에서 자기 의견을 고집하는 일은 적절한 행동인가? 근처에 조용히 책을 읽는 사람들이 있는 도서관이나 카페에서 수다를 떨기 시작하면 여러분의 친구는 어떻게 생각할까? 이런 질문에 다른 사람도 여러분과 같은 대답을 하리라고 가정하기보다는 다른 사람을 관찰하고 질문해서 데이터를 모으는 편이 더 낫다.

틀을 깨뜨리는 사고가 변화를 이끈다

문화가 우리에게 미치는 영향은 매우 강력하지만 그것이 우리의 행동이나 생각을 완전히 결정하는 것은 아니다. 우리는 더 거대한 문화의 흐름을 따라 혹은 반대로 움직이는 영향력의 집합체인 문화 안에서 자신만의 복잡한 정체성을 갖춘다. 나이, 인종, 젠더, 성적 지향, (무)능력, 교육 수준, 경력 수준, 그 외 정체성의 여러 측면은 타인이 우리에게 기대하는 행동, 우리의 행동에 따른 보상이나 처벌, 우리 자신에게 기대하는 것들을 형성한다. 다양한 상황은 정체성의 여러 측면을 두드러지게 하며 우리에게 다른 선택지와 우선순위에 집중할 기회(혹은 한계)를 부여한다.[12]

연구는 사람들이 집중하는 정체성을 바탕으로 선호도를 유도할 수 있다는 점을 보여준다. 뉴욕 대학교의 레오 하켈Leor Hackel과 제이 반 바벨Jay Ban Bavel은 캐나다인들이 캐나다인으로서의 정체성을 생각해야 하는 질문에 대답할 때, 캐나다 전통 음식인 메이플 시럽을 꿀보다 맛있게 느낀다는 사실을 발견했다.[13] 하지만 (캐나다인이라는 점에 집중하지 않고) 개인 정체성의 다른 부분을 생각하게 하면 메이플 시럽과 꿀을 똑같이 맛있게 느꼈다. 문화적 정체성은 그 순간 어떤 음식이 맛있는지 같은 아주 기본적인 부분에서도 우리의 가치 산출에 영향을 미친다. 하지만 이보다 더 중요한 사실은 이 연구가 우리의 정체성이 다면적이며 우리가 처한 상황이 정체성의 어떤 측면을 가장 중요하게 여길지를 결정한다는 점을 밝혔다는 것이다. 캐나다인들이 항상 메이플 시럽을 선호하지는 않는다. 우리가 누구인지와 우리가 처한 사회적 상황이 상호작용하면서 그 순간 우리가 관심을 가질 대상을 결정한다. 우리의 정체성 일부가 사회적 상황에 반응한다면, 다양한 정체성과 상황은 우리 뇌가 자기 관련성, 사회 관련성, 가치를 계산하는 방식에 어떻게 영향을 미칠까?

내 연구실에서 일하는 커뮤니케이션 신경과학자 아리나 티벨레네바Arina Tveleneva와 크리스 카시오는 사람들이 의사 결정을 할 때 젠더에 대한 고정 관념이 독립성과 상호의존성이라는 문화적 가치와 어떻게 상호작용하는지 탐색했다.[14] 이 연구에서 피험자는 다양한 모바일 게임 앱을 보고 관련 설명을 듣고 나서 그 앱을 추천할지에 관한 1차 평가를 했다. 그 뒤 뇌 스캐너에 들어간 피험자에게 각각의 게임 앱과 처음 했던 평가를 상기시킨 후, 동료들이 게임을 어떻게 평가했는지(피험자보다 더 높음, 더 낮음, 같음, 평가 정보 없음)도 알려주었다. 그런 다음 최종 평가를 했다. 우리는 성 정체성과 성 정체성에 관한 고정 관념이 사람들의 행동에 영향을 미칠지가 궁금했다. 구체적으로 설명하자면, 더 독립적이고 개인주의적이라는 고정 관념에 맞는 남성과 더 상호의존적이며 공동체 지향적이라는 고정 관념에 맞는 여성은 동료의 피드백을 처리할 때 이런 고정 관념을 거부하는 사람들과 뇌를 다르게 활용할까?

우리는 그렇다는 사실을 발견했다. 고정 관념에 맞는 여성(더 상호의존적인)과 남성(더 독립적인)은 모바일 게임 앱에 대한 동료의 견해를 따를 때 뇌의 사회 관련성 체계가 더 활성화하는 경향을 보여주었다.

다시 말하자면, 사회가 제시하는 행동 방식에 순응하는 사람은 집단이 그들에게 기대하는 대로 행동할 때 뇌 활성도가 더 높았다. 그들에게는 집단의 기대에 순응하는 편이 더 쉬울 것이다. 아니면 순응이 사회적으로 가장 적절한 방법이라고 생각할 수도 있다.

반면 독립적인 여성과 상호의존적인 남성은 반대 양상을 보였다. 그들은 집단에 저항할 때 사회 관련성 체계 활성도가 높아졌지만 순응할 때는 뇌 활성도가 높아지지 않았다. 이들은 사회를 거스르는 것만큼 순응을 가치 있게 여기지 않고 주류의 기대에 저항하는 것이 사회적으로 더 적절하다고 여길 수도 있다.

대개 여성은 더 순응하고 남성은 더 저항한다고 생각하지만, 미국에는 지배적인 규범이 존재하므로 이는 젠더 집단에의 문화적 기대와 젠더 집단이 이 기대에 부응한 태도가 상호작용한 결과다. 문화적 기대는 인간의 뇌가 사회 관련성을 계산하는 방식에 영향을 미친다. 우리가 문화적 기대감에 저항하면, 우리 개인의 정체성은 우리가 반응할 방식을 결정할 것이다. 문화적 영향력과 개인 정체성의 상호작용은 우리가 세상에 반응하는 방식을 결정하며, 어느 한쪽만 영향을 미치지는 않는다.[15] 이 상호작용에는 엄청난 잠재력이 있다. 전체와 개인의 부조화는 상위 문화 규범에 엄청난 변화를 일으킬 수 있다.

나의 행동은 주변 사람에게 영향을 준다

마리아 레사가 가족, 공동체, 교육에서 배운 가치를 지지하고 마음의 빚을 갚기 위해 계속 기사를 보도하기로 결심했을 때, 그는 위험한 일에 뛰어든다는 사실을 자각하고 있었다. 하지만 자신을 주시하는 눈들이 있다는 사실도 알았다. 마리아의 결정은 다른 사람에게도 영향을 줄 것이고, 그들도 표현의 자유, 민주주의, 사실에 접근할 권리의 중요성에 대해 그들 자신만의 결정을 내릴 것이다.

마리아는 두테르테 대통령에 대해 보도하지 않을 수도 있었다. 마약과 폭력 같은 정치적 격론을 일으킬 만한 뉴스에서 한발 물러설 수도 있었다. 정부가 그의 회사 래플러를 보복 수사하기 시작했을 때, 탐사보도에서 손을 뗄 수도 있었다.

우리가 매일 선택하는 이해관계가 얽힌 결정들은 아마 마리아의 결정보다 극적이지 않을 것이다. 우리는 사실을 공유하거나 온라인에 자기 견해를 올렸다는 이유로 체포당할 일이 없을 테니 말이다. 하지만 우리가 공유하는 내용과 세상에 자신을 드러내는 방식은 다른 사람에게 영향을 주고 새로운 길을 보여줄 가능성이 있다. 우리의 빛이 가장 작은 틈새를 통해 아주 조금씩 스며드는 것으로 시작하더라도 말이다. 그 작은 빛은 결국 집단 전체에 퍼져나가고 문화 규범을 바꿀 수 있다.

2016년, 천재 상으로 불리는 맥아더 펠로십 수상자이자 프린스턴 대학교 심리학자인 벳시 팰럭$^{Betsy\ Paluck}$이 이끄는 연구팀은 뉴저지주 학생들이 주변 사람과 문화에 미치는 영향력을 밝혀냈다. 벳시 연구팀은 뉴저지주 중학교 56개교를 대상으로 2만 4000명 이상의 학생을 조사했다. 연구팀은 중학교에서 소규모 학생 단체인 '씨앗 학생$^{Seed\ students}$'을 무작위로 선출했다. 이 단체는 부당함에 맞선다는 목표를 공개적으로 밝히고 이를 시행할 방법을 연구팀과 함께 집중적으로 탐색했다. 다시 말하면 씨앗 학생은 학교가 어떻게 변하면 좋을지 생각하고, 이 생각을 친구들과 어떻게 공유해야 가장 좋을지 고민했다. 학생들은 포스터를 만들어 학교에 붙이고 온라인에서 해시태그 슬로건과 이 아이디어를 생각해낸 학생들의 사진을 공유했다. 씨앗 학생 단체는 친절이라는 규범을 강조하고 장려하는 방법의 하나로, 친구들을 지지하거나 괴롭힘이나 왕따, 폭력 등을 막는 학생에게 팔찌를 나눠주기도 했다.

이 모든 노력의 목표는 해롭고 적대적인 행동에 맞서 저항하고 숙고하는 사회 관련성을 강조하는 것이었다. 결과는 인상적이었다. 씨앗 학생들이 바람직한 규범의 본보기를 내세웠던 학교에서는 학생들의 갈등으로 인한 징계 보고서가 일 년 동안 거의 삼분의 일가량 줄었다. 이런 학교의 학생들은 친구와 해로운 갈등을 줄일 방법을 논의할 가능성이 더 컸고, 특히 씨앗 학생과 친구일 때는 더 그랬다. 씨앗 학생과 교류하는 학생들은 다른 학생이 나쁜 행동을 얼마나 탐탁잖아 하는지에 대한 인식이 놀라울 정도로 빠르게 바뀌었다. 예를 들어 오직 '소수의' 학생만이 인종차별적이며 소수민족 차별적인 농담을 못마땅하게 여긴다고 생각하던 학생들은 '약 75퍼센트'의 학생들이 이런 행동을 거부한다고 믿게 되었다. 전반적으로 씨앗 학생이라는 개입을 수용했던 학교는 그렇지 않았던 학교에 비해 학생들의 갈등에 관한 징계 보고가 평균적으로 감소했다. 혐오스러운 행동을 동료들이 못마땅하게 여긴다고 생각할 때 학생들이 이런 행동을 직접 할 가능성이 줄어들었다는 뜻이다.[16] 문화의 변화에 이바지하는 것은 개인만이 아니다. 이 연구는 자신이 속한 문화를 바꿀 힘을 운용할 도구를 제공하는 모델을 보여준다. 우리에게는 행동을 통해 지역 규범을 형성할 힘이 있으며, 다른 사람도 이 사실을 깨닫고 자신의 힘을 사용하도록 도와야 한다.

우리에게는 규범을 바꾸고 함께 일하면서 얻을 좋은(혹은 나쁜) 결과에 대한 사람들의 기대를 바꾸기 위해 각자 해야 할 역할이 있다. 설혹 아주 소소한 방식이고 한 번에 한 걸음씩만 전진하더라도 말이다.[17] 이런 점은 아이들과 아이들의 가치가 형성되는 과정에서 특히 선명하게 드러난다. 자녀에게 읽어주는 책이나 보여주는 영화, 건네주는 장난감. 이 모든 것이 젠더, 능력, 그 외 중요한 개념에 관한 자녀의 생각을 형성한다. 남성은 다정한 보호자가 되는 성향이 있을까? 소녀들은 전동 공구를 다루거나 낚시하려고 수업을 빼먹는 성향이 있을까? 지도자의 성향이 있는 사람은 누구이며, 어떻게 지도자가 되는가? 자녀와 나눈 대화도 우리가 이런 메시지를 어떻게 생각하는지 아이들이 이해하는 데 도움이 된다. 《룸펠슈틸츠헨^{Rumpelstilzchen}》에 나오는 아버지가 딸을 왕에게 데려가 짚을 자아서 황금으로 만들게 한 뒤, 왕과 결혼할 기회를 얻게 한 것은 멋진 일일까? 아니면 딸은 자신이 만

9장 세상을 바꾸는 더 큰 선택

들 황금에 관심이 더 많은 남자를 만나지 않는 게 나았을까? 딸에게 발언권을 줬어야 할까?

게다가 앞서 살펴봤듯이, 우리는 주변 환경의 다양한 부분에 주의를 기울일 수 있다. 이런 이유로, 우리가 소중히 여기는 가치와 일치하는 행동에 주의를 기울이고("저 아이가 장난감을 양보하는 거 봤니?", "내 아이스크림 나눠줄게, 우리 집에서는 간식을 나눠 먹거든.") 의사 결정 과정에 대해 이야기를 나누면("오늘 내 친구는 직장에서 스트레스를 받았어. 그래서 다른 마감을 조금 미루고 함께 산책했지. 쉽지 않은 결정이었지만 다른 사람에게 내가 그들을 배려하고 있다는 걸 보여주는 것도 중요하니까.") 자녀에게 전해주고 싶은 가치를 강조할 수 있다. 우리가 목표와 가치에 맞게 행동하면 자녀들도 이를 따르도록 동기를 부여할 수 있다. 그리고 다른 사람의 행동을 어떻게 느끼는지 알려주면 자녀가 그 행동의 사회 관련성을 비슷하게 생각하도록 변화를 이끌 수 있다.

성인에게도 같은 기본 전제가 적용되며, 우리의 행동은 친구와 주변 사람에게 영향을 줄 수 있다. 이런 일은 작은 것부터 시작된다. 특정 예술 양식에 대한 열정을 친구와 공유하면 친구의 미에 대한 근본적인 평가가 바뀔 수 있고,[18] 마찬가지로 우리가 어떤 음식을 좋아하는지 알리면 주변 사람들도 그 음식을 먹어보고 싶을 것이다.[19] 하지만 우리가 좋아하는 것, 싫어하는 것, 아이디어를 직접 공유하는 것에 더해 주변 사람들은 우리의 행동을 관찰하기도 한다. 그리고 이것이 그들의 행동에 영향을 미친다.

스탠퍼드 대학교의 에릭 누크Erik Nook와 자밀 자키가 발표한 연구에서는 우리가 주변 사람에게 미칠 잠재적인 영향의 중요한 측면 두 가지를 강조한다. 첫째, 순응은 타인과 다른 개인적인 선호도에 뚜렷한 명분이 있을 때조차 보상이 되고 가치가 있다. 친구와 식당에 가서 메뉴를 주문한다고 상상해보자. "나는 이 식당의 버터넛 스쿼시 수프가 좋아"라고 여러분은 중얼거린다. 여러분은 이 수프를 주문한다. "좋아, 그럼 나도 수프를 먹을래." 친구도 웨이터에게 주문한다. 친구의 뇌에서는 무슨 일이 일어난 걸까? 친구가 (메뉴판에도 있는) 피자를 좋아한다는 걸 아는데, 왜 수프를 주문하는 걸까?

에릭과 자밀의 연구를 보면 배고픈 사람은 자신의 음식 선호도가 타인의 선호도와 일치했을 때, 가치 체계에서도 특히 보상에 강하게 반응하는 핵심 영역인 복측선조체의 활성도가 높아졌다. 우리가 때로는 우리 자신의 입맛보다 동의에 더 많은 가치를 부여한다는 암시다(피자를 먹는 대신 여러분이 주문한 버터넛 스쿼시 수프를 먹는다). 더 나아가 집단과 조화를 이루는 데서 나오는 보상 반응을 더 많이 나타내는 사람일수록 다른 사람이 특정 음식을 자신보다 더 많이 혹은 더 적게 좋아한다는 사실을 알면 음식 선호도가 바뀔 가능성도 더 커진다. 바꿔 말하면 집단과의 조화를 최상의 가치로 여기는 사람은 동료의 의견에 가장 민감했다.[20]

둘째, 에릭과 자밀은 선택의 다양한 측면을 통합하는 가치 체계 일부(복내측전전두피질)를 관찰하면 동료의 의견이 이 사람의 행동에 미칠 잠재적 영향력을 알 수 있다고 밝혔다. 이 연구에서 배고픈 피험자는 처음에는 과일과 채소처럼 건강에 좋은 음식보다 감자칩과 사탕처럼 건강에 나쁜 음식 사진을 봤을 때 복내측전전두피질의 활성도가 더 높았다. 다시 말하면 앞선 연구에서 살펴보았듯이, 피험자의 뇌는 처음에는 정크푸드가 제공할 즉각적인 보상에 더 흥분했다. 그러나 에릭과 자밀은 피험자에게 다른 사람들의 건강한 음식 선호도를 설명하면서 그들의 초점을 바꿔놓았다. 그러자 피험자의 복내측전전두피질이 동료의 의견을 따르는 현상이 나타났다.

더불어 피험자의 장기적인 선호도도 바뀌었다. 연구에 참여한 피험자는 나중에 다른 사람들이 더 좋아하는 음식을 자신도 더 좋아하고, 다른 사람이 좋아하지 않는 음식을 처음보다 덜 좋아하게 되었다고 말했다. 이 모든 피드백이 실제로는 컴퓨터가 무작위로 제공한 피드백이었는데도 말이다(그러므로 음식의 맛과는 아무 상관이 없다). 식당의 예시에서 여러분의 수프 선호도는 친구의 근본적인 가치 산출과 스쿼시 수프를 얼마나 먹고 싶은지에 대한 평가를 바꾸었다. 당연히 친구가 다시는 피자를 먹지 않는다는 뜻은 아니지만, 더 건강한(혹은 덜 건강한) 음식을 먹는 성향의 사람들과 어울리면 장기적으로 우리의 식습관에 영향을 미치게 된다. 여러분의 선택은 다른 사람의 선택에 영향을 미치고, 그들의 선택은 더 많은 사람에게 영향을 준다.

이 현상은 음식 선호도를 넘어 폭넓게 확장된다. 연구는 더 상위의 도덕규범도 우리 주변 사람에 의해 영향받는다는 점을 보여준다.[21] 공동체에서 자원봉사 할 때 자녀를 데리고 가면 자녀들은 이웃과 친구들이 함께 일하는 것을 보면서 자원봉사를 할 사회 관련성이 높아진다. "투표 완료" 스티커를 붙이고 부하 직원에게 투표하러 갈 시간을 주는 것은 민주주의에 참여한다는 사회 관련성을 시사한다. 이전 장에서 살펴보았듯이, 특정 대의에 관한 여러분의 관심을 온라인에서 공유하면 다른 사람들이 사회 관련성을 더 많이 자각할 수 있다. 의식적으로 혹은 무의식적으로, 여러분의 행동은 타인이 생각하는 특정 방식의 행동 가치를 바꾼다.

'좋아요'를 누르거나 모임에 참석하거나 감사 인사를 하는 것 같은 단순한 행동조차 사람들의 가치 산출에 영향을 준다. 라이덴 대학교 신경과학자 요린 반 호른Jorien Van Hoorn과 에블린 크론Eveline Crone은 10대 청소년이 또래와 함께 있으면 기부에 더 관대해지는지 관찰했다. 10대 청소년들은 모두에게 이로운 자원 풀에 기부할지, 기부한다면 얼마나 할지 선택하는 게임을 했다. 실제로 모두가 지켜보는 상황은 피험자의 행동을 바꾸었다. 완전히 익명인 또래보다는 친구들과 게임을 할 때 10대는 자기 관련성과 사회 관련성 영역의 활성도가 더 높았고, 이 영역의 활성도가 높을수록 기부도 더 많이 했다.[22] 그리고 이런 기부는 친구들의 긍정적인 피드백에 의해 더 장려되었다. 친구들이 더 많은 기부에 대한 피드백으로 '좋아요'를 누르면 10대의 사회 관련성 영역의 뇌 반응은 더 활성화했고, 이는 더 큰 기부로 이어질 가능성이 컸다. 다시 말하면 여러분이 생각하기에 가치 있는 태도와 행동에 피드백을 주면 상대방 뇌의 가치 산출 방식에 영향을 줄 수 있다.

다른 목적으로 뇌 체계를 악용하는 동기도 있다. 소셜 미디어 알고리즘이 종종 분노를 용납하는 문화 규범을 장려하면서 분노를 증폭하는 방식을 살펴보자. 예일 대학교의 윌리엄 브래디William Brady와 몰리 크로켓은 수천 명의 트위터(현재 X) 사용자와 수백만 개의 트윗을 분석해서 사람들이 분노를 표현할 때 긍정적인 피드백을 받으면 앞으로도 트윗에 분노를 전시할 가능성이 더 커진다는 점을 입증했다.[23] 기부할 때마다 동료들이 '좋아요'를 누르면 사람들이 더 관대하게 기부하듯이, 플랫폼이 분노를 장려하면 사람들도 자신의 분노를 증폭한다. 분노를 표출해서 보상받으면 시간이 지나면서 더 많은 분노를 드러내게 되고, 그 행동이 적절하다는 규범이 충족되면서 피드백 고리는 강화된다. 결국 소셜미디어에서 정치 뉴스를 더 많이 읽을수록 여러분은 타인이 느끼는 분노를 과대평가할 것이고, 여러분 자신도 더 많이 분노해야 한다고 생각할 것이다. 타인의 분노에 '좋아요'를 누르고 공유하는 행동은 여러분뿐만 아니라 다른 사람도 비슷한 감정 표현을 증폭하도록 부추긴다.

우리가 타인과 아이디어를 공유할 때 가치 산출은 뇌에서 뇌로 전해진다. 즉 우리는 타인과 함께 규범을 만든다. 마리아의 말을 빌리자면 "우리의 말과 행동은 모두 우리의 친구, 친구의 친구, 심지어 친구의 친구의 친구까지 영향을 미친다."[24] 지금까지 살펴봤듯이 의사소통은 사람들의 뇌를 동기화할 수 있다. 우리가 다른 사람에게 선호도를 적극적으로 알리면 우리의 가치 체계에서 선호도를 생성하는 뇌 활성 패턴이 그들의 마음에서도 재현된다는 뜻이다. 연단에 선 마리아 레사가 노벨상을 받는 것을 보면서 우리 뇌는 마리아의 뇌에서 생성되는 뇌 활성 패턴 일부를 복제하고, 함께 연설을 듣는 청중과 잠시나마 조화를 이룬다.[25]

마리아는 이 사실을 어렴풋이 알고 있었다. 그는 2010년 5월에 치러진 필리핀 대통령 선거에서 사회적 영향력의 힘을 활용했다. 마리아 팀이 벌인 '투표하세요' 캠페인에서 그는 자신의 사회적 영향력을 사용했다. 크라우드소싱을 통해 정치와 사회 문제를 논의하는 시민 저널리즘 프로그램을 만들고 '아코 앙 시뮬라Ako ang Simula'라는 단순한 구호를 내걸었다.[26] 이 구호는 문자 그대로 "내가 시작이다"라는 뜻이며 속뜻은 "변화는 나로부터 시작한다"다. 이 구호는 마하트마 간디Mahatma Gandhi의 "변화를 원한다면 스스로 그 변화가 되어라"라는 명언과 플루타르크Plutarch의 "내면에서의 성취는 외면의 현실을 바꿀 것이다"라는 명언에서 영감을 얻었다.

연구는 이 메시지를 뒷받침한다. 개인은 주변 환경의 규범을 익히지만 이 규범을 새로운 환경에 전파할 수도 있다. 한 연구에서는 서로 협동하거나 경쟁하도록 지원하는 환경에서 피험자가 무작위로 다양한 게임을 하게 했다. 협동적인 사람들과 게임을 한 사람은 더 협동적으로 행동했지만, 경쟁적인 사람들과 게임을 한 사람은 협동성이 낮았다. 나중에 새로운 환경에서 게임을 했을 때, 협동적인 환경에 있었던 피험자는 더 협동적이고 친사회적인 태도를 보였고 규범이 한 환경에서 다른 환경으로 전파되는 방식을 보여줬다.[27]

만약 여러분이 직장 내 팀원들과 협력하고 함께 일하려는 노력을 칭찬하면서 협력을 장려한다면 그들은 나중에 다른 팀에서 일할 때 새로운 팀의 규범이 경쟁적이더라도 협력적인 태도를 보일 것이다. 하지만 여러분이 경쟁적으로 행동하거나 서로 경쟁하는 분위기를 조성

한다면 이런 분위기 역시 여러분의 조직 내 다른 팀까지 전염될 것이다. 우리가 개인으로서 하는 선택은 다른 사람에게 영향을 미치며, 그들의 선택 역시 우리에게 영향을 준다. 사람들이 계속 특정 아이디어와 행동을 선택하면 문화도 바뀌며, 이런 변화는 우리 사회, 자아, 그리고 가치 체계가 애초에 정보를 받아들이는 방식을 바꾼다.

이 현상이 마리아의 캠페인에서도 일어났다. 넉 달 동안 강연, 회담, 청년 활동가 연설, 콘서트, 워크숍을 조직하자 필리핀 선거위원회는 속도를 조금 늦춰달라고 요청했다. "쏟아지는 유권자 등록 서류가 너무 많아서 선거위원회에서 처리할 수 없습니다."[28] 시민 참여가 일으킨 진정한 변화였고, 이 변화는 마리아의 작은 팀에서 시작되었다.

앞에서 설명했듯이 사람들이 권력을 휘두르는 방식은 해로울 수 있지만 뉴저지주 학생들처럼 행복을 늘리고 마리아 레사의 노력처럼 시민 참여를 끌어낼 수도 있다. 우리의 표현이 전파될 수 있다는 점을 깨달으면 어떤 행동과 미사여구를 강화하고 억제해야 할지에 더 주의를 기울일 수 있다. 그러면 우리 주변 사람들이 우리가 보고 싶은 세상의 가치와 더 조화를 이루는 결과로 이어질 것이다.

선택은 우리가 사는 세상을 만든다

때로 우리는 더 큰 그림을 위한 목표와 가치에 우리의 결정을 조화시킬 시간과 에너지, 여유를 누린다. 때로는 가치 산출에 필요한 입력값에 주의를 기울이면서 서둘러야 할 때도 있다. 우리에게는 식탁에 올려야 할 저녁 식사 요리, 바닥에 널린 레고 블록, 친구들의 문자, 지켜야 할 마감이 있다. 가끔은 조금이라도 앞으로 나아가기 위해 그저 할 수 있는 일을 하는 날도 있다.

그러나 시간과 공간이 허락한다면 우리는 한 걸음 물러서서 시간과 에너지를 어떻게 사용할지, 누구에게 주의를 기울여야 할지, 더 큰 그림을 위한 목표와 가치에 이런 결정을 어떻게 정렬시킬지 숙고할 수도 있다.

애니 딜라드 Annie Dillard가 《작가살이 The Writing Life》에서 상기시켰듯이, 우리의 일 분, 한 시간, 하루를 보내는 방식이 쌓여서 우리가 삶을 살아가는 방식이 된다.[29] 자녀의 학교 연극을 보러 갈 것인가, 아니면 이사회에 참석할 것인가? 동료가 비열한 발언을 했을 때 소리 내어 말할 것인가, 아니면 침묵을 지킬 것인가? 밤늦게까지 일할 것인가, 아니면 친구를 만날 것인가? 상원의원에게 전화해서 당신의 의견을 알릴 것인가, 아니면 다른 누군가가 결정하도록 내버려둘 것인가? 이 책에서 계속 살펴보았듯이 각각의 선택은 우리가 결정할 때 가장 중요하게 여기는 입력값을 넣어 가치 산출한 결과다. 모든 사람이 여러분에게 영향받는다고 생각하면 여러분의 선택은 어떻게 바뀔까? 벽이 사방에서 밀려오는 동굴 속에 갇힌 것이 여러분만이 아니라면? 여러분 뒤에 있던 누군가가 여러분의 빛줄기가 밝힌 곳을 발견한다면? 그들이 여러분의 뒤를 따라온다면 어떻게 할 것인가?

젊은 마리아는 수년 동안 검열받으며 엉망이 된 방송국에서 일하기로 선택했고, 이 직업의 가능성에 집중했다. 그녀의 삶에서 사건들이 펼쳐지는 동안 마리아는 어린 시절 작은 순간에서 배웠던 교훈을, 대학에서 읽었던 책을, 뉴스룸에서 처음 받았던 훈련을, 현장에서 압력을 받으면서 내렸던 의사 결정을 계속해서 떠올렸다. 노벨상 수상 연설의 끄트머리에서 마리아는 청중을 둘러보았다. "내가 오늘 여기에 서게 될 줄은 몰랐습니다. 나는 매일 기자라는 이유만으로 내 남은 삶을 감옥에서 보내게 되리라는 실제적인 위협 속에서 살아왔습니다. 이제 집에 돌아가면 미래가 어떻게 될지 그려지지 않지만, 위험을 감수할 만한 가치가 있습니다."[30]

우리가 선택할 때 타인은 그 선택을 지켜본다. 마리아 레사의 연설은 민주주의를 지지하는 일의 사회 관련성을 강조한다. 노벨위원회가 마리아에게 평화상을 수여하면 그녀의 사고방식과 행동이 전 세계의 주목을 받고 공개적으로 지지받는다. 이런 것이 마리아가 맞서 싸워 온 체제나 우리의 앞길을 가로막을 구조적 한계를 없애지는 못한다. 하지만 충분한 수의 사람들이 야비한 시스템을 옹호하지 않고 다른 선택을 한다면, 우리는 체제에 도전할 문화 규범을 만들 수 있다. 어쩌면 서서히, 우리는 동굴 밖으로 인도될지도 모른다. 우리는 천천히 깨닫는다, 벽은 너무 좁을 필요가 없고, 우리는 혼자가 아니며, 우리는 각자 너무나 많은 가능성을 밝혀주는 빛의 원천을 무한히 많이 가지고 있다는 사실을. 우리의 선택은 우리 자신에만 국한되지 않는다. 우리가 함께, 장기적인 관점에서 하는 선택은 우리가 사는 세상을 만들어간다.

에필로그

뇌를 들여다보면 보이는 것들

에밀 브루노가 자신의 사명을 전하기 위해 거실로 동료들을 불러 모았다. 그는 오래전부터 사람들이 선택을 바꾸고 스스로 변화하고 타인과 관계를 맺는 일을 돕기 위해 신경과학과 심리학을 활용하겠다는 명확한 비전을 품어온 학자였다. (아름답기까지 한 뚜렷한 목적 덕분에, 사람들이 에밀이 가장 중요하다고 생각했던 것에서 그의 주의를 돌리려 할 때도 그는 쉽게 저항했고 중요한 것에는 고개를 끄덕일 수 있었다. 에밀은 모든 것을 제쳐두고 세계를 오가며 갈등을 겪는 집단에 평화를 촉구하려 노력했다. 또한 아내가 가리키는 3층 창문 밖의 작은 새를 보기 위해 하던 일을 멈추곤 했다.) 나는 내 친구이자 동료이기도 한 에밀이 뇌종양을 진단받고 보여준 태도에 감탄을 금할 수 없었다. 그는 자신의 중요한 가치를 꿋꿋이 지키면서도, 시력이 점점 떨어지고 세상에 머물 날이 얼마 남지 않았다는 새로운 현실에 맞춰 자신과 미래에 대한 이해를 재빨리 전환했다. 나는 에밀이 가족이나 동료들과 함께 중대한 선택을 수없이 내리는 모습을 지켜봤다. 인생의 마지막 몇 달간 어떤 치료를 받을 것인가? 세상을 떠난 뒤 자녀들은 아버지의 존재를 어떻게 느낄까?

그의 공감과 평화에 관한 연구는 계속되고 발전할 수 있을까?

에밀이 뇌종양을 진단받은 뒤, 나는 그의 뇌에 대해 수없이 생각했다. 뇌종양뿐만 아니라 에밀이 수많은 선택을 내리는 동안 그의 뇌에서 어떤 일이 일어나는지 궁금했다. 그는 현재와 미래에 대한 낙관론 사이에서 균형을 잡을 줄 알았다. 그는 자기 중심을 굳건하게 지키면서도 변화에 개방적이었다. 타인의 생각과 감정을 상상하는 뇌의 능력이 얼마나 강력한지도, 그것이 우리를 잘못된 길로 이끌 수 있다는 사실도 잘 알았다. 자기 안에 갇히지 않고 다양한 사람과 조화를 이루며 즐거움을 찾는 재능도 있었다. 나는 그와의 대화를 영상으로 기록하기 시작했고, 가능한 한 많은 시간을 함께 보내면서 양육부터 평화 구축까지 온갖 주제로 이야기를 나누었다. 연구실에서 여러 해를 보내도 실제 삶에서 통합되는 복잡하고 이질적인 조각들을 보지 못하는 사람도 많다. 그는 자신에게 중요한 것에 집중한 채 예리하게 계속 선택해나갔다. 그에게는 이 일이 너무나 쉬워 보였다. 물론 우리에게는 쉽지 않지만 말이다.

몇 년 뒤 할머니가 우리가 함께 보내는 시간이 충분하지 않다고 말했을 때, 나는 할머니가 바라는 대로 행동하기가 어려웠다. 그 작은 요구에도 위축되면서 갈등했다. 아이들 식사를 차리고 연구 마감일을 생각하면서 할머니와 산책까지 하기에는 시간이 부족하다고 느꼈다. 하지만 다른 사람과의 관계를 인지하고 성장시키고 심화하는 것은 우리의 행복과 혁신 능력, 자신의 존재에 대한 인식, '옳다'고 느껴지는 선택을 하는 능력의 근원이다.[1]

주어진 시간에서 매우 급박한 한계를 마주했을 때, 에밀은 너무나 다르게 대처했다. 그는 항상 가능성의 확장 속에서 살아왔다. 다른 사람과의 관계에 의지했고, 우리가 자신의 존재, 개방성, 사랑, 공감, 자신과 타인을 하나로 보려는 의지를 담아두는 엄격한 경계선은 버렸다.

어느 밤, 아이들이 잠든 뒤 나는 병실에서 에밀과 함께 아버지의 기타를 연주했다. 내 아버지는 최근에 세상을 떠나셨기에 나는 에밀과 함께 슬픔을 나누었다. 에밀은 자신이 죽고 나면 자녀들의 삶이 어떻게 될지 고민했다. 잠시 후, 에밀은 나를 보더니 그의 어머니가 돌아가신 후 몇 년 동안 어머니와의 관계를 깊이 유지한 것이 자신에게 얼마나 소중했는지 설명했다.

처음에는 그의 말을 이해하지 못했다. "무슨 말이에요?" 나는 물었다. "이미 돌아가신 분과 어떻게 더 깊은 관계를 맺는다는 거예요?"

"살아있는 사람과 하는 것과 똑같은 방법으로요"라고 그는 답했다.

에밀은 항상 그랬다. 고정되고 경계가 뚜렷하며 때로는 불가능해 보이는 상황을 수용하고 그 안에서 새로운 가능성을 찾아냈다.

에밀은 심리학과 신경과학 연구가 우리에게 시사하는 바를 숙고했다. 인간이 서로 관계를 맺는 수많은 방법은 실제로는 우리 각자가 지닌 아이디어와 이야기와 관습, 우리의 생각과 타인이 생각하리라고 짐작하는 생각들의 맞물림으로 귀결된다. 실제로 우리는 대부분의 사람과 살아있을 때조차 물리적으로 많은 시간을 보내지 않으며(내게 이 개념을 알려준 건 에밀이지만, 사실 전 세계 사람들은 수백만 년 동안 이런 관계를 구축하기 위해 설계한 개인적인 관례와 의례를 통해 조상과 연결되고 교류해왔다.) 타인과의 관계는 대부분 마음속에서 일어난다. 하지만 이런 관계는 오늘의 자신을 이해하고 내일의 우리가 어떤 사람이 될지를 선택하는 방식에 영향을 미친다.

뇌에 관한 에밀의 지식은 그의 이해를 돕고 위안이 되었으며, 어떤 때는 힘을 주었다. 나 역시 종종 그렇게 느꼈으며, 이 책이 여러분에게도 그렇기를 바란다. 현재 정부와 연구진은 인공지능의 계산 과정을 더 투명하게 하려 노력하면서 인공지능의 산출 값이 인간의 가치와 더 조화를 이루기를 바란다. 뇌를 이해하면 우리 안에서 비슷한 일을 시작할 출발점을 찾을 수 있을지도 모른다. 자기 관련성 체계가 우리 자신이 누구인지에 관한 이야기를 들려주기 위해 만들어내는 몇 가지 요인을 파악하고, 사회 관련성 체계가 타인의 마음을 이해하기 위해 활용하는 알고리즘을 이해하며, 가치 산출에 입력되는 요소와 각 요소에 부과되는 가중치를 안다면 말이다. 어쩌면 우리 자신과 타인을 위해 가중치의 균형을 다시 잡을 수도 있다. 결국 이 일은 근본적으로 사람들의 일상 행동이 그들이 살고 싶은 세상에 대한 비전과 조화를 이루도록 돕는다.

언젠가 에밀은 세포가 너무 빠르게 재생되고 바뀌므로 나라는 존재를 이루는 것은 세포의 물리적 조합이 아니라 세포들이 함께 움직이는 패턴이라고 말했다. 확실히 뇌에는 사고와 감정, 자신의 존재를 구성하는 뉴런의 특정 집합이 있다기보다는 발화하고 연결하는 패턴이 존재한다. 의사소통과 생각 및 행동의 전파 방식을 연구하는 신경과학자로서, 나라는 존재의 조각이 뇌 속 발화 패턴에 암호화되는 방식뿐만 아니라 이런 패턴이 전달되는 방식을 떠올릴 때마다 경이로움으로 가득 차게 된다. 우리의 생각과 감정, 행동을 움직이는 패턴은 영향력을 행사하며, 성장하고, 새로운 환경에 적응하면서 세계에 도전한다. 이것이 내가 연구하는 동기이자 이 책을 쓴 이유이며, 여러분이 이 책에서 얻어가기를 바라는 것이다.

외로움을 느낄 때도 우리는 여전히 서로 연결되고 있으며, 우리의 일부는 사람과 시간을 넘어 산재한다. 할머니는 집 근처에 자라는 나무들 사이로 내 손을 잡고 함께 걸으면서 우리가 계획하는 자신의 100번째 생일 파티를 자신이 있든 없든 즐기기를 바란다고 말씀하셨다. 나는 할머니가 생일 파티에 계실 거라고 대답했다. 우리는 삶을, 서로가 불가분의 관계에 있는 이 삶을 축하할 것이다.

연구에 대해 덧붙이는 말

우리 연구실에서는 뇌를 연구할 때 fMRI를 주로 사용한다. 이를 통해 뇌의 혈류 변화를 측정해 신경 활동 neural activity의 대리 지표로 활용할 수 있다. 모든 세포는 움직이기 위해 산소를 필요로 하며, 혈액은 에너지가 필요한 세포에 신선한 산소를 공급한다. 그러므로 fMRI로 혈액이 가장 많이 몰려있는 곳을 측정하면, 어느 영역의 신경 세포가 가장 활성화된 상태인지 알 수 있다.[1] 연구자들은 이 기술을 활용하여 사람들에게 다양한 자극을 주면서 피험자들의 뇌 활성도를 측정한다. 스크린으로 보는 이미지, 헤드폰으로 듣는 소리, 버튼을 누르거나 조이스틱을 조작하거나 상상력을 발휘하는 과제 같은 자극을 주고는 피험자들의 뇌 활성도가 어디서, 어떻게 변하는지를 확인하는 식이다.

과학자들은 fMRI 기술 덕분에 사람들의 사고가 어떻게 흘러가는지 직접적으로 묻지 않고도 그들의 뇌에서 무슨 일이 일어나는지를 관찰할 수 있다. 이는 매우 중요한 사실인데, 과학자의 질문이 피험자의 사고 과정을 바꿀 수도 있기 때문이다. 다음과 같은 질문이 그렇다. '이 결정은 얼마나 감정적인가?' '당신의 사고 과정은 무의식적인가, 의식적인가?' '당신은 사회적 사고$^{social\ thinking}$·감정·기초 감각·기억에 의존하는가?' '여기에 당신의 정체성은 얼마나 큰 영향을 미치는가?' 과학자들은 이런 질문들을 던지는 대신 뇌 활성도를 측정해서 피험자들이 직접 보고한 인식·선호도·의도에 관한 정보를 보완하고, 이를 바탕으로 피험자들의 이후 선택을 이해하고 예측한다.

이 책에서는 fMRI를 활용한 뇌영상 연구를 폭넓게 소개하고 그 장점과 한계도 함께 살펴보려고 한다. 인지신경과학에서는 다양한 뇌 영역이나 뇌 영역 간의 네트워크 기능을 상당히 깊은 수준까지 연구하는 분야도 있다. 그래서 특정 뇌 영역이 활성화되는 것을 관찰하면, 사람들이 어떤 유형의 생각이나 감정을 품었는지 예측할 수 있다. 예를 들어, 뇌에서 시각 정보를 처리하는 영역인 시각 피질$^{visual\ cortex}$이 활성화되면 과학자들은 피험자가 본 영상의 유형을 상당히 정확한 수준으로 재구성할 수 있다.[2] 하지만 저차원적 감각 경험을 넘어서면 상황이 꽤 복잡해진다. 정체성, 타인과 상황에 대한 이해 같은 고차원적 사고의 경우에 뇌영상은 개인이 어떤 생각을 하고 있는지 정확하게 알려주지 못한다.

나 같은 신경과학자에게는 훈련을 통해 이를 추측하는 것이 최선이다. 특정한 뇌 영역이 활성화되면 보상을 경험하거나, 자신에 대해 생각하거나, 타인의 생각을 상상하는 중이라고 추론하는 것이다. 하지만 대부분의 뇌 영역은 다양한 작업을 동시에 수행하기 때문에 이 추론을 완전히 확신할 수는 없다. 피험자가 타인이 어떤 생각을 하고 있다고 상상했는지, 혹은 구체적으로 누구를 떠올렸는지까지는 알 수 없다. 각각의 뇌 영역은 너무나 다양한 임무를 수행하고 있기 때문이다.

뇌영상 연구의 또 다른 한계는 뇌 스캔 작업에 참여한 피험자의 수가 인류의 극히 일부에 불과하다는 점이다. fMRI 기기는 매우 고가이기 때문에 몇몇 연구형 대학에서만 사용할 수 있고, 뇌영상을 촬영하는 비용도 어마어마하다. 그리고 피험자는 대학에서 모집하기 쉬운 대학생이 대부분이다. 이런 이유로, 이 분야의 초기 논문들은 피험자 대부분이 '서구권에 거주하며 학업 수준이 높은 백인 청년[3]'에 국한됐다. 피험자의 정체성을 이루는 핵심 요인인 종교와 성적 지향성 같은 정보는 조사에서 빠지거나 보고되지 않았다. 덧붙여서, 이 책에 실린 연구 결과는 '수많은 사람의 뇌영상 결과를 망라한 평균값'이라는 점도 밝힌다.

인간의 뇌는 개인마다 조금씩 다르게 작동하므로, 내 연구 결과는 모든 사람에게 적용되는 진리라기보다는 뇌영상을 스캔한 사람들의 '보편성'을 반영한다. 최근의 연구들은 이러한 빈틈을 적극적으로 메우려 하고 있지만, 수많은 문화와 맥락[4] 속에서 다양한 정체성을 가진 각양각색의 사람들이 새로운 결론을 도출할지는 아직 미지수이다.

인지신경과학은 사회과학이나 생물과학과 비교하면 신생 학문이라고 할 수 있다. 인간의 뇌가 어떻게 작동하는지, 그리고 개인의 특성과 시간에 따라 어떻게 변하는지에 대해 한창 새로운 사실이 밝혀지는 중이다. 이런 점이 인지신경과학 연구를 흥미롭게 만들지만, 그만큼 갈 길이 멀다는 사실을 의미하기도 한다. 이 책은 현재 우리가 이해하고 있는 내용을 포착한 '스냅 사진'이라고 할 수 있다. 과학이 늘 그렇듯, 인지신경과학에 관한 이해 또한 시간이 지나면서 계속 발전하고 진화할 것이다. 바로 지금이 지식의 최전선에 서서 지평선을 바라볼 적기이다.

감사의 말

이 책은 인간이 자신은 누구이며 무엇을 할 수 있는지 상상하는 방식을 설명한다. 또한 이런 가능성을 상상하면서 서로에게 미치는 영향력에 관한 책이기도 하다. 이 책이 만들어지고 이 일이 가능하리라고 믿게 해준 수많은 분께 깊이 감사드린다. 담당 편집자인 W.W. 노턴, 제시카 야오, 박 앤 파인 리터러시 앤 미디어PFLM사의 내 대리인인 셀레스트 파인과 제이드리 브래딕스, 그리고 긴 글을 편집하고 다듬어준 케이티 부스에게 먼저 감사드린다. 네 분과 함께 팀으로서, 때로는 개인으로서 마주했던 작업은 놀라운 경험이었다. 여러분의 통찰력 깊은 피드백, 편집, 전문가로서의 조언, 예리한 질문이 이 책을 완성했고 나아가 나 자신은 내 연구를 어떻게 생각하는지 돌아보게 해주었다. 여러분의 독특한 유머 감각을 사랑하며, 여러분이 협력해서 이루어내는 가치와 기술에 감사를 표한다. 이 프로젝트를 믿어주고 기술적, 감정적으로 모든 면에서 지지해주어 고마운 마음이다. 셀레스트와 제이드리에게, 이 작업에서 최고의 지지자가 되어준 두 사람의 모든 통찰, 나눠준 시간과 관대함에 감사한다. 이 과정을 통해 내 존재감을 채워준 케이티에게 감사한다. 영리한 작가인 데다가 전문가다운 조언을 건네고 내가 어디로 가고 싶은지, 내가 왜 열광하는지 이해시켜 주었다. 제시카에게는 책을 쓰는 방법에 대해 많은 것을 배웠고 올바른 질문을 던지는 그녀의 능력에 나는 항상 감동했다. 노턴사의 애너벨 브루자이티스와 유미코 곤잘레스 리오즈, PFLM사의 존 마스, 프로파일북스사의 루이자 더니건에게도 유용한 자료에 대한 감사를, 재닛 그린블랫에게는 원고 교열에 대한 감사를 드린다.

앨리 폴, 에번 윌커슨, 빅터 고메스, 니콜라스 실바, 셀람 벨릿은 세부 사항을 확인해주었다. 사실과 참고문헌 확인, 출처 확인은 이 책의 주장이 어디서 나왔는지 명확하게 보여주었다. 또한 원고를 훌륭하게 장식해주었으며, 내가 다시 생각해보거나 고칠 부분도 알려주었다. 이 책에 실린 그림을 맡아준 오마야 토레스에게도 감사한다.

몰리 크로켓, 샌드라 곤잘레스-베일런, 레베카 색스, 크리스틴 숄츠, 데이브 모스, 앨리스 마윅은 첫 독자가 되어 원고에 대해 깊이 있는 피드백을 해주었다. 협력적 커뮤니케이션을 위한 아넨버그 센터와 학과장인 세라 배닛-와이서가 이들에게서 소중한 피드백을 받을 수 있는 북 워크숍을 후원해주었다. 이 과정이 없었다면 이 책이 어떻게 됐을지 상상이 되지 않는다. 마이클 델리 카르피니, 우마 카르마카르, 애덤 클라인바움은 앞부분 초고를 보고 건설적인 피드백을 해주었다. 데이브 누스바움은 여러 방법으로 다양한 청중과의 만남을 주선해서 의사소통에 관한 내 생각을 다듬어주었으며, 이 책의 몇몇 요소를 생각해내도록 도와주었다. 그리고 데이브, 과학자들이 연구 결과를 공유하는 데 있어 데이브의 도움은 믿을 수 없을 정도로 유용했고, 그에게 정말 고마움을 감출 길이 없다.

맷 리버먼은 내게 사회신경과학을 알려주었고 대학원 시절과 그 이후에도 나를 이끌며 팀으로서 연구하는 일과 폭넓은 대중과 과학을 공유하는 일의 중요성을 배우게 해주었다. 맷과 엘리엇 버크먼은 이 여정의 시작부터 함께한 뛰어난 사고 파트너들이다. 두 분과 일할 수 있어서 감사한 마음이다. 밥 캐플런, 노아 골드스타인, 나오미 아이젠버거는 연구에 관한 내 초기 생각을 다듬었고, 로런 윙 베번드, 리아나 엡스타인, 캐스린 브룩스, 트리스턴 이너가키, 실비아 모렐리는 대학원 시절의 기쁨이었다. 다이애나 타미르, 젠 파이퍼, 빌 웰서, 밥 호닉, 조 카펠라, 데이비드 라이든스테일리, 앤디 탄, 돌로레스 알바라신, 케빈 옥스너, 닉 발렌티노, 조 케이블, 캐슬린 홀 제이미슨에게는 집필하는 동안 나와 대화해준 것에 감사한다. 세라 배닛-와이서, 존 잭슨, 마이클 델리 카르피니에게는 협력적 커뮤니케이션을 위한 아넨버그 센터의 학과장으로서 지원해준 것에 감사를 드린다. 연구를 지원하고 이 책의 집필을 여러 방법으로 지지해준 아넨버그 센터의 훌륭한 직원들에게도 감사를 전한다.

펀딩 대행사와 프로그램 직원들에게도 감사를 드린다. 우리 팀의 연구를 위해 재정적 지원을 아끼지 않았을 뿐 아니라 내 사고를 발전시키는 질문을 던져주었고 환상적인 동료들을 소개해주었으며 연구에 믿음을 보내주었다. 특히 국립암연구소의 베키 페레, 빌 클레인, 켈리 블레이크, 국립약물남용연구소의 메리 카츠, 국립아동건강 및 인간발달연구소의 린 하버코스, 국방부 고등연구계획국의 빌 캐시비어, 애덤 러셀, 에리카 브리스코, 빅토리아 로메로, 브라이언 케틀러, 미육군연구사무소의 에드워드 팔라졸로와 프레드 그레고리, 미육군연구소의 진 베텔과 자비 가르시아, 호프랩의 스티브 콜과 자나 하리타토스, Lotic.ai사의 빌 웰서에게 감사를 보낸다.

많은 사람이 인터뷰에 응해주고 사려 깊은 통찰과 강렬한 이야기를 들려주어서 이 책을 쓸 수 있었다. 제니 슬레이트, 어니 그룬펠트, 댄 그룬펠트, 리비아 그룬펠트, 낸시 그룬펠트, 빅 스트레처, 레이철 스트레처, 토냐 모슬리, 대니 배싯, 롤런드 세이델, 필립 함바흐, 릭 캐플런, 라지 자야데브, 루카스 존슨에게 감사드린다.

커뮤니케이션 신경과학 연구실을 거쳤거나 현재 머무는 연구원들은 이 책에서 소개한 문제에 대한 내 사고를 만드는 데 다양한 방법으로 도움을 주었고, 내가 설명했던 우리 연구실의 결과를 완성시켰다. 안지성, 메리 앤드루스, 엘리사 백, 조셉 바이어, 리즈 비어드, 크리스 베니테스, 섀넌 번스, 토리언 버틀러, 벨리스 차카르, 조시 카프, 호세 카레라스-타르탁, 크리스 카시오, 항이 찬, 니콜 쿠퍼, 제이슨 코로넬, 다니 코스메, 브루스 도레, 보애즈 하메이리, 수전 하오, 아그네스 야신스카, 다린 존슨, 미아 요바노바, 강유나, 김민지, 엘리사 크란즐러, 니나 라하라타나히룬, 린다 린, 쟈잉 리우, 시칠리아 '로로' 로맥스, 탄디 라이, 커스틴 리딕, 레베카 마틴, 브래들리 마탄, 스티븐 메스키티, 서맨사 무어버그, 벤 무제카리, 레티시아 프월람브웨츠일로보, J.P. 오블리, 맷 오도널, 프라틱싯 '카누' 판데이, 앨리 폴, 제이컵 펄, 테레사 페

거즈, 루이 페이, 디에고 리네로, 앤서니 레스닉, 키아나 리처즈, 페라 사예드, 랄프 슈멜츠, 크리스틴 숄츠, 크리스틴 슈메이커, 서배스천 스피어, 앨리 싱클레어, 프랭크 티니, 스티븐 톰슨, 오마야 토레스, 닉 와실리슌, 에반 윌커슨에게 감사를 전한다. 특히 초고를 읽어준 다니 코스메와 니콜 쿠퍼에게 고마움을 전한다. 스티븐 메스키티와 앨리 폴은 집필할 시간을 만들어 주었고, 스티븐은 소제목을 달기 위한 정보를 수집해 주었다.

그레이엄 그리피스는 이야기를 구상하고 풀어내는 데 도움을 주었고, 과학이 생생하게 전해지도록 아이디어와 관련 인물을 소개해 주었다. 그러면서도 좋은 친구이자 영감의 원천이 되어주었다. 아넨버그 센터에서 열린 세미나에 와준 테리 누미넨, 산드로 수, 그 외 다른 학생들에게도 앞장의 초고를 읽고 유용한 피드백을 준 데 대해 고마움을 전한다.

내가 처음 이 프로젝트를 시작했을 때 앤절라 더크워스와 케이티 밀크먼은 내게 서적 판매인을 소개해주고 조언과 지지를 아끼지 않았다. 두 사람은 더 많은 행동과학자가 이런 방식으로 소통하도록 도와야 한다고 생각한다. 나를 도와주고 시간과 재능을 너그럽게 나누어주어 고마움을 전한다. 자밀 자키, 애덤 그랜트, 엘렌 랭어, 캐롤 텔, 미셸 시거에게도 집필에 대해 의견을 내주어서 감사한다.

이 프로젝트를 더 즐겁게, 그리고 가능하게 만들어준 가족에게 감사를 전한다. 엄마 캐서린, 언제나 한결같고 헌신적인 내 첫 번째 지지자, 내 삶에서 가장 강력하게 의사소통의 중요성을 역설하고 원고에 대해 조언을 아끼지 않으셨다. 아버지 닐스, 독서를 사랑했고 인내심만이 아름다움을 만들 수 있다는 것을 보여주셨다. 할머니 비벌리, 원고를 수없이 읽어주시고 항상 영감과 지지를 보내주셨다. 엄마와 할머니께는 더 큰 감사의 인사를 보내며, 할머니 낸시와 엘에게도 코로나19 범유행 동안 아이들을 돌봐주시면서 내가 집필에 전념하도록 도와주셔서 감사드린다. 남동생 에릭과 여동생 릴리에게도 고마움을 전한다. 모든 면에서 최고의 형제자매가 되어주었고 이 책의 피드백도 전해주었으며, 두 사람의 파트너인 로라와 백스터에게도 도움받았다. 린다 데이비스와 멜리사 윌리엄스도 사려 깊은 대화를 나누고 앞부분 초고의 피드백을 해주었다. 다른 매사추세츠 가족, 데이브, 미셸, 오드리에게도 감사한다. 파월 가족에게는 감사한 마음이 한가득이다. 코로나19 범유행 동안 우리 가족을 따뜻하게 대해주고 아이들을 돌봐주었으며 우리가 중심을 잡도록 도와주었다. 샘, 사이마, 알리아는 매일을 사랑으로 밝혀주었다. 레베카 색스는 나를 인정해 주고 이해해 주었다. D.J. 코박스, 벤 섀틱, 제니 슬레이트는 현명한 조언을 해주었다. 에바, 메리 앤, 크리스, 맥마흔스, 버네시즈와 영감을 준 요정들에게도 감사를 전한다.

알레이나 마우로, 엠마 플렛처, 애나 레식 정, 애슐리 터너 스나이더, 니아즈 카림, 너태샤 자테가온카르, 알렉스 코헨, 클라라 웨이샨은 코로나19 범유행이 지나는 동안 전화로 기운을 북돋아주고 집필 과정을 격려해 주었다. 올리비아 로스는 최종 원고를 읽고 상세한 논평을 해주었고, 덕분에 이 책은 더 이해하기 쉬운 책이 될 수 있었다. 커린 로와 실비아 호털링은 내가 평온하고 굳건한 마음을 유지하게 도와주었다. 모두의 우정에 깊이 감사하는 바다.

　에멧과 테오, 내 사랑스럽고 명랑하며 사려 깊은 아이들, 그리고 브렛, 누구나 원할 최고의 배우자에게도 사랑을 전한다. 브렛은 수많은 초고를 읽으며 나와 함께 브레인스토밍을 거치고, 책을 만들고 우리의 삶을 더 낫게 만들었다. 세 사람 모두에게 감사하며 세상 모든 사랑과 행복을 전한다.

주

프롤로그 | 우리는 왜 같은 실수를 반복하는가

1 Bartra, Oscar, McGuire, Joseph T., and Kable, Joseph W. 2013. "The valuation system: A coordinate-based meta-analysis of BOLD fMRI experiments examining neural correlates of subjective value." *NeuroImage* 76: 412–27; Kable, Joseph W., and Glimcher, Paul W. 2009. "The neurobiology of decision: Consensus and controversy." *Neuron* 63(6): 733–45; Haber, Suzanne N., and Knutson, Brian. 2010. "The reward circuit: Linking primate anatomy and human imaging." *Neuropsychopharmacol.* 35(1): 4–26.

2 Izuma, Keise, Saito, Daisuke N., and Sadato, Norihiro. 2008. "Processing of social and monetary rewards in the human striatum." *Neuron* 58(2): 284–94.

3 Morelli, Sylvia A., Knutson, Brian, and Zaki, Jamil. 2018. "Neural sensitivity to personal and vicarious reward differentially relates to prosociality and well-being." *Soc. Cogn. Affect. Neurosci.* 13(8): 831–39; Tricomi, Elizabeth, and Fiez, Julie A. 2008. "Feedback signals in the caudate reflect goal achievement on a declarative memory task." *NeuroImage* 41(3): 1154–67; Ming, Dan, Chen, Qunlin, Yang, Wenjing, Chen, Rui, Wei, Dongtao, et al. 2016. "Examining brain structures associated with the motive to achieve success and the motive to avoid failure: A voxel-based morphometry study." *Soc. Neurosci.* 11(1): 38–48.

4 Bartra, McGuire, and Kable, "The valuation system."

5 Falk, Emily B., Berkman, Elliot T., Mann, Traci, Harrison, Brittany, and Lieberman, Matthew D. 2010. "Predicting persuasion-induced behavior change from the brain." *J. Neurosci.* 30(25): 8421–24; Falk, Emily B., Berkman, Elliot T., and Lieberman, Matthew D. 2012. "From neural responses to population behavior: Neural focus group predicts population-level media effects." *Psychol. Sci.* 23(5): 439–45.

6 Kang, Yoona, Cooper, Nicole, Pandey, Prateekshit, Scholz, Christin, O'Donnell, Matthew Brook, et al. 2018. "Effects of self-transcendence on neural responses to persuasive messages and health behavior change." *Proc. Natl. Acad. Sci. USA* 115(40): 9974–79; Falk, Emily B., O'Donnell, Matthew Brook, Cascio, Christopher N., Tinney, Francis, Kang, Yoona, et al. 2015. "Self-affirmation alters the brain's response to health messages and subsequent behavior change." *Proc. Natl. Acad. Sci. USA* 112(7): 1977–82; Pei, Rui, Lauharatanahirun, Nina, Cascio, Christopher N., O'Donnell, Matthew B., Shope, Jean T., et al. 2020. "Neural processes during adolescent risky decision making are associated with conformity to peer influence." *Dev. Cogn. Neurosci.* 44: 100794.

7 Hare, Todd A., Camerer, Colin F., and Rangel, Antonio. 2009. "Self-control in decision-making

involves modulation of the vmPFC valuation system." *Science* 324(5927): 646–48; Plassmann, Hilke, O'Doherty, John, Shiv, Baba, and Rangel, Antonio. 2008. "Marketing actions can modulate neural representations of experienced pleasantness." *Proc. Natl. Acad. Sci. USA* 105(3): 1050–54; Plassmann, Hilke, O'Doherty, John, and Rangel, Antonio. 2007. "Orbitofrontal cortex encodes willingness to pay in everyday economic transactions." *J. Neurosci.* 27(37): 9984–88.

8   Knutson, Brian, Rick, Scott, Wimmer, G. Elliott, Prelec, Drazen, and Loewenstein, George. 2007. "Neural predictors of purchases." *Neuron* 53(1): 147–56.

9   Frydman, Cary, and Camerer, Colin F. 2016. "The psychology and neuroscience of financial decision making." *Trends Cogn. Sci.* 20(9): 661–75; Ersner-Hershfield, Hal, Wimmer, G. Elliott, and Knutson, Brian. 2009. "Saving for the future self: Neural measures of future self-continuity predict temporal discounting." *Soc. Cogn. Affect. Neurosci.* 4(1): 85–92; Kable, Joseph W., and Glimcher, Paul W. 2007. "The neural correlates of subjective value during intertemporal choice." *Nat. Neurosci.* 10(12): 1625–33.

10   Smidts, Ale, Hsu, Ming, Sanfey, Alan G., Boksem, Maarten A. S., Ebstein, Richard B., et al. 2014. "Advancing consumer neuroscience." *Mark. Lett.* 25(3): 257–67.

11   Cosme, Danielle, Mesquiti, Steven, Falk, Emily, and Burns, Shannon. Forthcoming. "Self-reflection interventions to promote well-being."

12   자신의 선택이 목표와 가치에 부합할 때 과학자들은 이를 '주도적 정렬(agentic alignment)'이라고 부른다. Morris, Adam, Carlson, Ryan W., Kober, Hedy, and Crockett, Molly. 2023. "Introspective access to value-based choice processes." PsyArXiv. Preprint.

13   Blumberg, Alex, and Pierre-Louis, Kendra. "Make biking cool (again)!" In *How to Save a Planet*, podcast, 37: 39. August 18, 2022.

14   Zurn, Perry, and Bassett, Dani S. 2022. *Curious Minds: The Power of Connection*. MIT Press.

15   Cosme, Mesquiti, Falk, and Burns, "Self-reflection interventions to promote well-being."

16   Nguyen, Mai, Chang, Ashley, Micciche, Emily, Meshulam, Meir, Nastase, Samuel A., and Hasson, Uri. 2021. "Teacher-student neural coupling during teaching and learning." *Soc. Cogn. Affect. Neurosci.* 17(4): 367–76.

17   Reinero, Diego A., Dikker, Suzanne, and Van Bavel, Jay J. 2021. "Inter-brain synchrony in teams predicts collective performance." *Soc. Cogn. Affect. Neurosci.* 16(1–2): 43–57.

18   Speer, S., Mwilambwe-Tshilobo, L., Tsoi, L., Burns, S., Falk, E., and Tamir, D. 2024. "What makes a good conversation? fMRI-hyperscanning shows friends explore and strangers converge." *Nat. Commun.* 15(1): 7781; Speer, S., Burns, S., Mwilambwe-Tshilobo, L., Tsoi, L., Falk, E., and Tamir, D. 2024. "Finding agreement: fMRI-hyperscanning reveals that dyads diverge in mental state space to align opinions." BioRxiv. Preprint.

19   Tippett, Krista, and Johnson, Ayana Elizabeth. 2022. "Ayana Elizabeth Johnson—What if we get this right?" In *On Being*, podcast, 79: 34.

1장 선택의 순간, 뇌에서 벌어지는 일

1   제니 래드클리프에 관한 인용 중 이 책에서 따로 출처를 밝히지 않은 이야기 대부분은 리사이더(Rhysider), 잭(Jack), 래드클리프(Radcliffe), 제니(Jenny)가 참여한 팟캐스트의 에피소드에서 가

겨왔다. 2021. "Ep 90: Jenny." In *Darknet Diaries*, podcast, audio, 69: 17, https://darknetdiaries.com/episode/90.

2 Kable, Joseph W., and Glimcher, Paul W. 2009. "The neurobiology of decision: Consensus and controversy." *Neuron* 63(6): 733–45; Bartra, Oscar, McGuire, Joseph T., and Kable, Joseph W. 2013. "The valuation system: A coordinate-based meta-analysis of BOLD fMRI experiments examining neural correlates of subjective value." *NeuroImage* 76: 412–27.

3 Schultz, W. 1998. "Predictive reward signal of dopamine neurons." *J. Neurophysiol.* 80(1): 1–27.

4 Olds, James, and Milner, Peter. 1954. "Positive reinforcement produced by electrical stimulation of septal area and other regions of rat brain." *J. Comp. Physiol. Psychol.* 47(6): 419–27.

5 Routtenberg, Aryeh, and Lindy, Janet. 1965. "Effects of the availability of rewarding septal and hypothalamic stimulation on bar pressing for food under conditions of deprivation." *J. Comp. Physiol. Psychol.* 60(2): 158–61.

6 Steiner, Jacob E., Glaser, Dieter, Hawilo, Maria E., and Berridge, Kent C. 2001. "Comparative expression of hedonic impact: Affective reactions to taste by human infants and other primates." *Neurosci. Biobehav. Rev.* 25(1): 53–74.

7 Padoa-Schioppa, Camillo, and Assad, John A. 2006. "Neurons in the orbitofrontal cortex encode economic value." *Nature* 441(7090): 223–26.

8 Berkman, Elliot T., Livingston, Jordan L., and Kahn, Lauren E. 2017. "Finding the 'self' in self-regulation: The identity-value model." *Psychol. Inq.* 28(2–3): 77–98; Montague, P. Read, KingCasas, Brooks, and Cohen, Jonathan D. 2006. "Imaging valuation models in human choice." *Annu. Rev. Neurosci.* 29: 417–48. 신경과학자들은 때로 '보상(reward)'과 '가치(value)'를 혼용하지만, 둘은 엄밀히 말해 서로 다른 개념이다. '가치'는 일반적으로 예상되는 결과를, '보상'은 실제 결과를 가리킨다. 어떤 연구자들은 가치 산출 과정을 훨씬 의도적인 인지 과정으로, 보상 경험은 더 본질적이며 쾌락을 바탕으로 한다고 본다. 이 책에서는 '보상'과 '가치'를 상호 보완적으로 사용할 것이다. 하지만 동물의 뇌에 보상 체계가 있다는 생각은 인간의 뇌가 처리하는 상당히 복잡한 가치 산출에 관한 최근의 통찰보다 훨씬 오래전부터 존재해왔다.

9 Padoa-Schioppa and Assad, "안와전두피질에 있는 신경 세포는 경제적 가치를 암호화한다."

10 그즈음 다른 연구팀도 원숭이의 뇌 영역에서 비슷한 패턴을 발견했다. 이전까지 이 영역은 '영장류와 포유류가 공유하는 기본적 보상과 욕구(먹이와 짝짓기처럼 종의 생존에 필요한 보상들)에 내재한 반응)'만 암호화한다고 여겨지던 곳이었다. 연구팀은 뇌의 중심에 있는 보상 체계의 핵심 부위인 선조체의 신경 세포들이 '선택지들의 주관적 가치'와 '최종 선택지의 가치'를 추적한다는 사실을 알아냈다. 이로써 이 체계가 선호와 가치에 대해 보다 주관적인 개념을 만들어내는 광범위하고 복잡한 특성을 좇는다는 사실이 더 분명해졌다. Lau, Brian, and Glimcher, Paul W. 2008. "Value representations in the primate striatum during matching behavior." *Neuron* 58(3): 451–63.

11 Plassmann, Hilke, O'Doherty, John, and Rangel, Antonio. 2007. "Orbitofrontal cortex encodes willingness to pay in everyday economic transactions." *J. Neurosci.* 27(37): 9984–88.

12 fMRI로 뇌를 스캔하고 나온 피험자들에게 간식을 무작위로 선택해서 하나씩 줬다. 이때 피험자들은 간식의 '실제 가격'이 '희망 가격'과 같거나 더 낮으면 간식과 남은 예산을 함께 받았다. 그러나 간식의 '실제 가격'이 '희망 가격'보다 더 비싸면 피험자들은 실험이 끝나고 전체 예산을 현금으로 받았다. 그러자 여기에 자극받은 피험자들이 희망 가격을 솔직하게 말하기 시작했다. 이는 피험자들의 진짜 선호도를 드러냈고, 그들이 연구실 밖에서처럼 솔직하게 행동하게 했다.

13 Plassmann, O'Doherty, and Rangel, "안와전두피질은 일상의 경제적 거래에서 지불 의사를 암호

화한다."

14 Chib, Vikram S., Rangel, Antonio, Shimojo, Shinsuke, and O'Doherty, John P. 2009. "Evidence for a common representation of decision values for dissimilar goods in human ventromedial prefrontal cortex." *J. Neurosci*. 29(39): 12315-20.

15 복측선조체와 내측전전두피질의 활성도는 사람들이 다양한 소비재에 제각각 얼마나 다른 가격을 치를지를 보여줬다. Knutson, Brian, Rick, Scott, Wimmer, G. Elliott, Prelec, Drazen, and Loewenstein, George. 2007. "Neural predictors of purchases." *Neuron* 53(1): 147-56.

16 Fox, Craig R., and Poldrack, Russell A. 2009. "Prospect theory and the brain." In *Neuroeconomics*, edited by Paul W. Glimcher, Colin F. Camerer, Ernst Fehr, and Russell A. Poldrack, 145-73. Academic Press.

17 Kable, Joseph W., and Glimcher, Paul W. 2007. "The neural correlates of subjective value during intertemporal choice." *Nat. Neurosci*. 10(12): 1625-33.

18 Levy, Ifat, Lazzaro, Stephanie C., Rutledge, Robb B., and Glimcher, Paul W. 2011. "Choice from non-choice: Predicting consumer preferences from blood oxygenation level-dependent signals obtained during passive viewing." *J. Neurosci*. 31(1): 118-25.

19 Levy, Dino J., and Glimcher, Paul W. 2012. "The root of all value: A neural common currency for choice." *Curr. Opin. Neurobiol*. 22(6): 1027-38.

20 Ludwig, Vera U., Brown, Kirk Warren, and Brewer, Judson A. 2020. "Self-regulation without force: Can awareness leverage reward to drive behavior change?" *Perspect. Psychol. Sci*. 15(6): 1382-99.

21 하지만 '선택 과정'보다 '선택 결과'를 바탕으로 학습하면, 때로는 그 선택이 얼마나 좋거나 나쁜지에 대해 잘못된 결론에 이를 수 있다. 포커 선수 출신으로 현재는 의사 결정 전문가로 활약 중인 애니 듀크(Annie Duke)는 저서 《어떻게 결정할 것인가(How to Decide)》에서 의사 결정 과정을 개선하는 방법을 알려주면서 '우리가 통제해야 할 것에 더 집중하고 의사 결정에서 편향을 배제해야 한다'라고 설명했다. 이번 주에 했던 최상의 선택과 최악의 선택을 떠올려 보라고 하면, 사람들 대부분이 최상의 결과와 최악의 결과를 가져온 선택을 떠올릴 것이다. 이러한 '결과 편향(outcome bias)'은 때로 잘못된 교훈을 준다. 왜냐하면 결과는 선택 과정과 더불어 '운'의 영향을 받기 때문이다. 만약 헬멧을 쓰지 않은 채 자전거를 타고 가게에 갔는데 머리를 다치지 않고 집에 돌아왔거나, 짝사랑 상대에게 졸업 파티의 파트너를 신청했는데 이미 다른 사람의 신청을 받아들인 상태였다고 해보자. 그렇다고 해서 헬멧을 쓰지 않아도 된다거나, 사랑이 이뤄질 기회를 놓쳤다는 뜻이 되진 않는다. 때로는 훌륭한 결정의 결과가 나쁠 수 있고 형편없는 결정의 결과가 좋을 수도 있으며, 이는 순전히 운에 달렸다. 그러므로 결과에 연연하지 않고 선택 과정을 검토해야 결과 편향을 극복할 수 있다. 선택 전에 어떤 정보를 알고 있었는가? 쉽게 얻을 수 있었던 다른 정보가 있는가? 만약 다시 선택할 수 있다면, 선택 전에 알던 정보 중 무엇을 고려하겠는가? 때로는 훌륭한 결정이 우리의 통제를 벗어난 요인 때문에 나쁜 결과로 이어질 수 있고, 형편없는 결정이 순전히 운 덕분에 좋은 결과로 이어질 수 있다는 점을 인지하면, 우리는 그저 결과만 쳐다보는 대신 더 나은 배움과 의사 결정 과정에 이를 수 있다. Duke, Annie. 2020. *How to Decide: Simple Tools for Making Better Choices*. Penguin.

22 Kable and Glimcher. "The neurobiology of decision: Consensus and controversy."

23 Duke, Annie. 2020. *How to Decide: Simple Tools for Making Better Choices*. Penguin.

24 Armstrong, Bruce K., and Kricker, Anne. 2001. "The epidemiology of UV induced skin cancer." *J. Photochem. Photobiol. B* 63(1-3): 8-18.

25 Kang, Yoona, Cooper, Nicole, Pandey, Prateekshit, Scholz, Christin, O'Donnell, Matthew Brook, et al. 2018. "Effects of selftranscendence on neural responses to persuasive messages and health behavior change." *Proc. Natl. Acad. Sci. USA* 115(40): 9974–79; Falk, Emily B., O'Donnell, Matthew B., Cascio, Christopher N., Tinney, Francis, Kang, Yoona, et al. 2015. "Self-affirmation alters the brain's response to health messages and subsequent behavior change." *Proc. Natl. Acad. Sci. USA* 112(7): 1977–82.

26 Falk, Emily B., Berkman, Elliot T., Whalen, Danielle, and Lieberman, Matthew D. 2011. "Neural activity during health messaging predicts reductions in smoking above and beyond self-report." *Health Psychol.* 30(2): 177–85; Cooper, Nicole, Tompson, Steve, O'Donnell, Matthew Brook, and Falk, Emily B. 2015. "Brain activity in self- and valuerelated regions in response to online antismoking messages predicts behavior change." *J. Media Psychol.* 27: 93–109.

27 흡연자의 뇌를 관찰한 결과 덕분에 다음 달에 그들의 흡연량이 얼마나 줄어들지를 예측하는 정확도가 크게 개선됐다는 점이 중요하다. 금연 캠페인을 보게 했을 때 뇌의 가치 체계가 얼마나 활성화하는지를 관찰하면, 변화에 대한 피험자의 의지나 자신감을 보여주는 자가 보고서를 분석할 때보다 금연 예측 정확도가 더 높아졌다. 어느 한쪽의 데이터에 의존하기보다 양쪽의 데이터를 종합했을 때 예측도가 더 정확했다.

28 Robins, Richard W., Fraley, R. Chris, and Krueger, Robert F. 2009. *Handbook of Research Methods in Personality Psychology*. Guilford Press; Nisbett, Richard E., and Wilson, Timothy D. 1977. "Telling more than we can know: Verbal reports on mental processes." *Psychol. Rev.* 84(3): 231–59.

29 습관이나 습관적 행동을 뒷받침하는 뇌 체계가 통상적으로 이끄는 유형의 행동에 관심이 있다면 《해빗》(웬디 우드 지음, 김윤재 옮김, 다산북스, 2019)과 《습관의 알고리즘》(러셀 폴드랙 지음, 신솔잎 옮김, 비즈니스북스, 2022)을 추천한다.

30 Morris, Adam, Carlson, Ryan W., Kober, Hedy, and Crockett, Molly. 2023. "Introspective access to value-based choice processes." PsyArXiv. Preprint.

31 Wimmer, G. Elliott, and Shohamy, Daphna. 2012. "Preference by association: How memory mechanisms in the hippocampus bias decisions." *Science* 338(6104): 270–73.

32 Smith, Stephanie M., and Krajbich, Ian. 2019. "Gaze amplifies value in decision making." *Psychol. Sci.* 30(1): 116–28.

33 Hare, Todd A., Camerer, Colin F., and Rangel, Antonio. 2009. "Self-control in decision-making involves modulation of the vmPFC valuation system." *Science* 324(5927): 646–48.

34 나는 '사회 관련성(social relevance)'에 좀 더 구체적 기능들을 종합하여 이 용어를 사용한다. 여기에는 사람들의 생각과 감정을 이해하는 뇌의 능력이 포함되는데, 과학자들은 이를 '정신화(mentalizing)' 혹은 '마음 이론(theory of mind)'이라고 부른다. 이 정보를 활용해서 타인의 생각, 감정, 행동을 예측하는 뇌의 능력도 함께 포함된다. 또한, '사회 관련성'은 다른 사람들이 무엇을 좋아하고 싫어하는지를 파악하고 그들의 생각과 감정(선호도)이 나에게 어떤 영향을 미칠지 이해하는 능력도 망라한다.

2장 뇌는 나다운 것을 선택한다

1 제니 슬레이트에 관한 인용 중 이 책에서 따로 출처를 밝히지 않은 이야기 대부분은 제니와 작가가 주고받은 개인적 서신에서 가져왔다. 2022년 8월.

2 "How Jenny Slate found her voice through Marcel the Shell." *Esquire*, June 28, 2022.

3 Jenkins, Adrianna C., and Mitchell, Jason P. 2011. "Medial prefrontal cortex subserves diverse forms of self-reflection." *Soc. Neurosci.* 6(3): 211–18.

4 뇌의 어느 영역이 어떤 체계에 속하는지 알아내기 위해, 신경과학자는 뇌가 서로 다른 과제에 대해 보이는 반응을 비교한다. 뇌가 과제에 반응하는 방식이 여러 면에서 유사하더라도, 신경과학자가 주목하는 특정 체계의 활성도 면에서는 얼마나 다른지를 비교하는 것이다. 예를 들어, 피험자가 'intelligent'라는 말이 자신의 특성을 묘사한다고 판단하는 경우와 이 단어가 소문자로 쓰였는지를 확인하는 경우를 비교한다. 이렇게 하면, 뇌의 어느 영역이 자기 관련성을 좇을지, 어느 영역이 단어를 보고 읽고 이해하는 과정을 통제하는지 확인할 수 있다.

5 Elder, Jacob, Cheung, Bernice, Davis, Tyler, and Hughes, Brent. 2023. "Mapping the self: A network approach for understanding psychological and neural representations of self-concept structure." *J. Pers. Soc. Psychol.* 124(2): 237–63.

6 Spreng, R. Nathan, Mar, Raymond A., and Kim, Alice S. N. 2009. "The common neural basis of autobiographical memory, prospection, navigation, theory of mind, and the default mode: A quantitative metaanalysis." *J. Cogn. Neurosci.* 21(3): 489–510.

7 D'Argembeau, Arnaud, Cassol, Helena, Phillips, Christophe, Balteau, Evelyne, Salmon, Eric, and Van der Linden, Martial. 2014. "Brains creating stories of selves: The neural basis of autobiographical reasoning." *Soc. Cogn. Affect. Neurosci.* 9(5): 646–52.

8 D'Argembeau, Cassol, Phillips, Balteau, Salmon, and Van der Linden, "Brains creating stories of selves."

9 Spreng, Mar, and Kim, "The common neural basis of autobiographical memory, prospection, navigation, theory of mind, and the default mode: A quantitative meta-analysis."

10 Lee, Sangil, Parthasarathi, Trishala, Cooper, Nicole, Zauberman, Gal, Lerman, Caryn, and Kable, Joseph W. 2022. "A neural signature of the vividness of prospective thought is modulated by temporal proximity during intertemporal decision making." *Proc. Natl. Acad. Sci. USA* 119(44): e2214072119.

11 Chavez, Robert S., Heatherton, Todd F., and Wagner, Dylan D. 2017. "Neural population decoding reveals the intrinsic positivity of the self." *Cereb. Cortex* 27(11): 5222–29.

12 Mattan, Bradley, Cooper, Nicole, Scholz, Christin, Kang, Yoona, and Falk, Emily. 2021. "Neural signatures differentiating self-relevance and valence predict receptivity and adherence to health messages." Poster presented at the Annual Conference of the Social and Affective Neuroscience Society, Virtual, April 30, 2021.

13 Chavez, Heatherton, and Wagner, "Neural population decoding reveals the intrinsic positivity of the self."

14 Gibbs, Jennifer L., Ellison, Nicole B., and Heino, Rebecca D. 2006. "Self-presentation in online personals: The role of anticipated future interaction, self-disclosure, and perceived success in internet dating." *Communic. Res.* 33(2): 152–77; Ellison, Nicole, Heino, Rebecca, and Gibbs, Jennifer. 2006. "Managing impressions online: Self-presentation processes in the online dating environment." *J. Comput. Mediat. Commun.* 11(2): 415–41.

15 Dunning, David, Heath, Chip, and Suls, Jerry M. 2005. "Picture imperfect." *Sci. Am. Mind* 16(4): 20–27.

16 Alicke, Mark D. 1985. "Global selfevaluation as determined by the desirability and controllability of trait adjectives." *J. Pers. Soc. Psychol.* 49(6): 1621–30.

17 기업가, 운동선수, 식당 주인 등 실패 확률이 극단적으로 높은 직업을 가진 사람들이 현실적인 자아관을 가진 세상이 있다고 하자. 그 세상에서는 지금 우리가 아는 획기적 혁신과 사업이 결코 탄생하지 못할 것이다. 발명가와 창업가 들이 시도조차 하지 않을 테니 말이다. 물론, 사람들이 자신의 능력을 더 현실적으로 볼 수 있다면 그만큼 사업 실패가 적을 수는 있다.

18 Noar, Seth M., Benac, Christina N., and Harris, Melissa S. 2007. "Does tailoring matter? Meta-analytic review of tailored print health behavior change interventions." *Psychol. Bull.* 133(4): 673–93; Falk, Emily, Scholz, Christin, Cooper, Nicole, and Gomes, Victor. In press. "Social influence and behavior change." In *Handbook of Social Psychology*, 6th ed., edited by Daniel Gilbert, Susan Fiske, Eli Finkel, and Wendy Mendes. Wiley.

19 Strecher, Victor J., Shiffman, Saul, and West, Robert. 2005. "Randomized controlled trial of a web-based computer-tailored smoking cessation program as a supplement to nicotine patch therapy." *Addiction* 100(5): 682–88.

20 Chua, Hannah Faye, Ho, S. Shaun, Jasinska, Agnes J., Polk, Thad A., Welsh, Robert C., et al. 2011. "Self-related neural response to tailored smoking-cessation messages predicts quitting." *Nat. Neurosci.* 14(4): 426–27.

21 Chua, Ho, Jasinska, Polk, Welsh, et al., "Self-related neural response to tailored smoking-cessation messages predicts quitting."

22 Aquino, Antonio, Alparone, Francesca Romana, Pagliaro, Stefano, Haddock, Geoffrey, Maio, Gregory R., et al. 2020. "Sense or sensibility? The neuro-functional basis of the structural matching effect in persuasion." *Cogn. Affect. Behav. Neurosci.* 20(3): 536–50.

23 Aquino, Alparone, Pagliaro, Haddock, Maio, et al., "Sense or sensibility?"

24 Berkman, Elliot T., Livingston, Jordan L., and Kahn, Lauren E. 2017. "Finding the 'self' in self-regulation: The identityvalue model." *Psychol. Inq.* 28(2–3): 77–98.

25 Langer, Ellen J. 2014. Mindfulness. Hachette Books. 25th anniversary ed.; Maymin, Philip Z., and Langer, Ellen J. 2021. "Cognitive biases and mindfulness." *Humanit. Soc. Sci.* 8(1): 1–11.

26 Berkman, Livingston, and Kahn, "Finding the 'self' in self-regulation: The identity-value model."

27 Couldry, Nick, and Turow, Joseph. 2014. "Advertising, big data and the clearance of the public realm: Marketers' new approaches to the content subsidy." *Int. J. Commun. Syst.* 8: 1710–26; Albarracin, Dolores, Albarracin, Julia, Chan, Man Pui Sally, and Jamieson, Kathleen Hall. 2021. *Creating Conspiracy Beliefs: How Our Thoughts Are Shaped*. Cambridge University Press; Benjamin, Ruha. 2023. "Race after technology." In *Social Theory Re-Wired*, 3rd ed., edited by Wesley Longhofer and Daniel Winchester, 405–15. Routledge; Lazer, David M. J., Baum, Matthew A., Benkler, Yochai, Berinsky, Adam J., Greenhill, Kelly M., et al. 2018. "The science of fake news." *Science* 359(6380): 1094–96.

28 Elder, Cheung, Davis, and Hughes, "Mapping the self"; Taylor, Shelley E. 1989. *Positive Illusions: Creative Self-Deception and the Healthy Mind*. Basic Books.

29 Langer, *Mindfulness*; Frewen, Paul A., Evans, Elspeth M., Maraj, Nicholas, Dozois, David J. A., and Partridge, Kate. 2008. "Letting go: Mindfulness and negative automatic thinking." *Cognit. Ther. Res.* 32(6): 758–74.

30 Sacchet, Michael D., and Brewer, Judson A. 2024. "Beyond mindfulness: Advanced meditation alters consciousness and our basic sense of self." *Sci. Amer.* 331(1, June/July): 70.

31 Jang, Joon Hwan, Jung, Wi Hoon, Kang, Do-Hyung, Byun, Min Soo, Kwon, Soo Jin, et al. 2011. "Increased default mode network connectivity associated with meditation." *Neurosci. Lett.* 487(3): 358–62.

32 Farb, Norman A. S., Segal, Zindel V., Mayberg, Helen, Bean, Jim, McKeon, Deborah, et al. 2007. "Attending to the present: Mindfulness meditation reveals distinct neural modes of selfreference." *Soc. Cogn. Affect. Neurosci.* 2(4): 313–22.

33 Gattuso, James J., Perkins, Daniel, Ruffell, Simon, Lawrence, Andrew J., Hoyer, Daniel, et al. 2023. "Default mode network modulation by psychedelics: A systematic review." *Int. J. Neuropsychopharmacol.* 26(3): 155–88.

34 Forstmann, Matthias, Yudkin, Daniel A., Prosser, Annayah M. B., Heller, S. Megan, and Crockett, Molly J. 2020. "Transformative experience and social connectedness mediate the mood-enhancing effects of psychedelic use in naturalistic settings." *Proc. Natl. Acad. Sci. USA* 117(5): 2338–46.

35 Pfeifer, Jennifer H., Masten, Carrie L., Borofsky, Larissa A., Dapretto, Mirella, Fuligni, Andrew J., and Lieberman, Matthew D. 2009. "Neural correlates of direct and reflected self-appraisals in adolescents and adults: When social perspective-taking informs self-perception." *Child Dev.* 80(4): 1016–38; Pfeifer, Jennifer H., Mahy, Caitlin E. V., Merchant, Junaid S., Chen, Chunhui, Masten, Carrie L., et al. 2017. "Neural systems for reflected and direct self-appraisals in Chinese young adults: Exploring the role of the temporal-parietal junction." *Cultur. Divers. Ethnic Minor. Psychol.* 23(1): 45–58; Van der Cruijsen, Renske, Peters, Sabine, Zoetendaal, Kelly P. M., Pfeifer, Jennifer H., and Crone, Eveline A. 2019. "Direct and reflected self-concept show increasing similarity across adolescence: A functional neuroimaging study." *Neuropsychologia* 129: 407–17; Pfeifer, Jennifer H., and Peake, Shannon J. 2012. "Self-development: Integrating cognitive, socioemotional, and neuroimaging perspectives." *Dev. Cogn. Neurosci.* 2(1): 55–69.

36 Wallace, Harry M., and Tice, Dianne M. 2012. "Reflected appraisal through a 21st-century looking glass." In M. R. Leary and J. P. Tangney, eds., *Handbook of Self and Identity*, 2nd ed., 124–140. Guilford Press.

3장 변화는 어떻게 시작되는가

1 Turner, Aidan. 2016. "GLAMOUR 100 Sexiest Men 2016." *Glamour Magazine UK*, February 1, 2016.

2 Radio Absolute. 2013. Benedict Cumberbatch on being "The Sexiest Man Alive." https://www.youtube.com/watch?v=IZUiA_0ELOs.

3 BBC America. 2014. Benedict Cumberbatch Can't Say "Penguins." *The Graham Norton Show on BBC America*.

4 Klucharev, Vasily, Hytönen, Kaisa, Rijpkema, Mark, Smidts, Ale, and Fernández, Guillén. 2009. "Reinforcement learning signal predicts social conformity." *Neuron* 61(1): 140–51.

5 종종 연구자들은 연구 결과의 유효성을 유지하기 위해 피험자들에게 가짜 피드백을 알려주는 등 속임수(deception)를 사용한다. 이 실험에서는 사회적 영향력의 효과가 자극의 다른 측면(사람들

이 이미 더 매력적이거나 덜 매력적이라고 여기는 외모적 특징)과 섞이지 않도록 속임수가 사용됐다. 연구자들이 속임수의 해악을 최소화하려고 노력하는 이유와 그 방법을 자세히 알고 싶다면 다음의 자료를 참고하라. Bok, Sissela. 2011. "Deceptive Bok, Sissela. 2011. "Deceptive social science research." In *Lying: Moral Choice in Public and Private Life*, 182–202. Vintage. 연구자들 사이에서 속임수의 대가와 유용함에 대해 견해가 갈리긴 하지만, 대학에서 인간을 대상으로 수행하는 모든 연구는 윤리위원회의 심사를 거치면서 속임수의 대가와 이득(속임수를 쓸 만한 이유가 있는지, 위험을 최소화했는지 등)이 타당한지를 검토받는다. 이때 연구팀은 참가자에게 사전에 해당 연구에 대한 모든 정보를 제공하지 않는다는 점을 고지하고, 참가자는 모든 내용을 미리 알 수 없는 연구에 참여하겠다고 스스로 결정할 수 있다는 점이 중요하다. 이러한 동의 절차에는 연구에 속임수가 일부 포함될 수 있다는 설명이 들어가긴 하지만, 그 구체적 내용까지는 밝히지 않는다. 연구가 종료되면 참가자에게 정확한 정보가 제공된다. 여기에는 연구의 진짜 목적, 속임수의 구체적 내용, 그리고 그것이 어떤 목적으로 사용됐는지를 설명하는 과정도 포함된다.

6   Zaki, Jamil, Schirmer, Jessica, and Mitchell, Jason P. 2011. "Social influence modulates the neural computation of value." *Psychol. Sci.* 22(7): 894–900.

7   Nook, Erik C., and Zaki, Jamil. 2015. "Social norms shift behavioral and neural responses to foods." *J. Cogn. Neurosci.* 27(7): 1412–26.

8   Cascio, Christopher N., O'Donnell, Matthew Brook, Bayer, Joseph, Tinney, Francis J., Jr., and Falk, Emily B. 2015. "Neural correlates of susceptibility to group opinions in online word-of-mouth recommendations." *J. Mark. Res.* 52(4): 559–75.

9   Welborn, B. Locke, Lieberman, Matthew D., Goldenberg, Diane, Fuligni, Andrew J., Galván, Adriana, and Telzer, Eva H. 2016. "Neural mechanisms of social influence in adolescence." *Soc. Cogn. Affect. Neurosci.* 11(1): 100–109.

10 Albarracín, Dolores. 2021. *Action and Inaction in a Social World: Predicting and Changing Attitudes and Behavior*. Cambridge University Press.

11 Bond, Robert M., Fariss, Christopher J., Jones, Jason J., Kramer, Adam D. I., Marlow, Cameron, et al. 2012. "A 61-million-person experiment in social influence and political mobilization." *Nature* 489(7415): 295–98.

12 Hallsworth, Michael, List, John A., Metcalfe, Robert D., and Vlaev, Ivo. 2017. "The behavioralist as tax collector: Using natural field experiments to enhance tax compliance." *J. Public Econ.* 148: 14–31.

13 Zhang, Jingwen, Brackbill, Devon, Yang, Sijia, and Centola, Damon. 2015. "Efficacy and causal mechanism of an online social media intervention to increase physical activity: Results of a randomized controlled trial." *Prev. Med. Rep.* 2: 651–57.

14 Cialdini, Robert B., and Goldstein, Noah J. 2004. "Social influence: Compliance and conformity." *Annu. Rev. Psychol.* 55: 591–621.

15 Saxe, Rebecca, and Kanwisher, Nancy. 2003. "People thinking about thinking people: The role of the temporo-parietal junction in 'theory of mind.'" *NeuroImage* 19(4): 1835–42.

16 Thornton, Mark A., Weaverdyck, Miriam E., and Tamir, Diana I. 2019. "The social brain automatically predicts others' future mental states." *J. Neurosci.* 39(1): 140–48; Thornton, Mark A., and Tamir, Diana I. 2021. "People accurately predict the transition probabilities between actions." *Sci. Adv.* 7(9): eabd4995; Thornton, Mark A., and Tamir, Diana I. 2017. "Mental models accurately predict emotion transitions." *Proc. Natl. Acad. Sci. USA* 114(23): 5982–87; Tamir,

Diana I., and Thornton, Mark A. 2018. "Modeling the predictive social mind." *Trends Cogn. Sci.* 22(3): 201-12.

17 Saxe and Kanwisher, "People thinking about thinking people."

18 자폐 스펙트럼 장애를 가진 사람들이 이런 유형의 과제를 처리할 때 해당 뇌 영역들의 활성도가 낮게 나타난다는 사실에 주목하자. 그러한 활성도 차이는 이들이 사회적으로 겪는 어려움과 연결된다. 이는 해당 뇌 영역들이 사회적 사고 과정에 관여한다는 주장을 뒷받침하며, 뇌 기능이 보편적이지 않다는 점도 강조한다. 사람들은 자신의 뇌를 각자 다르게 활용한다. Lombardo, Michael V., Chakrabarti, Bhismadev, Bullmore, Edward T., MRC AIMS Consortium, and Baron-Cohen, Simon. 2011. "Specialization of right temporo-parietal junction for mentalizing and its relation to social impairments in autism." *NeuroImage* 56(3): 1832-38.; Chien, Hsiang-Yun, Lin, Hsiang-Yuan, Lai, Meng-Chuan, Gau, Susan Shur-Fen, and Tseng, Wen-Yih Isaac. 2015. "Hyperconnectivity of the right posterior temporo-parietal junction predicts social difficulties in boys with autism spectrum disorder." *Autism Res.* 8(5): 427-41.

19 Koster-Hale, Jorie, and Saxe, Rebecca. 2013. "Theory of mind: A neural prediction problem." *Neuron* 79(5): 836-48.

20 Thornton and Tamir, "People accurately predict the transition probabilities between actions."

21 Baldassano, Christopher, Chen, Janice, Zadbood, Asieh, Pillow, Jonathan W., Hasson, Uri, and Norman, Kenneth A. 2017. "Discovering event structure in continuous narrative perception and memory." *Neuron* 95(3): 709-21.

22 Richardson, Hilary, and Saxe, Rebecca. 2020. "Development of predictive responses in theory of mind brain regions." *Dev. Sci.* 23(1): e12863.

23 Dunbar, R. I. M., and Shultz, Susanne. 2007. "Evolution in the social brain." *Science* 317(5843): 1344-47.

24 Milestone, Katie. 2015. "Gender and the cultural industries." In *The Routledge Companion to the Cultural Industries*, edited by Kate Oakley and Justin O'Connor, 501-11. Routledge; Döring, Nicola, and Mohseni, M. Rohangis. 2019. "Male dominance and sexism on YouTube: Results of three content analyses." *Fem. Media Stud.* 19(4): 512-24; Krijnen, Tonny, and Van Bauwel, Sofie. 2021. *Gender and Media: Representing, Producing, Consuming*. Routledge; Lauzen, Martha M., and Dozier, David M. 2004. "Evening the score in prime time: The relationship between behind-the-scenes women and on-screen portrayals in the 2002-2003 season." *J. Broadcast. Electron. Media* 48(3): 484-500; Chemaly, Soraya. 2019. "Demographics, design, and free speech: How demographics have produced social media optimized for abuse and the silencing of marginalized voices." *Free Speech in the Digital Age*, edited by Susan J. Brison and Katharine Gelber, 150-69.

25 Eisenberger, Naomi I. 2015. "Social pain and the brain: Controversies, questions, and where to go from here." *Annu. Rev. Psychol.* 66: 601-29.

26 Izuma, Keise, Saito, Daisuke N., and Sadato, Norihiro. 2008. "Processing of social and monetary rewards in the human striatum." *Neuron* 58(2): 284-94; Lieberman, Matthew D., and Eisenberger, Naomi I. 2009. "Neuroscience. Pains and pleasures of social life." *Science* 323(5916): 890-91.

27 Meier, Isabell M., Eikemo, Marie, and Leknes, Siri. 2021. "The role of mu-opioids for reward and threat processing in humans: Bridging the gap from preclinical to clinical opioid drug studies." *Curr. Addict. Rep.* 8(2): 306-18.

28 Meier, Eikemo, and Leknes, "The role of mu-opioids for reward and threat processing in humans."

29 Inagaki, Tristen K., Hazlett, Laura I., and Andreescu, Carmen. 2020. "Opioids and social bonding: Effect of naltrexone on feelings of social connection and ventral striatum activity to close others." *J. Exp. Psychol. Gen.* 149(4): 732–45.

30 Dallas, Rebecca, Field, Matt, Jones, Andrew, Christiansen, Paul, Rose, Abi, and Robinson, Eric. 2014. "Influenced but unaware: Social influence on alcohol drinking among social acquaintances." *Alcohol. Clin. Exp. Res.* 38(5): 1448–53; Nolan, Jessica M., Schultz, P. Wesley,Cialdini, Robert B., Goldstein, Noah J., and Griskevicius, Vladas. 2008. "Normative social influence is underdetected." *Pers. Soc. Psychol. Bull.* 34(7): 913–23.

31 Nolan, Schultz, Cialdini, Goldstein, and Griskevicius, "Normative social influence is underdetected."

32 Nolan, Schultz, Cialdini, Goldstein, and Griskevicius, "Normative social influence is underdetected."

33 Nolan, Schultz, Cialdini, Goldstein, and Griskevicius, "Normative social influence is underdetected."

34 Dallas, Field, Jones, Christiansen, Rose, and Robinson, "Influenced but unaware."

35 Goldstein, Noah J., Cialdini, Robert B., and Griskevicius, Vladas. 2008. "A room with a viewpoint: Using social norms to motivate environmental conservation in hotels." *J. Consum. Res.* 35(3): 472–82. 참고로 이 결과는 미국의 특수한 상황 덕분에 가능했다. 미국인들은 다른 투숙객이 수건을 재사용하는 횟수를 과소평가하는 경향이 있었다. 하지만 독일에서는 투숙객들이 이미 다른 사람도 수건을 재사용하리라고 기대하고 있었기에 사회 규범형 메시지와 일반 메시지의 효과가 비슷하게 나타났다. 이 사례는 어떤 사회 규범을 실험 목표로 삼을 때 그 문화적 맥락을 이해하는 것이 중요하다는 사실을 강조한다. Bohner, Gerd, and Schlüter, Lena E. 2014. "A room with a viewpoint revisited: Descriptive norms and hotel guests' towel reuse behavior." *PLoS One* 9(8): e104086.

36 Bond, Fariss, Jones, Kramer, Marlow, et al., "A 61-million-person experiment in social influence and political mobilization."

37 Zhang, Brackbill, Yang, and Centola, "Efficacy and causal mechanism of an online social media intervention to increase physical activity."

38 Pandey, Prateekshit, Kang, Yoona, Cooper, Nicole, O'Donnell, Matthew B., and Falk, Emily B. 2021. "Social networks and neural receptivity to persuasive health messages." *Health Psychol.* 40(4): 285–94; Zhang, Jingwen, Brackbill, Devon, Yang, Sijia, Becker, Joshua, Herbert, Natalie, and Centola, Damon. 2016. "Support or competition? How online social networks increase physical activity: A randomized controlled trial." *Prev. Med. Rep.* 4: 453–58.

39 Milsom, Vanessa A., Perri, Michael G., and Rejeski, W. Jack. 2007. "Guided group support and the long-term management of obesity." In *Self-Help Approaches for Obesity and Eating Disorders: Research and Practice*, edited by Janet D. Latner and G. Terence Wilson, 205–22. Guilford Press; Renjilian, David A., Perri, Michael G., Nezu, Arthur M., McKelvey, Wendy F., Shermer, Rebecca L., and Anton, Stephen D. 2001. "Individual versus group therapy for obesity: Effects of matching participants to their treatment preferences." *J. Consult. Clin. Psychol.* 69(4): 717–21; Wing, Rena R., and Jeffery, Robert W. 1999. "Benefits of recruiting participants with friends and increasing social support for weight loss and maintenance." *J. Consult. Clin. Psychol.* 67(1): 132–38; Ahn, Jeesung,

Falk, Emily B., and Kang, Yoona. 2024. "Relationships between physical activity and loneliness: A systematic review of intervention studies." *Curr. Res. Behav. Sci.* 6: 100141.

40 Lokhorst, Anne Marike, Werner, Carol, Staats, Henk, van Dijk, Eric, and Gale, Jeff L. 2013. "Commitment and behavior change: A metaanalysis and critical review of commitment-making strategies in environmental research." *Environ. Behav.* 45(1): 3–34; Baca-Motes, Katie, Brown, Amber, Gneezy, Ayelet, Keenan, Elizabeth A., and Nelson, Leif D. 2012. "Commitment and behavior change: Evidence from the field." *J. Consum. Res.* 39(5): 1070–84.

41 Cialdini, Robert B., Demaine, Linda J., Sagarin, Brad J., Barrett, Daniel W., Rhoads, Kelton, and Winter, Patricia L. 2006. "Managing social norms for persuasive impact." *Social Influence* 1(1): 3–15.

42 Cialdini, Demaine, Sagarin, Barrett, Rhoads, and Winter, "Managing social norms for persuasive impact."

43 Aral, Sinan, and Nicolaides, Christos. 2017. "Exercise contagion in a global social network." *Nat. Commun.* 8: 14753.

44 Richards, Keana S. 2022. "Women Prepare More Than Men in Competitive and Non-competitive Environments, Which Aligns with Gender Stereotypes." PhD thesis. University of Pennsylvania.

45 Asch, Solomon E. 1956. "Studies of independence and conformity: I. A minority of one against a unanimous majority." *Psychol. Monogr.* 70(9): 1–70.

46 Vosoughi, Soroush, Roy, Deb, and Aral, Sinan. 2018. "The spread of true and false news online." *Science* 359(6380): 1146–51; Watts, Duncan J., Rothschild, David M., and Mobius, Markus. 2021. "Measuring the news and its impact on democracy." *Proc. Natl. Acad. Sci. USA* 118(15): e1912443118.

47 Watts, Rothschild, and Mobius, "Measuring the news and its impact on democracy."

48 Shao, Chengcheng, Ciampaglia, Giovanni Luca, Varol, Onur, Yang, Kai Cheng, Flammini, Alessandro, and Menczer, Filippo. 2018. "The spread of low-credibility content by social bots." *Nat. Commun.* 9(1): 4787.

49 Neilson, Tai, and Ortiga, Kara. 2023. "Mobs, crowds, and trolls: Theorizing the harassment of journalists in the Philippines." *Digit. Journal* 11(10): 1924–39.

50 Watts, Rothschild, and Mobius, "Measuring the news and its impact on democracy."

4장 당신이 눈앞의 유혹에 약한 이유

1 Wyche, Steve. 2003. "Grunfeld's Triumphant Journey: Romanian Born, N.Y. Bred, Veteran GM Looks to Remake Wizards." *Washington Post*, December 25, 2003.

2 Allen, Scott. 2022. "Ernie Grunfeld's son details his family's journey from the Holocaust to the NBA in new book." *Washington Post*, January 7, 2022.

3 Grunfeld, Dan. 2021. *By the Grace of the Game: The Holocaust, a Basketball Legacy, and an Unprecedented American Dream*. Triumph Books.

4 Grunfeld, *By the Grace of the Game*.

5 Ernie Grunfeld—Men's basketball. University of Tennessee Athletics. https://utsports.com/sports/

mens-basketball/roster/ernie-grunfeld/8524.

6 Grunfeld, *By the Grace of the Game*.

7 Tamir, Diana I., and Mitchell, Jason P. 2011. "The default network distinguishes construals of proximal versus distal events." *J. Cogn. Neurosci.* 23(10): 2945–55; see also Parkinson, Carolyn, Liu, Shari, and Wheatley, Thalia. 2014. "A common cortical metric for spatial, temporal, and social distance." *J. Neurosci.* 34(5): 1979–87.

8 코미디언 제리 사인펠드(Jerry Seinfeld)는 미국 시트콤 〈사인필드(Seinfeld)〉에서 이렇게 말했다. "나는 푹 자본 적이 없어. 올빼미형 인간이라 늦게까지 깨어있지. 밤의 나는 늦게까지 깨어있으려고 해. 다섯 시간만 자도 괜찮을까? 아, 그건 아침의 내가 알아서 할 문제지."

9 Kable, Joseph W., and Glimcher, Paul W. 2007. "The neural correlates of subjective value during intertemporal choice." *Nat. Neurosci.* 10(12): 1625–33.

10 Ersner-Hershfield, Hal, Wimmer, G. Elliott, and Knutson, Brian. 2009. "Saving for the future self: Neural measures of future selfcontinuity predict temporal discounting." *Soc. Cogn. Affect. Neurosci.* 4(1): 85–92.

11 Woolley, Kaitlin, and Fishbach, Ayelet. 2016. "For the fun of it: Harnessing immediate rewards to increase persistence in long-term goals." *J. Consum. Res.* 42(6): 952–66.

12 Turnwald, Bradley P., and Crum, Alia J. 2019. "Smart food policy for healthy food labeling: Leading with taste, not healthiness, to shift consumption and enjoyment of healthy foods." *Prev. Med.* 119: 7–13.

13 케이티 밀크먼 지음, 박세연 옮김, 《슈퍼 해빗》, 알에이치코리아, 2022.

14 Milkman, Katy L., Minson, Julia A., and Volpp, Kevin G. 2014. "Holding the Hunger Games hostage at the gym: An evaluation of temptation bundling." *Manage. Sci.* 60(2): 283–99.

15 Hershfield, Hal E., Goldstein, Daniel G., Sharpe, William F., Fox, Jesse, Yeykelis, Leo, et al. 2011. "Increasing saving behavior through age-progressed renderings of the future self." *J. Mark. Res.* 48(SPL): S23–37.

16 Bank of America Corporation. 2012. "Merrill Edge® Launches Face Retirement." Business Wire.

17 Ersner-Hershfield, Wimmer, and Knutson, "Saving for the future self."

18 Kober, Hedy, Mende-Siedlecki, Peter, Kross, Ethan F., Weber, Jochen, Mischel, Walter, et al. 2010. "Prefrontalstriatal pathway underlies cognitive regulation of craving." *Proc. Natl. Acad. Sci. USA* 107(33): 14811–16; Roos, Corey R., Harp, Nicholas R., Vafaie, Nilofar, Gueorguieva, Ralitza, Frankforter, Tami, et al. 2023. "Randomized trial of mindfulness- and reappraisal-based regulation of craving training among daily cigarette smokers." *Psychol. Addict. Behav.* 37(7): 829–40; Boswell, Rebecca G., Sun, Wendy, Suzuki, Shosuke, and Kober, Hedy. 2018. "Training in cognitive strategies reduces eating and improves food choice." *Proc. Natl. Acad. Sci. USA* 115(48): E11238–47.

19 Hare, Todd A., Malmaud, Jonathan, and Rangel, Antonio. 2011. "Focusing attention on the health aspects of foods changes value signals in vmPFC and improves dietary choice." *J. Neurosci.* 31(30): 11077–87. 캘리포니아 공과대학교의 어니타 투셰(Anita Tusche)와 토론토 대학교의 센드리 허처슨(Cendri Hutcherson)은 선택의 다양한 속성에 초점을 맞추면 메뉴 결정이나 사회적 결정 등의 선택 유형에 작용하는 공통의 메커니즘이 작동한다는 사실을 증명했다. 어니타와 센드리는 뇌의 가치 체계가 다양한 음식의 전체적 가치를 추적한다는 사실을 발견했지만, 선택의 다른

측면에 주의를 기울이면 선택 결과를 바꿀 수도 있다는 통찰을 더해주기도 했다. 이들의 연구는 주요 가치 체계의 외부에 있는 뇌 영역들이 다양한 목표에 관한 정보를 부호화하는 과정을 강조한다. '음식을 선택할 때 더 건강한 메뉴를 고르기', '금전적 이익을 타인과 나눌지 결정할 때 좀 더 친절해지기' 같은 목표들도 우리의 선택에 영향을 미친다. Tusche, Anita, and Hutcherson, Cendri A. 2018. "Cognitive regulation alters social and dietary choice by changing attribute representations in domain-general and domain-specific brain circuits." *eLife* 7: e31185.

20 자신과 갈망하는 대상 사이에 거리를 두라는 일반적인 지침도 이와 비슷한 효과를 가져왔다. 특정 음식에 대해 사람들이 좋아하는 점(예: 맛이 얼마나 좋은지, 몸에 얼마나 좋은지)에 집중하라거나, 다른 음식에 대해 사람들이 좋아하지 않는 점(예: 맛이 얼마나 없는지, 몸에 얼마나 나쁜지)에 집중하라는 더 일반적인 지침도 마찬가지로 효과적이었다. Boswell, Sun, Suzuki, and Kober, "Training in cognitive strategies reduces eating and improves food choice"; Hutcherson, Cendri A., Plassmann, Hilke, Gross, James J., and Rangel, Antonio. 2012. "Cognitive regulation during decision making shifts behavioral control between ventromedial and dorsolateral prefrontal value systems." *J. Neurosci.* 32(39): 13543-54.

21 Cosme, Danielle, Zeithamova, Dagmar, Stice, Eric, and Berkman, Elliot T. 2020. "Multivariate neural signatures for health neuroscience: Assessing spontaneous regulation during food choice." *Soc. Cogn. Affect. Neurosci.* 15(10): 1120-34.

22 Chang, Linda W., and Cikara, Mina. 2018. "Social decoys: Leveraging choice architecture to alter social preferences." *J. Pers. Soc. Psychol.* 115(2): 206-23.

23 Ruef, Martin, Aldrich, Howard E., and Carter, Nancy M. 2003. "The structure of founding teams: Homophily, strong ties, and isolation among U.S. entrepreneurs." *Am. Sociol. Rev.* 68(2): 195-222.

24 Stahl, Günter K., Maznevski, Martha L., Voigt, Andreas, and Jonsen, Karsten. 2010. "Unraveling the effects of cultural diversity in teams: A meta-analysis of research on multicultural work groups." *J. Int. Bus. Stud.* 41(4): 690-709; Antonio, Anthony Lising, Chang, Mitchell J., Hakuta, Kenji, Kenny, David A., Levin, Shana, and Milem, Jeffrey F. 2004. "Effects of racial diversity on complex thinking in college students." *Psychol. Sci.* 15(8): 507-10; Sommers, Samuel R. 2006. "On racial diversity and group decision making: Identifying multiple effects of racial composition on jury deliberations." *J. Pers. Soc. Psychol.* 90(4): 597-612; Chilton, Adam, Driver, Justin, Masur, Jonathan S., and Rozema, Kyle. 2022. "Assessing affirmative action's diversity rationale." *Columbia Law Rev.* 122(2): 331-406; Hofstra, Bas, Kulkarni, Vivek V., Galvez, Sebastian Munoz Najar, He, Bryan, Jurafsky, Dan, and McFarland, Daniel A. 2020. "The diversity-innovation paradox in science." *Proc. Natl. Acad. Sci. USA* 117(17): 9284-91.

25 Craig, Maureen A., and Richeson, Jennifer A. 2014. "More diverse yet less tolerant? How the increasingly diverse racial landscape affects White Americans' racial attitudes." *Pers. Soc. Psychol. Bull.* 40(6): 750-61; Richeson, Jennifer A., and Sommers, Samuel R. 2016. "Toward a social psychology of race and race relations for the twenty-first century." *Annu. Rev. Psychol.* 67: 439-63; Richeson, Jennifer A., and Shelton, J. Nicole. 2007. "Negotiating interracial interactions: Costs, consequences, and possibilities." *Curr. Dir. Psychol. Sci.* 16(6): 316-20; Shelton, J. Nicole, Richeson, Jennifer A., and Salvatore, Jessica. 2005. "Expecting to be the target of prejudice: Implications for interethnic interactions." *Pers. Soc. Psychol. Bull.* 31(9): 1189-202.

26 남학생과 백인 학생은 인턴십 프로그램에 선발되기 쉬운 편이지만, 이민 1세대 대학생과 정부 장학금을 받는 학생들은 이런 기회를 얻기가 어렵다. 대학생을 대상으로 한 설문에서 인턴십 미경험자들 대다수는 인턴십을 하고 싶어 했지만, 그러지 못하는 가장 큰 이유는 파트타임으로 돈을 벌어야 하기 때

문이라고 답했다. 실제로 파트타임으로 일하는 시간이 더 짧은 학생은 인턴십을 할 가능성이 더 컸다. Gatta, Mary. 2023. "The class of 2023: Inequity continues to underpin internship participation and pay status." National Association of Colleges and Employers; Hora, Matthew, Chen, Zi, Parrott, Emily, and Her, Pa. 2020. "Problematizing college internships: Exploring issues with access, program design and developmental outcomes." *Int. J. Work-Integr. Learn.* 21(3): 235–52.

27 Karmarkar, Uma R., Shiv, Baba, and Knutson, Brian. 2015. "Cost conscious? The neural and behavioral impact of price primacy on decision making." *J. Mark. Res.* 52(4): 467–81.

28 Karmarkar, Shiv, and Knutson, "Cost conscious?"

29 Smith, Stephanie M., and Krajbich, Ian. 2019. "Gaze amplifies value in decision making." *Psychol. Sci.* 30(1): 116–28.

30 Sheng, Feng, Ramakrishnan, Arjun, Seok, Darsol, Zhao, Wenjia Joyce, Thelaus, Samuel, et al. 2020. "Decomposing loss aversion from gaze allocation and pupil dilation." *Proc. Natl. Acad. Sci. USA* 117(21): 11356–63.

31 Frydman, Cary, and Rangel, Antonio. 2014. "Debiasing the disposition effect by reducing the saliency of information about a stock's purchase price." *J. Econ. Behav. Organ.* 107(Pt B): 541–52.

32 어니 그룬펠트와의 대화, 2022년 3월.

33 Grunfeld, *By the Grace of the Game*.

34 리비아 그룬펠트와의 대화, 2022년 3월.

35 Lieberman, Matthew D., Straccia, Mark A., Meyer, Meghan L., Du, Meng, and Tan, Kevin M. 2019. "Social, self, (situational), and affective processes in medial prefrontal cortex (MPFC): Causal, multivariate, and reverse inference evidence." *Neurosci. Biobehav. Rev.* 99: 311–28. 가치 체계의 일부 영역은 사람들이 부정적 감정을 포함하여 다양한 감정을 느낄 때 활성도가 증가한다. 하지만 가치 체계의 핵심인 복측선조체와 내측전전두피질은 우리가 얼마나 긍정적 혹은 부정적으로 느끼는지와 특히 밀접한 관련이 있는 듯하다. 이런 식으로 연구자들은 가치 체계의 활성화 패턴을 활용하여 사람들이 긍정적 생각을 하는지, 부정적 생각을 하는지를 예측할 수 있게 됐다. Lindquist, Kristen A., Satpute, Ajay B., Wager, Tor D., Weber, Jochen, and Barrett, Lisa Feldman. 2016. "The brain basis of positive and negative affect: Evidence from a meta-analysis of the human neuroimaging literature." *Cereb. Cortex* 26(5): 1910–22; Lieberman, Straccia, Meyer, Du, and Tan, "Social, self, (situational), and affective processes in medial prefrontal cortex (MPFC)"; Tusche, Anita, Smallwood, Jonathan, Bernhardt, Boris C., and Singer, Tania. 2014. "Classifying the wandering mind: Revealing the affective content of thoughts during task-free rest periods." *NeuroImage* 97: 107–16.

36 Winecoff, Amy, Clithero, John A., Carter, R. McKell, Bergman, Sara R., Wang, Lihong, and Huettel, Scott A. 2013. "Ventromedial prefrontal cortex encodes emotional value." *J. Neurosci.* 33(27): 11032–39.

37 Buhle, Jason T., Silvers, Jennifer A., Wager, Tor D., Lopez, Richard, Onyemekwu, Chukwudi, et al. 2014. "Cognitive reappraisal of emotion: A meta-analysis of human neuroimaging studies." *Cereb. Cortex* 24(11): 2981–90.

38 Ochsner, Kevin N., and Gross, James J. 2008. "Cognitive emotion regulation: Insights from social cognitive and affective neuroscience." *Curr. Dir. Psychol. Sci.* 17(2): 153–58.

39 로스 게이 지음, 김목인 옮김, 《기쁨의 책》, 필로우, 2025.

40 Scholz, Christin, Doré, Bruce P., Cooper, Nicole, and Falk, Emily B. 2019. "Neural valuation of antidrinking campaigns and risky peer influence in daily life." *Health Psychol.* 38(7): 658–67.

41 Kross, Ethan, and Ayduk, Ozlem. 2017. "Self-distancing: Theory, research, and current directions." In *Advances in Experimental Social Psychology*, edited by James M. Olson. 55: 81–136. Elsevier Academic Press.

42 Winecoff, Clithero, Carter, Bergman, Wang, and Huettel, "Ventromedial prefrontal cortex encodes emotional value."

43 Kross, Ethan, and Grossmann, Igor. 2012. "Boosting wisdom: Distance from the self enhances wise reasoning, attitudes, and behavior." *J. Exp. Psychol. Gen.* 141(1): 43–48.

44 Langer, Ellen J. 2014. *Mindfulness*. Hachette Books. 25th anniversary ed.; Ludwig, Vera U., Brown, Kirk Warren, and Brewer, Judson A. 2020. "Self-regulation without force: Can awareness leverage reward to drive behavior change?" *Perspect. Psychol. Sci.* 15(6): 1382–99.

45 Westbrook, Cecilia, Creswell, John David, Tabibnia, Golnaz, Julson, Erica, Kober, Hedy, and Tindle, Hilary A. 2013. "Mindful attention reduces neural and self-reported cue-induced craving in smokers." *Soc. Cogn. Affect. Neurosci.* 8(1): 73–84.

46 Brewer, Judson A., Mallik, Sarah, Babuscio, Theresa A., Nich, Charla, Johnson, Hayley E., et al. 2011. "Mindfulness training for smoking cessation: Results from a randomized controlled trial." *Drug Alcohol Depend.* 119(1–2): 72–80.

47 Kober, Mende-Siedlecki, Kross, Weber, Mischel, et al., "Prefrontal-striatal pathway underlies cognitive regulation of craving."

48 Kober, Hedy, Brewer, Judson A., Height, Keri L., and Sinha, Rajita. 2017. "Neural stress reactivity relates to smoking outcomes and differentiates between mindfulness and cognitive-behavioral treatments." *NeuroImage* 151: 4–13.

5장 의미 있는 변화를 만드는 법

1 Barrick, Elyssa M., Barasch, Alixandra, and Tamir, Diana I. 2022. "The unexpected social consequences of diverting attention to our phones." *J. Exp. Soc. Psychol.* 101: 104344.

2 Chavez, Robert S., Heatherton, Todd F., and Wagner, Dylan D. 2017. "Neural population decoding reveals the intrinsic positivity of the self." *Cereb. Cortex* 27(11): 5222–29.

3 Taylor, Shelley E. 1989. *Positive Illusions: Creative Self-Deception and the Healthy Mind*. Basic Books.

4 Cohen, Geoffrey L., and Sherman, David K. 2014. "The psychology of change: Self-affirmation and social psychological intervention." *Annu. Rev. Psychol.* 65: 333–71.

5 이 점에 대해서는 TEDx 강연인 〈뇌는 어떻게 마음을 바꾸는가(How the brain changes its mind)〉의 일부를 인용해서 이 단락에서 자세히 다뤘다.

6 Cohen and Sherman, "The psychology of change"; Hart, William, Albarracín, Dolores, Eagly, Alice H., Brechan, Inge, Lindberg, Matthew J., and Merrill, Lisa. 2009. "Feeling validated versus being correct: A meta-analysis of selective exposure to information." *Psychol. Bull.* 135(4): 555–88.

7 Perih, Larysa. 2023. "82 bits of funny bad advice you should absolutely not take too seriously."

Bored Panda.

8   Kahneman, Daniel, Knetsch, Jack L., and Thaler, Richard H. 1990. "Experimental tests of the endowment effect and the Coase theorem." *J. Polit. Econ.* 98(6): 1325–48.

9   Kahneman, Knetsch, and Thaler, "Experimental tests of the endowment effect and the Coase theorem."

10 Knutson, Brian, Wimmer, G. Elliott, Rick, Scott, Hollon, Nick G., Prelec, Drazen, and Loewenstein, George. 2008. "Neural antecedents of the endowment effect." *Neuron* 58(5): 814–22.

11 Elder, Jacob, Cheung, Bernice, Davis, Tyler, and Hughes, Brent. 2023. "Mapping the self: A network approach for understanding psychological and neural representations of self-concept structure." *J. Pers. Soc. Psychol.* 124(2): 237–63.

12 Elder, Jacob J., Davis, Tyler H., and Hughes, Brent L. 2023. "A fluid self-concept: How the brain maintains coherence and positivity across an interconnected self-concept while incorporating social feedback." *J. Neurosci.* 43(22): 4110–28.

13 Elder, Davis, and Hughes, "A fluid self-concept."

14 Greenwald, Anthony G. 1980. "The totalitarian ego: Fabrication and revision of personal history." *Am. Psychol.* 35(7): 603–18.

15 Cohen and Sherman, "The psychology of change"; Steele, Claude M. 1988. "The psychology of self-affirmation: Sustaining the integrity of the self." In *Advances in Experimental Social Psychology*, edited by Leonard Berkowitz. 21: 261–302. Academic Press.

16 Falk, Emily B., O'Donnell, Matthew Brook, Cascio, Christopher N., Tinney, Francis, Kang, Yoona, et al. 2015. "Self-affirmation alters the brain's response to health messages and subsequent behavior change." *Proc. Natl. Acad. Sci. USA* 112(7): 1977–82; Cascio, Christopher N., O'Donnell, Matthew Brook, Tinney, Francis J., Lieberman, Matthew D., Taylor, Shelley E., et al. 2016. "Self-affirmation activates brain systems associated with self-related processing and reward and is reinforced by future orientation." *Soc. Cogn. Affect. Neurosci.* 11(4): 621–29; Kang, Yoona, Cooper, Nicole, Pandey, Prateekshit, Scholz, Christin, O'Donnell, Matthew Brook, et al. 2018. "Effects of self-transcendence on neural responses to persuasive messages and health behavior change." *Proc. Natl. Acad. Sci. USA* 115(40): 9974–79.

17 Kang, Cooper, Pandey, Scholz, O'Donnell, et al., "Effects of self-transcendence on neural responses to persuasive messages and health behavior change."

18 Kang, Cooper, Pandey, Scholz, O'Donnell, et al., "Effects of self-transcendence on neural responses to persuasive messages and health behavior change"; Falk, O'Donnell, Cascio, Tinney, Kang, et al., "Self-affirmation alters the brain's response to health messages and subsequent behavior change."

19 Centers for Disease Control and Prevention. 2023. "Physical Activity for Adults: An Overview."

20 Cohen, Geoffrey L., Aronson, Joshua, and Steele, Claude M. 2000. "When beliefs yield to evidence: Reducing biased evaluation by affirming the self." *Pers. Soc. Psychol. Bull.* 26(9): 1151–64.

21 Crocker, Jennifer, Niiya, Yu, and Mischkowski, Dominik. 2008. "Why does writing about important values reduce defensiveness? Self-affirmation and the role of positive other-directed

feelings." *Psychol. Sci.* 19(7): 740–47.

22 Harris, Peter R., and Napper, Lucy. 2005. "Self-affirmation and the biased processing of threatening health-risk information." *Pers. Soc. Psychol. Bull.* 31(9): 1250–63.

23 Unzueta, Miguel M., and Lowery, Brian S. 2008. "Defining racism safely: The role of self-image maintenance on white Americans' conceptions of racism." *J. Exp. Soc. Psychol.* 44(6): 1491–97.

24 Steele, Claude M., and Liu, Thomas J. 1983. "Dissonance processes as self-affirmation." *J. Pers. Soc. Psychol.* 45(1): 5–19.

25 Schimel, Jeff, Arndt, Jamie, Banko, Katherine M., and Cook, Alison. 2004. "Not all self-affirmations were created equal: The cognitive and social benefit of affirming the intrinsic (vs extrinsic) self." *Soc. Cogn.* 22(1): 75–99.

26 Walton, Gregory M., and Wilson, Timothy D. 2018. "Wise interventions: Psychological remedies for social and personal problems." *Psychol. Rev.* 125(5): 617–55.

27 McQueen, Amy, and Klein, William M. P. 2006. "Experimental manipulations of self-affirmation: A systematic review." *Self Identity* 5(4): 289–354.

28 Critcher, Clayton R., Dunning, David, and Armor, David A. 2010. "When self-affirmations reduce defensiveness: Timing is key." *Pers. Soc. Psychol. Bull.* 36(7): 947–59.

29 Cohen and Sherman, "The psychology of change."

30 Wu, Zezhen, Spreckelsen, Thees F., and Cohen, Geoffrey L. 2021. "A meta-analysis of the effect of values affirmation on academic achievement." *J. Soc. Issues* 77(3): 702–50.

31 Cook, Jonathan E., Purdie-Vaughns, Valerie, Garcia, Julio, and Cohen, Geoffrey L. 2012. "Chronic threat and contingent belonging: Protective benefits of values affirmation on identity development." *J. Pers. Soc. Psychol.* 102(3): 479–96.

32 Cohen and Sherman, "The psychology of change."

33 Cook, Purdie-Vaughns, Garcia, and Cohen, "Chronic threat and contingent belonging."

34 Lewis, Nathan A., Turiano, Nicholas A., Payne, Brennan R., and Hill, Patrick L. 2017. "Purpose in life and cognitive functioning in adulthood." *Aging Neuropsychol. Cogn.* 24(6): 662–71; Cohen, Randy, Bavishi, Chirag, and Rozanski, Alan. 2016. "Purpose in life and its relationship to all-cause mortality and cardiovascular events: A meta-analysis." *Psychosom. Med.* 78(2): 122–33; Kim, Eric S., Sun, Jennifer K., Park, Nansook, and Peterson, Christopher. 2013. "Purpose in life and reduced incidence of stroke in older adults: The Health and Retirement Study.'" *J. Psychosom. Res.* 74(5): 427–32; Hooker, Stephanie A., and Masters, Kevin S. 2016. "Purpose in life is associated with physical activity measured by accelerometer." *J. Health Psychol.* 21(6): 962–71; Roepke, Ann Marie, Jayawickreme, Eranda, and Riffle, Olivia M. 2014. "Meaning and health: A systematic review." *Appl. Res. Qual. Life* 9(4): 1055–79; Ryff, Carol D. 2014. "Psychological well-being revisited: Advances in the science and practice of eudaimonia." *Psychother. Psychosom.* 83(1): 10–28.

35 연령대가 높고 목적의식이 뚜렷한 성인은 목적의식이 옅은 사람보다 더 많이 운동하고 잘 자며 건강한 일상을 보내는 편이다. 건강과 목적의식 사이의 밀접한 연관성은 다른 인구 집단에서도 나타난다. Kim, Eric S., Shiba, Koichiro, Boehm, Julia K., and Kubzansky, Laura D. 2020. "Sense of purpose in life and five health behaviors in older adults." *Prev. Med.* 139: 106172; Kim, Eric S., Strecher, Victor J., and Ryff, Carol D. 2014. "Purpose in life and use of preventive health care

36 McGowan, Amanda L., Boyd, Zachary M., Kang, Yoona, Bennett, Logan, Mucha, Peter J., et al. 2023. "Within-person temporal associations among self-reported physical activity, sleep, and well-being in college students." *Psychosom. Med.* 85(2): 141–53.

37 Kang, Yoona, Strecher, Victor J., Kim, Eric, and Falk, Emily B. 2019. "Purpose in life and conflict-related neural responses during health decision-making." *Health Psychol.* 38(5): 545–52.

38 Kang, Cooper, Pandey, Scholz, O'Donnell, eal., "Effects of self-transcendence on neural responses to persuasive messages and health behavior change."

39 Green, Melanie C., Strange, Jeffrey J., and Brock, Timothy C. 2003. *Narrative Impact: Social and Cognitive Foundations*. Taylor & Francis.

40 Mar, Raymond A. 2011. "The neural bases of social cognition and story comprehension." *Annu. Rev. Psychol.* 62: 103–34.

41 Slater, Michael D., and Rouner, Donna. 2002. "Entertainment-education and elaboration likelihood: Understanding the processing of narrative persuasion." *Commun. Theory* 12(2): 173–91; Green, Melanie C., and Brock, Timothy C. 2000. "The role of transportation in the persuasiveness of public narratives." *J. Pers. Soc. Psychol.* 79(5): 701–21; de Graaf, Anneke, Hoeken, Hans, Sanders, José, and Beentjes, Johannes W. J. 2012. "Identification as a mechanism of narrative persuasion." *Communic. Res.* 39(6): 802–23.

42 Meyer, Meghan L., Zhao, Zidong, and Tamir, Diana I. 2019. "Simulating other people changes the self." *J. Exp. Psychol. Gen.* 148(11): 1898–913.

43 Gilead, Michael, Boccagno, Chelsea, Silverman, Melanie, Hassin, Ran R., Weber, Jochen, and Ochsner, Kevin N. 2016. "Self regulation via neural simulation." *Proc. Natl. Acad. Sci. USA* 113(36): 10037–42.

44 이 연구는 펜실베이니아 대학교에서는 내 연구실과 대니 배싯(Dani Bassett) 연구실, 데이비드 라이던스태일리(David Lydon-Staley) 연구실이 참여했고, 컬럼비아 대학교에서는 케빈 옥스너 연구실이, 다트머스 대학교에서는 피터 무하(Peter Mucha) 연구실이, 브리검영 대학교에서는 잭 보이드(Zach Boyd) 연구실이 참여했다. 여기에 서술한 분석은 내 연구실에 있는 미아 요바노바(Mia Jovanova)가 맡았고, 강유나가 연구를 이끌었다.

45 Jovanova, Mia, Cosme, Danielle, Doré, Bruce, Kang, Yoona, Stanoi, Ovidia, et al. 2023. "Psychological distance intervention reminders reduce alcohol consumption frequency in daily life." *Sci. Rep.* 13(1): 12045.

46 학생들의 음주량 자가 보고서를 완전히 믿을 수는 없지만, 그렇다고 해서 일부러 어느 한 관점을 더 낫거나 나쁘게 보고했다고 의심할 이유도 없다. 그러므로 이 연구에서는 학생들의 자가 보고서가 개입의 유효성을 확인하는 좋은 지표가 된다고 판단했다.

47 Gainsburg, Izzy, Sowden, Walter J., Drake, Brittany, Herold, Warren, and Kross, Ethan. 2022. "Distanced selftalk increases rational self-interest." *Sci. Rep.* 12(1): 511; Kross, Ethan. 2021. *Chatter: The Voice in Our Head, Why It Matters, and How to Harness It.* Crown. 이선 크로스 지음, 강주헌 옮김, 《채터, 당신 안의 훼방꾼》, 김영사, 2021.

48 xNeonHero. 2010. LeBron James Talks about LeBron James. https://www.youtube.com/watch?v=yrd9T-hny84.

49 St. Jacques, Peggy L., Szpunar, Karl K., and Schacter, Daniel L. 2017. "Shifting visual perspective during retrieval shapes autobiographical memories." *NeuroImage* 148: 103–14; Mischkowski, Dominik, Kross, Ethan, and Bushman, Brad J. 2012. "Flies on the wall are less aggressive: Self-distancing 'in the heat of the moment' reduces aggressive thoughts, angry feelings and aggressive behavior." *J. Exp. Soc. Psychol.* 48(5): 1187–91; Kross, Ethan, Duckworth, Angela, Ayduk, Ozlem, Tsukayama, Eli, and Mischel, Walter. 2011. "The effect of self-distancing on adaptive versus maladaptive self-reflection in children." *Emotion* 11(5): 1032–39; Ayduk, Ozlem, and Kross, Ethan. 2010. "From a distance: Implications of spontaneous self-distancing for adaptive self-reflection." *J. Pers. Soc. Psychol.* 98(5): 809–29.

50 Kross, Duckworth, Ayduk, Tsukayama, and Mischel, "The effect of self-distancing on adaptive versus maladaptive selfreflection in children"; Ayduk and Kross, "From a distance."

51 Mischkowski, Kross, and Bushman, "Flies on the wall are less aggressive."

52 이와 마찬가지로, 자신에게 일어난 일을 타인에게 일어난 듯이 말하거나 어떤 문제에 대해 타인에게 조언한다고 생각하는 방법도 새로운 관점을 제시한다. 이런 방법은 부정적 감정의 강도를 낮추고, 더 현명한 해답을 찾도록 도우며, 우리의 행동을 바꿔놓는다. Grossmann, Igor, and Kross, Ethan. 2014. "Exploring Solomon's paradox: Self-distancing eliminates the self-other asymmetry in wise reasoning about close relationships in younger and older adults." *Psychol. Sci.* 25(8): 1571–80; Eskreis-Winkler, Lauren, Milkman, Katherine L., Gromet, Dena M., and Duckworth, Angela L. 2019. "A large-scale field experiment shows giving advice improves academic outcomes for the advisor." *Proc. Natl. Acad. Sci. USA* 116(30): 14808–10; St. Jacques, Szpunar, and Schacter, "Shifting visual perspective during retrieval shapes autobiographical memories."

53 Buhle, Jason T., Silvers, Jennifer A., Wager, Tor D., Lopez, Richard, Onyemekwu, Chukwudi, et al. 2014. "Cognitive reappraisal of emotion: A meta-analysis of human neuroimaging studies." *Cereb. Cortex* 24(11): 2981–90.

54 Zhou, Dale, Kang, Yoona, Cosme, Danielle, Jovanova, Mia, He, Xiaosong, et al. 2023. "Mindful attention promotes control of brain network dynamics for self-regulation and discontinues the past from the present." *Proc. Natl. Acad. Sci. USA* 120(2): e2201074119.

55 Zhou, Kang, Cosme, Jovanova, He, et al., "Mindful attention promotes control of brain network dynamics for self-regulation and discontinues the past from the present."

56 Kang, Yoona, Gruber, June, and Gray, Jeremy R. 2013. "Mindfulness and de-automatization." *Emot. Rev.* 5(2): 192–201; Ie, Amanda, Ngnoumen, Christelle T., and Langer, Ellen J. 2014. *The Wiley Blackwell Handbook of Mindfulness*. John Wiley & Sons; Langer, *Mindfulness*.

57 Tang, Yi-Yuan, Hölzel, Britta K., and Posner, Michael I. 2015. "The neuroscience of mindfulness meditation." *Nat. Rev. Neurosci.* 16(4): 213–25.

58 Kober, Hedy, Buhle, Jason, Weber, Jochen, Ochsner, Kevin N., and Wager, Tor D. 2019. "Let it be: Mindful acceptance down-regulates pain and negative emotion." *Soc. Cogn. Affect. Neurosci.* 14(11): 1147–58.

59 Suzuki, Shosuke, Mell, Maggie Mae, O'Malley, Stephanie S., Krystal, John H., Anticevic, Alan, and Kober, Hedy. 2020. "Regulation of craving and negative emotion in alcohol use disorder." *Biol. Psychiatry Cogn. Neurosci. Neuroimaging* 5(2): 239–50; Naqvi, Nasir H., Ochsner, Kevin N., Kober, Hedy, Kuerbis, Alexis, Feng, Tianshu, et al. 2015. "Cognitive regulation of craving in alcohol-dependent and social drinkers." *Alcohol. Clin. Exp. Res.* 39(2): 343–49.

60 Brewer, Judson A., Mallik, Sarah, Babuscio, Theresa A., Nich, Charla, Johnson, Hayley E., et al. 2011. "Mindfulness training for smoking cessation: Results from a randomized controlled trial." *Drug Alcohol Depend*. 119(1–2): 72–80; Westbrook, Cecilia, Creswell, John David, Tabibnia, Golnaz, Julson, Erica, Kober, Hedy, and Tindle, Hilary A. 2013. "Mindful attention reduces neural and self-reported cue-induced craving in smokers." *Soc. Cogn. Affect. Neurosci.* 8(1): 73–84.

61 Sun, Wendy, and Kober, Hedy. 2020. "Regulating food craving: From mechanisms to interventions." *Physiol. Behav.* 222: 112878.

62 DeVito, Elise E., Worhunsky, Patrick D., Carroll, Kathleen M., Rounsaville, Bruce J., Kober, Hedy, and Potenza, Marc N. 2012. "A preliminary study of the neural effects of behavioral therapy for substance use disorders." *Drug Alcohol Depend*. 122(3): 228–35.

63 Zhou, Kang, Cosme, Jovanova, He, et al., "Mindful attention promotes control of brain network dynamics for selfregulation and discontinues the past from the present."

6장 무엇이 선택에 영향을 미치는가

1 Dunbar, R. I. M., and Shultz, Susanne. 2007. "Evolution in the social brain." *Science* 317(5843): 1344–47.

2 Merritt, Carrington C., MacCormack, Jennifer K., Stein, Andrea G., Lindquist, Kristen A., and Muscatell, Keely A. 2021. "The neural underpinnings of intergroup social cognition: An fMRI meta-analysis." *Soc. Cogn. Affect. Neurosci.* 16(9): 903–14.

3 Hart, William, Albarracín, Dolores, Eagly, Alice H., Brechan, Inge, Lindberg, Matthew J., and Merrill, Lisa. 2009. "Feeling validated versus being correct: A meta-analysis of selective exposure to information." *Psychol. Bull.* 135(4): 555–88.

4 Young, Robin, and Tong, Scott. About. *Here and Now*. WBUR.

5 Burt, Ronald S. 2004. "Structural holes and good ideas." *Am. J. Sociol.* 110(2): 349–99.

6 Burt, Ronald S., Kilduff, Martin, and Tasselli, Stefano. 2013. "Social network analysis: Foundations and frontiers on advantage." *Annu. Rev. Psychol.* 64: 527–47; Burt, Ronald S. 2005. *Brokerage and Closure: An Introduction to Social Capital*. Oxford University Press; Burt, Ronald S., Reagans, Ray E., and Volvovsky, Hagay C. 2021. "Network brokerage and the perception of leadership." *Soc. Networks* 65: 33–50. 정보 브로커 유형이 누리는 이점은 리더처럼 사회적 고정 관념에 들어맞는 정체성을 가진 사람에게 더 크게 나타난다. 최근 한 연구에 따르면, 정보 브로커 유형에서도 남성이 여성보다 두 배나 많은 이점을 누렸다. 다만 한 집단에서 다른 집단으로 이동할 때 기존 인맥을 유지하면서 새로운 인맥을 구축하는 공동체적 노력으로 정보 브로커 지위를 획득한 여성은 예외였다. 이에 대한 이론 중 하나는, 이러한 행동이 공동체 내에서 상대방을 배려하라고 여성에게 가해지는 사회적 압력과 일치하기 때문이라고 설명한다.

7 Kleinbaum, Adam M., and Stuart, Toby E. 2014. "Inside the black box of the corporate staff: Social networks and the implementation of corporate strategy." *Strategic Manage. J.* 35(1): 24–47.

8 Seydel, Roland (Innovation Explorer at Adidas), in personal discussion with the author, November 2023.

9 Burt, "Structural holes and good ideas."

10 Tompson, Steven H., Kahn, Ari E., Falk, Emily B., Vettel, Jean M., and Bassett, Danielle S. 2020.

"Functional brain network architecture supporting the learning of social networks in humans." *NeuroImage* 210: 116498.

11 Tompson, Steven H., Kahn, Ari E., Falk, Emily B., Vettel, Jean M., and Bassett, Danielle S. 2019. "Individual differences in learning social and nonsocial network structures." *J. Exp. Psychol. Learn. Mem. Cogn.* 45(2): 253–71.

12 Zhang, Aven, and Kleinbaum, "License to broker"; Kleinbaum, Adam M. 2012. "Organizational misfits and the origins of brokerage in intrafirm networks." *Adm. Sci. Q.* 57(3): 407–52.

13 Burt, Reagans, and Volvovsky, "Network brokerage and the perception of leadership."

14 Burt, Ronald S., and Ronchi, Don. 2007. "Teaching executives to see social capital: Results from a field experiment." *Soc. Sci. Res.* 36(3): 1156–83.

15 Baer, M., Evans, K., Oldham, G. R., and Boasso, A. 2015. "The social network side of individual innovation." *Org. Psychol. Rev.* 5(3): 191–223.

16 Hambach, Philip (Director of Global Consumer Insights at Adidas), in discussion with the author, November 2023.

17 Zerubavel, Noam, Bearman, Peter S., Weber, Jochen, and Ochsner, Kevin N. 2015. "Neural mechanisms tracking popularity in realworld social networks." *Proc. Natl. Acad. Sci. USA* 112(49): 15072–77; Morelli, Sylvia A., Leong, Yuan Chang, Carlson, Ryan W., Kullar, Monica, and Zaki, Jamil. 2018. "Neural detection of socially valued community members." *Proc. Natl. Acad. Sci. USA* 115(32): 8149–54.

18 Parkinson, Carolyn, Kleinbaum, Adam M., and Wheatley, Thalia. 2017. "Spontaneous neural encoding of social network position." *Nat. Hum. Behav.* 1(5): 0072.

19 Zerubavel, Bearman, Weber, and Ochsner, "Neural mechanisms tracking popularity in real-world social networks."

20 Morelli, Leong, Carlson, Kullar, and Zaki, "Neural detection of socially valued community members."

21 Morelli, Leong, Carlson, Kullar, and Zaki, "Neural detection of socially valued community members."

22 Cikara, Mina, and Van Bavel, Jay J. 2014. "The neuroscience of intergroup relations: An integrative review." *Perspect. Psychol. Sci.* 9(3): 245–74.

23 Antonio, Anthony Lising, Chang, Mitchell J., Hakuta, Kenji, Kenny, David A., Levin, Shana, and Milem, Jeffrey F. 2004. "Effects of racial diversity on complex thinking in college students." *Psychol. Sci.* 15(8): 507–10; Díaz-García, Cristina, González-Moreno, Angela, and Jose Sáez-Martínez, Francisco. 2013. "Gender diversity within R&D teams: Its impact on radicalness of innovation." *Innovations* 15(2): 149–60.

24 Merritt, MacCormack, Stein, Lindquist, and Muscatell, "The neural underpinnings of intergroup social cognition: An fMRI meta-analysis."

25 Poleacovschi, Cristina, Faust, Kasey, Roy, Arkajyoti, and Feinstein, Scott. 2021. "Identity of engineering expertise: Implicitly biased and sustaining the gender gap." *J. Civ. Eng. Educ.* 147(1): 04020011; Neal, Tess M. S. 2014. "Women as expert witnesses: A review of the literature." *Behav. Sci. Law* 32(2): 164–79; Nelson, Larry R., Signorella, Margaret L., and Botti, Karin G. 2016.

"Accent, gender, and perceived competence." *Hisp. J. Behav. Sci.* 38(2): 166-85; Baugh, S. Gayle, and Graen, George B. 1997. "Effects of team gender and racial composition on perceptions of team performance in cross-functional teams." *Group Organ. Manag.* 22(3): 366-83.

26 Hofstra, Bas, Kulkarni, Vivek V., Galvez, Sebastian Munoz Najar, He, Bryan, Jurafsky, Dan, and McFarland, Daniel A. 2020. "The diversity-innovation paradox in science." *Proc. Natl. Acad. Sci. USA* 117(17): 9284-91.

27 Chilton, Adam, Driver, Justin, Masur, Jonathan S., and Rozema, Kyle. 2022. "Assessing affirmative action's diversity rationale." *Columbia Law Rev.* 122(2): 331-406.

28 brown, adrienne maree. 2019. *Pleasure Activism*. AK Press.

29 Burt, "Structural holes and good ideas"; Hargadon, Andrew. 2013. "Brokerage and innovation." In *Oxford Handbook of Innovation Management*, edited by Mark Dodgson, David M. Gann, and Nelson Phillips, 163-80. Oxford University Press.

30 Burt, Ronald S., and Soda, Giuseppe. 2017. "Social origins of great strategies." *Strategy Sci.* 2(4): 226-33.

31 Goldberg, Amir, Srivastava, Sameer B., Manian, V. Govind, Monroe, William, and Potts, Christopher. 2016. "Fitting in or standing out? The tradeoffs of structural and cultural embeddedness." *Am. Sociol. Rev.* 81(6): 1190-222.

32 Dworkin, Jordan D., Linn, Kristin A., Teich, Erin G., Zurn, Perry, Shinohara, Russell T., and Bassett, Danielle S. 2020. "The extent and drivers of gender imbalance in neuroscience reference lists." *Nat. Neurosci.* 23(8): 918-26; Bertolero, Maxwell A., Dworkin, Jordan D., David, Sophia U., López Lloreda, Claudia López, Srivastava, Pragya, et al. 2020. "Racial and ethnic imbalance in neuroscience reference lists and intersections with gender." Working paper. Preprint doi:10.1101/2020.10.12.336230; Wang, Xinyi, Dworkin, Jordan D., Zhou, Dale, Stiso, Jennifer, Falk, Emily B., et al. 2021. "Gendered citation practices in the field of communication." *Ann. Int. Commun. Assoc.* 45(2): 134-53; Chakravartty, Paula, Kuo, Rachel, Grubbs, Victoria, and McIlwain, Charlton. 2018. "#CommunicationSoWhite." *J. Commun.* 68(2): 254-66; Caplar, Neven, Tacchella, Sandro, and Birrer, Simon. 2017. "Quantitative evaluation of gender bias in astronomical publications from citation counts." *Nat. Astron.* 1(6): 0141; Dion, Michelle L., Sumner, Jane Lawrence, and Mitchell, Sara McLaughlin. 2018. "Gendered citation patterns across political science and social science methodology fields." *Polit. Anal.* 26(3): 312-27; Maliniak, Daniel, Powers, Ryan, and Walter, Barbara F. 2013. "The gender citation gap in international relations." *Int. Organ.* 67(4): 889-922; Fulvio, Jacqueline M., Akinnola, Ileri, and Postle, Bradley R. 2021. "Gender (im)balance in citation practices in cognitive neuroscience." *J. Cogn. Neurosci.* 33(1): 3-7.

33 Zurn, Perry, Basssett, Danielle S., and Rust, Nicole C. 2020. "The citation diversity statement: A practice of transparency, a way of life." *Trends Cogn. Sci.* 24(9): 669-72.

34 온라인에는 우리의 개인적 네트워크를 분석할 만한 수단이 많다. 머리사 킹(Marissa King)이 개발한 온라인 설문인 '당신의 네트워크를 평가하라(AssessYourNetwork)', 애덤 클라인바움(Adam Kleinbaum)이 개발한 네트워크 분석기(Network Analyzer)가 대표적이다.

35 Galinsky, Adam, and Schweitzer, Maurice. 2016. "Why every great leader needs to be a great perspective taker." *Leader to Leader* 2016(80): 32-37; Galinsky, Adam D., Magee, Joe C., Rus, Diana, Rothman, Naomi B., and Todd, Andrew R. 2014. "Acceleration with steering: The

synergistic benefits of combining power and perspective-taking." *Soc. Psychol. Personal. Sci.* 5(6): 627–35.

36 Burt and Ronchi, "Teaching executives to see social capital"; Kwon, Seok Woo, Rondi, Emanuela, Levin, Daniel Z., De Massis, Alfredo, and Brass, Daniel J. 2020. "Network brokerage: An integrative review and future research agenda." *J. Manage.* 46(6): 1092–120; Burt, Reagans, and Volvovsky, "Network brokerage and the perception of leadership."

37 Kwon, Rondi, Levin, De Massis, and Brass, "Network brokerage."

38 Galinsky and Schweitzer, "Why every great leader needs to be a great perspective taker."

39 Galinsky, Adam D., Maddux, William W., Gilin, Debra, and White, Judith B. 2008. "Why it pays to get inside the head of your opponent: The differential effects of perspective taking and empathy in negotiations." *Psychol. Sci.* 19(4) :378–384; Galinsky and Schweitzer, "Why every great leader needs to be a great perspective taker."

40 Galinsky, Maddux, Gilin, and White, "Why it pays to get inside the head of your opponent."

41 Muscatell, Keely A., Morelli, Sylvia A., Falk, Emily B., Way, Baldwin M., Pfeifer, Jennifer H., et al. 2012. "Social status modulates neural activity in the mentalizing network." *NeuroImage* 60(3): 1771–77.

42 Muscatell, Morelli, Falk, Way, Pfeifer, et al., "Social status modulates neural activity in the mentalizing network."

43 Galinsky and Schweitzer, "Why every great leader needs to be a great perspective taker"; Galinsky, Magee, Rus, Rothman, and Todd, "Acceleration with steering."

44 Hildebrandt, Malin K., Jauk, Emanuel, Lehmann, Konrad, Maliske, Lara, and Kanske, Philipp. 2021. "Brain activation during social cognition predicts everyday perspective-taking: A combined fMRI and ecological momentary assessment study of the social brain." *NeuroImage* 227: 117624.

45 Galinsky, Magee, Rus, Rothman, and Todd, "Acceleration with steering."

46 Galinsky, Magee, Rus, Rothman, and Todd, "Acceleration with steering."

47 Eyal, Tal, Steffel, Mary, and Epley, Nicholas. 2018. "Perspective mistaking: Accurately understanding the mind of another requires getting perspective, not taking perspective." *J. Pers. Soc. Psychol.* 114(4): 547–71.

48 Thornton, Mark A., and Tamir, Diana I. 2021. "People accurately predict the transition probabilities between actions." *Sci. Adv.* 7(9): eabd4995.

49 Eyal, Steffel, and Epley, "Perspective mistaking."

50 Bruneau, Emile G., and Saxe, Rebecca. 2012. "The power of being heard: The benefits of 'perspective-giving' in the context of intergroup conflict." *J. Exp. Soc. Psychol.* 48(4): 855–66.

51 Fang, Ruolian, Landis, Blaine, Zhang, Zhen, Anderson, Marc H., Shaw, Jason D., and Kilduff, Martin. 2015. "Integrating personality and social networks: A meta-analysis of personality, network position, and work outcomes in organizations." *Organ. Sci.* 26(4): 1243–60.

52 Zurn, Perry, and Bassett, Dani S. 2022. *Curious Minds: The Power of Connection*. MIT Press.

53 Zurn, and Bassett, *Curious Minds*.

7장 소통하며 연결하는 뇌

1. Denworth, Lydia. 2023. "Brain waves synchronize when people interact." *Scientific American*, July 1, 2023, 50.

2. Zhang, Wujie, and Yartsev, Michael M. 2019. "Correlated neural activity across the brains of socially interacting bats." *Cell* 178(2): 413–28.

3. Burns, Shannon M., Tsoi, Lily, Falk, Emily B., Speer, Sebastian P. H., Mwilambwe-Tshilobo, Laetitia, and Tamir, Diana I. Forthcoming. "Interdependent minds: Quantifying the dynamics of successful social interaction." *Current Directions in Psychological Science*. 이 연구는 의사소통 과정에서 나타나는 사람들의 뇌 반응 중 몇 가지 유형의 상호의존성을 강조한다. 섀넌 번스(Shannon Burns)의 연구팀은 두 사람의 뇌가 동시에 같은 일을 하는 '동기화(synchrony)', 시간이 지나면서 동기화 정도가 증감하는 '준안정적 동기화(meta-stable synchrony)', 사람들의 뇌가 같은 패턴을 따르지만 시간차가 있는 '반복성(recurrence: 첫 번째 사람이 주도하고, 그다음에 두 번째 사람이 첫 번째 사람의 뇌가 한 일을 따라 하는 상황)', 두 사람의 뇌가 각자 다른 일을 하면서도 조화를 이루며 활성화되는 '상보성(complementarity)'의 사례들을 소개한다.

4. Kokal, Idil, Engel, Annerose, Kirschner, Sebastian, and Keysers, Christian. 2011. "Synchronized drumming enhances activity in the caudate and facilitates prosocial commitment—if the rhythm comes easily." *PLoS One* 6(11): e27272.

5. Cacioppo, S., Zhou, H., Monteleone, G., Majka, E. A., Quinn, K. A., et al. 2014. "You are in sync with me: Neural correlates of interpersonal synchrony with a partner." *Neuroscience* 277: 842–58.

6. Peng, Weiwei, Lou, Wutao, Huang, Xiaoxuan, Ye, Qian, Tong, Raymond Kai Yu, and Cui, Fang. 2021. "Suffer together, bond together: Brain-to-brain synchronization and mutual affective empathy when sharing painful experiences." *NeuroImage* 238: 118249.

7. Krill, Austen L., and Platek, Steven M. 2012. "Working together may be better: Activation of reward centers during a cooperative maze task." *PLoS One* 7(2): e30613.

8. Shamay-Tsoory, Simone G., Saporta, Nira, Marton-Alper, Inbar Z., and Gvirts, Hila Z. 2019. "Herding brains: A core neural mechanism for social alignment." *Trends Cogn. Sci.* 23(3): 174–86.

9. Stephens, Greg J., Silbert, Lauren J., and Hasson, Uri. 2010. "Speaker–listener neural coupling underlies successful communication." *Proc. Natl. Acad. Sci. USA* 107(32): 14425–30.

10. Nguyen, Mai, Chang, Ashley, Micciche, Emily, Meshulam, Meir, Nastase, Samuel A., and Hasson, Uri. 2021. "Teacher–student neural coupling during teaching and learning." *Soc. Cogn. Affect. Neurosci.* 17(4): 367–76.

11. Reinero, Diego A., Dikker, Suzanne, and Van Bavel, Jay J. 2021. "Inter-brain synchrony in teams predicts collective performance." *Soc. Cogn. Affect. Neurosci.* 16(1–2): 43–57.

12. Zadbood, Asieh, Chen, Janice, Leong, Yuan Chang, Norman, Kenneth A., and Hasson, Uri. 2017. "How we transmit memories to other brains: Constructing shared neural representations via communication." *Cereb. Cortex* 27(10): 4988–5000.

13. Parkinson, Carolyn, Kleinbaum, Adam M., and Wheatley, Thalia. 2018. "Similar neural responses predict friendship." *Nat. Commun.* 9(1): 332.

14. Parkinson, Kleinbaum, and Wheatley, "Similar neural responses predict friendship."

15. Carolyn Parkinson and Thalia Wheatley in discussion with the author, January 2024.

16 Hyon, Ryan, Kleinbaum, Adam M., and Parkinson, Carolyn. 2020. "Social network proximity predicts similar trajectories of psychological states: Evidence from multi-voxel spatiotemporal dynamics." *NeuroImage* 216: 116492.

17 Hyon, Ryan, Youm, Yoosik, Kim, Junsol, Chey, Jeanyung, Kwak, Seyul, and Parkinson, Carolyn. 2020. "Similarity in functional brain connectivity at rest predicts interpersonal closeness in the social network of an entire village." *Proc. Natl. Acad. Sci. USA* 117(52): 33149–60.

18 Broockman, David, and Kalla, Joshua. 2022. "The impacts of selective partisan media exposure: A field experiment with Fox News viewers." Working paper. Preprint doi:10.31219/osf.io/jrw26.

19 Gerbner, George, and Gross, Larry. 2006. "Living with television: The violence profile." *J. Commun.* 26(2): 172–99; Gerbner, George, Gross, Larry, Morgan, Michael, and Signorielli, Nancy. 1986. "Living with television: The dynamics of the cultivation process." In *Perspectives on Media Effects*, edited by Jennings Bryant and Dolf Zillmann, 17–40. Routledge; Gerbner, George, Gross, Larry, Morgan, Michael, and Signorielli, Nancy. 1980. "The 'mainstreaming' of America: Violence profile no. 11." *J. Commun.* 30(3): 10–29.

20 Aubrey, Jennifer Stevens, and Harrison, Kristen. 2004. "The genderrole content of children's favorite television programs and its links to their gender-related perceptions." *Media Psychol.* 6(2): 111–46; Scharrer, Erica, and Blackburn, Greg. 2018. "Cultivating conceptions of masculinity: Television and perceptions of masculine gender role norms." *Mass Commun. Soc.* 21(2): 149–77.

21 Zerebecki, Bartosz G., Opree, Suzanna J., Hofhuis, Joep, and Janssen, Susanne. 2021. "Can TV shows promote acceptance of sexual and ethnic minorities? A literature review of television effects on diversity attitudes." *Sociol. Compass* 15(8): e12906; Taylor, Laramie D. 2005. "Effects of visual and verbal sexual television content and perceived realism on attitudes and beliefs." *J. Sex Res.* 42(2): 130–37.

22 Punyanunt-Carter, Narissra M. 2008. "The perceived realism of African American portrayals on television." *Howard J. Commun.* 19(3): 241–57; Busselle, Rick, and Crandall, Heather. 2002. "Television viewing and perceptions about race differences in socioeconomic success." *J. Broadcast. Electron. Media* 46(2): 265–82.

23 Mutz, Diana C., and Nir, Lilach. 2010. "Not necessarily the news: Does fictional television influence real-world policy preferences?" *Mass Commun. Soc.* 13(2): 196–217.

24 Atwell Seate, Anita, and Mastro, Dana. 2016. "Media's influence on immigration attitudes: An intergroup threat theory approach." *Commun. Monogr.* 83(2): 194–213.

25 Hasson, Uri, Ghazanfar, Asif A., Galantucci, Bruno, Garrod, Simon, and Keysers, Christian. 2012. "Brain-to-brain coupling: A mechanism for creating and sharing a social world." *Trends Cogn. Sci.* 16(2): 114–21.

26 Broockman and Kalla, "The impacts of selective partisan media exposure"; Schmälzle, Ralf, Häcker, Frank E. K., Honey, Christopher J., and Hasson, Uri. 2015. "Engaged listeners: Shared neural processing of powerful political speeches." *Soc. Cogn. Affect. Neurosci.* 10(8): 1137–43.

27 Van Baar, Jeroen M., Halpern, David J., and FeldmanHall, Oriel. 2021. "Intolerance of uncertainty modulates brain-to-brain synchrony during politically polarized perception." *Proc. Natl. Acad. Sci. USA* 118(20): e2022491118; Jacoby, Nir, Landau-Wells, Markia, Pearl, Jacob, Paul, Alexandra, Falk, Emily B., Bruneau, Emile G., and Ochsner, Kevin N. 2024. "Partisans process policy-based and identity-based messages using dissociable neural systems." *Cereb. Cortex*

34(9): bhae368.

28 Leong, Yuan Chang, Chen, Janice, Willer, Robb, and Zaki, Jamil. 2020. "Conservative and liberal attitudes drive polarized neural responses to political content." *Proc. Natl. Acad. Sci. USA* 117(44): 27731–39.

29 Broockman and Kalla, "The impacts of selective partisan media exposure."

30 Salinger, J. D. "Pretty Mouth and Green My Eyes." *New Yorker*, July 14, 1951.

31 Yeshurun, Yaara, Swanson, Stephen, Simony, Erez, Chen, Janice, Lazaridi, Christina, et al. 2017. "Same story, different story: The neural representation of interpretive frameworks." *Psychol. Sci.* 28(3): 307–19.

32 호기심이 풍부한 독자를 위해, 연구팀이 피험자들에게 들려준 배경 설명을 여기에도 소개한다. 첫 번째는 리의 침대에 누운 여인이 아서의 아내 조니인 경우다. "늦은 밤 전화벨이 울린다. 전화를 건 사람은 아서이다. 아서는 파티에서 막 집에 돌아온 참이다. 그는 아내 조니를 찾지 못하고 파티에서 혼자 돌아왔다. 언제나처럼 조니는 파티에서 모두에게 추파를 던졌다. 아서는 매우 화가 났다. 전화를 받은 사람은 아서의 친구 리이다. 그는 지금 아서의 아내 조니와 함께 자기 집에 있다. 리와 조니는 같은 파티에서 방금 돌아온 참이다. 그들은 1년 넘게 불륜 관계를 이어오고 있으며, 이번에도 아서를 진정시킬 변명거리를 궁리하는 중이다."
두 번째는 리와 조니가 불륜 관계가 아닌 경우이다. "늦은 밤 전화벨이 울린다. 전화를 건 사람은 아서이다. 아서는 파티에서 막 집에 돌아온 참이다. 그는 아내 조니를 찾지 못하고 파티에서 혼자 돌아왔다. 언제나처럼 아서는 피해망상에 시달리면서 아내가 다른 남자와 바람을 피우는 건 아닌지 걱정했다. 물론 이는 사실이 아니다. 전화를 받은 사람은 아서의 친구 리이다. 그는 지금 여자친구 로즈와 함께 자기 집에 있다. 리와 로즈는 같은 파티에서 방금 돌아온 참이고, 빨리 잠들고 싶다는 생각뿐이다. 그들은 조니가 어디에 있는지 전혀 모르며, 아서의 과민 반응에 지쳐있다."

33 Yeshurun, Swanson, Simony, Chen, Lazaridi, et al., "Same story, different story."

34 Thornton, Mark A., and Tamir, Diana I. 2021. "People accurately predict the transition probabilities between actions." *Sci. Adv.* 7(9): eabd4995.

35 Moore-Berg, Samantha L., AnkoriKarlinsky, Lee Or, Hameiri, Boaz, and Bruneau, Emile. 2020. "Exaggerated meta-perceptions predict intergroup hostility between American political partisans." *Proc. Natl. Acad. Sci. USA* 117(26): 14864–72; Lees, Jeffrey, and Cikara, Mina. 2020. "Inaccurate group meta-perceptions drive negative out-group attributions in competitive contexts." *Nat. Hum. Behav.* 4(3): 279–86; Landry, Alexander P., Schooler, Jonathan W., Willer, Robb, and Seli, Paul. 2023. "Reducing explicit blatant dehumanization by correcting exaggerated meta-perceptions." *Soc. Psychol. Personal. Sci.* 14(4): 407–18.

36 Mwilambwe-Tshilobo, L., Tsoi, L., Speer, S., Burns, S., Falk, E., and Tamir, D. Forthcoming. "Real-time conversation leads to neural alignment in friends and strangers."

37 Sievers, Beau, Welker, Christopher, Hasson, Uri, Kleinbaum, Adam M., Wheatley, Thalia, and Way, Jane Stanford. 2024. "Consensusbuilding conversation leads to neural alignment." *Nat. Commun.* 15(1), 3936.

38 Kleinbaum, Adam (Professor of Business Administration at Dartmouth), in discussion with the author, June 2024.

39 Templeton, Emma M., Chang, Luke J., Reynolds, Elizabeth A., Cone LeBeaumont, Marie D., and Wheatley, Thalia. 2022. "Fast response times signal social connection in conversation." *Proc. Natl. Acad. Sci. USA* 119(4): e2116915119.

40- Kardas, Michael, Kumar, Amit, and Epley, Nicholas. 2022. "Overly shallow? Miscalibrated expectations create a barrier to deeper conversation." *J. Pers. Soc. Psychol.* 122(3): 367–98.

41 Cooney, Gus, Gilbert, Daniel T., and Wilson, Timothy D. 2017. "The novelty penalty: Why do people like talking about new experiences but hearing about old ones?" *Psychol. Sci.* 28(3): 380–94; Westgate, Erin C., and Wilson, Timothy D. 2018. "Boring thoughts and bored minds: The MAC model of boredom and cognitive engagement." *Psychol. Rev.* 125(5): 689–713.

42 See, Abigail, Roller, Stephen, Kiela, Douwe, and Weston, Jason. 2019. "What makes a good conversation? How controllable attributes affect human judgments." In *Proceedings of the 2019 Conference of the North American Chapter of the Association for Computational Linguistics: Human Language Technologies*, Vol. 1 (Long and Short Papers), edited by Jill Burstein, Christy Doran, and Thamar Solorio, 1702–23.

43 Speer, Sebastian, Mwilambwe-Tshilobo, Laetitia, Tsoi, Lily, Burns, Shannon M., Falk, Emily B., and Tamir, Diana. 2024. "What makes a good conversation? fMRI-hyperscanning shows friends explore and strangers converge." *Nat. Commun.* 15(1): 7781.

44 Aron, Arthur, Melinat, Edward, Aron, Elaine N., Vallone, Robert Darrin, and Bator, Renee J. 1997. "The experimental generation of interpersonal closeness: A procedure and some preliminary findings." *Pers. Soc. Psychol. Bull.* 23(4): 363–77. 패스트 프렌즈 게임에서 한 가지 주의할 점이 있다. 내향적인 사람들끼리 목표를 모른 채 이 게임을 하면, 게임이 끝난 뒤에도 외향적인 사람들끼리 게임을 했을 때보다 서로 친밀감을 덜 느낀다. 게임의 목표가 서로 더 가까워지는 것이라고 미리 알려주면 내향적인 사람과 외향적인 사람 사이의 차이는 사라진다. 요컨대 사람들에게 '연결'이라는 목표를 제시하면 낯선 사람과의 관계 형성에 대한 타고난 성향 차이를 극복할 수 있다.

45 Templeton, Emma M. 2023. "What makes conversation good? How responsivity, topics, and insider language predict feelings of connection." PhD thesis. Dartmouth College.

46 See, Roller, Kiela, and Weston, "What makes a good conversation? How controllable attributes affect human judgments"; Templeton, Chang, Reynolds, Cone LeBeaumont, and Wheatley, "Fast response times signal social connection in conversation"; Kardas, Kumar, and Epley, "Overly shallow?"

47 Burns, Shannon. 2020. "Neural and Psychological Coordination in Social Communication and Interaction." PhD thesis. University of California, Los Angeles; Burns, Tsoi, Falk, Speer, Mwilambwe-Tshilobo, and Tamir, "Interdependent minds: Quantifying the dynamics of successful social interaction."

48 Speer, Sebastian, Sened, Haran, Mwilambwe-Tshilobo, Laetitia, Tsoi, Lily, Burns, Shannon M., Falk, Emily B., and Tamir, Diana I. 2024. "Finding agreement: fMRI-hyperscanning reveals that dyads diverge in mental state space to align opinions." BioRxiv Preprint.

49 Itzchakov, Guy, Weinstein, Netta, Leary, Mark, Saluk, Dvori, and Amar, Moty. 2024. "Listening to understand: The role of high-quality listening on speakers' attitude depolarization during disagreements." *J. Pers. Soc. Psychol.* 126(2): 213–39; Bruneau, Emile G., and Saxe, Rebecca. 2012. "The power of being heard: The benefits of 'perspectivegiving' in the context of intergroup conflict." *J. Exp. Soc. Psychol.* 48(4): 855–66.

50 Santos, Luiza A., Voelkel, Jan G., Willer, Robb, and Zaki, Jamil. 2022. "Belief in the utility of cross-partisan empathy reduces partisan animosity and facilitates political persuasion." *Psychol. Sci.* 33(9): 1557–73.

8장 뇌를 변화시키는 연결과 공유

1. Hancock, Jeff, Liu, Sunny Xun, Luo, Mufan, and Mieczkowski, Hannah. 2022. "Psychological well-being and social media use: A meta-analysis of associations between social media use and depression, anxiety, loneliness, eudaimonic, hedonic and social well-being." Working paper. Preprint doi:10.2139/ssrn.4053961.

2. He, Qinghua, Turel, Ofir, Brevers, Damien, and Bechara, Antoine. 2017. "Excess social media use in normal populations is associated with amygdala-striatal but not with prefrontal morphology." *Psychiatry Res. Neuroimaging* 269: 31–35.

3. Winter, Charlie, Neumann, Peter, MeleagrouHitchens, Alexander, Ranstorp, Magnus, Vidino, Lorenzo, and Fürst, Johanna. 2020. "Online extremism: Research trends in internet activism, radicalization, and counter-strategies." *Int. J. Conf. Violence* 14: 1–20.

4. Siegel, Alexandra A. 2020. "Online hate speech." In *Social Media And Democracy: The State of the Field, Prospects for Reform*, edited by Nathaniel Persily and Joshua Aaron Tucker, 56–88. Cambridge University Press.

5. Woolley, Samuel C., and Howard, Philip N. 2018. *Computational Propaganda: Political Parties, Politicians, and Political Manipulation on Social Media*. Oxford University Press; Jamieson, Kathleen Hall. 2020. *Cyberwar: How Russian Hackers and Trolls Helped Elect a President*, rev. ed. Oxford University Press.

6. 현재 온라인에서 널리 공유되는 콘텐츠는 대부분 알고리즘이 만들어낸다. 이런 알고리즘은 소셜 미디어 기업과 여러 온라인 플랫폼에 의해 설계되며, 우리가 무엇을 보고 궁극적으로 무엇을 공유할지를 좌우한다. 이러한 기업들의 동기는 광고 기반 비즈니스 모델의 타깃인 개인의 동기와 다를 때가 많다. 이 주제에 관심이 있다면 시난 아랄(Sinan Aral)의 《광고 기계(The Hype Machine)》를 추천한다. 우리가 온라인에서 보고 공유하는 것을 플랫폼이 어떻게 조종하는지 이해할 수 있을 것이다.

7. Gonzalez, Brianna. 2023. "Neuroimaging of Political Cognition: An fMRI Study of the Encoding and Memory Retrieval of Negative Political Fake News." PhD thesis. State University of New York at Stony Brook; Moore, Adam, Hong, Sujin, and Cram, Laura. 2021. "Trust in information, political identity and the brain: An interdisciplinary fMRI study." *Philos. Trans. R. Soc. Lond. B Biol. Sci.* 376(1822): 20200140; Gordon, Andrew, Quadflieg, Susanne, Brooks, Jonathan C. W., Ecker, Ullrich K. H., and Lewandowsky, Stephan. 2019. "Keeping track of 'alternative facts': The neural correlates of processing misinformation corrections." *NeuroImage* 193: 46–56.

8. Decety, Jean, Pape, Robert, and Workman, Clifford I. 2018. "A multilevel social neuroscience perspective on radicalization and terrorism." *Soc. Neurosci.* 13(5): 511–29.

9. Jeong, Michelle, and Bae, Rosie Eungyuhl. 2018. "The effect of campaign-generated interpersonal communication on campaigntargeted health outcomes: A meta-analysis." *Health Commun.* 33(8): 988–1003.

10. Vosoughi, Soroush, Roy, Deb, and Aral, Sinan. 2018. "The spread of true and false news online." *Science* 359(6380): 1146–51.

11. Falk, Emily B., Morelli, Sylvia A., Welborn, B. Locke, Dambacher, Karl, and Lieberman, Matthew D. 2013. "Creating buzz: The neural correlates of effective message propagation." *Psychol. Sci.* 24(7): 1234–42.

12 훌륭한 제안을 해준 실제 텔레비전 프로그램 작가 엠마 플렛처(Emma Fletcher)에게 감사한다. 덕분에 나는 우리가 하는 연구의 흥미로운 본질에 확신이 생겼다.

13 Naaman, Mor, Boase, Jeffrey, and Lai, Chih Hui. 2010. "Is it really about me? Message content in social awareness streams." In *Proceedings of the 2010 ACM Conference on Computer Supported Cooperative Work*, chaired by Kori Inkpen, Carl Gutwin, and John Tang.

14 Tamir, Diana I., and Mitchell, Jason P. 2012. "Disclosing information about the self is intrinsically rewarding." *Proc. Natl. Acad. Sci. USA* 109(21): 8038–43.

15 Tamir and Mitchell, "Disclosing information about the self is intrinsically rewarding."

16 Collins, N. L., and Miller, L. C. 1994. "Self-disclosure and liking: A meta-analytic review." *Psychol. Bull.* 116(3): 457–75.

17 Berger, Jonah. 2014. "Word of mouth and interpersonal communication: A review and directions for future research." *J. Consum. Psychol.* 24(4): 586–607.

18 Cosme, Danielle, Scholz, Christin, Chan, Hang-Yee, Doré, Bruce P., Pandey, Prateekshit, et al. 2023. "Message self and social relevance increases intentions to share content: Correlational and causal evidence from six studies." *J. Exp. Psychol. Gen.* 152(1): 253–67.

19 Cosme, Danielle, Scholz, Christin, Chan, HangYee, Benitez, Christian, Martin, Rebecca E., et al. 2023. "Neural and behavioral evidence that message self and social relevance motivate content sharing." Working paper. Preprint doi:10.31234/osf.io/z8946; Chan, Hang-Yee, Scholz, Christin, Cosme, Danielle, Martin, Rebecca E., Benitez, Christian, et al. 2023. "Neural signals predict information sharing across cultures." *Proc. Natl. Acad. Sci. USA* 120(44): e2313175120.

20 Dominauskaitė, Jurgita, Tolstych, Saulė, and Kairytė-Barkauskienė, Justė. 2024. "This is how Gen Z email sign-offs look like [sic], and we'll be using them." Bored Panda.

21 Pentelow, Orla. 2024. "You've been using the smiley face emoji all wrong." Bustle.

22 Bayer, Joseph B., Hauser, David J., Shah, Kinari M., O'Donnell, Matthew Brook, and Falk, Emily B. 2019. "Social exclusion shifts personal network scope." *Front. Psychol.* 10: 1619.

23 Baek, Elisa C., Scholz, Christin, O'Donnell, Matthew Brook, and Falk, Emily B. 2017. "The value of sharing information: A neural account of information transmission." *Psychol. Sci.* 28(7): 851–61.

24 Scholz, Christin, Baek, Elisa C., and Falk, Emily B. 2023. "Invoking self-related and social thoughts impacts online information sharing." *Soc. Cogn. Affect. Neurosci.* 18(1): nsad013.

25 Berger, "Word of mouth and interpersonal communication."

26 Cosme, Scholz, Chan, Doré, Pandey, et al., "Message self and social relevance increases intentions to share content."

27 Cui, Fang, Zhong, Yijia, Feng, Chenghu, and Peng, Xiaozhe. 2022. "Anonymity in sharing morally salient news: The causal role of the temporoparietal junction." *Cereb. Cortex* 33(9): 5457–68.

28 Scholz, Baek, and Falk, "Invoking self-related and social thoughts impacts online information sharing"; Cascio, Christopher N., O'Donnell, Matthew Brook, Bayer, Joseph, Tinney, Francis J., Jr., and Falk, Emily B. 2015. "Neural correlates of susceptibility to group opinions in online word-of-mouth recommendations." *J. Mark. Res.* 52(4): 559–75.

29 Geiger, Nathaniel, and Swim, Janet K. 2016. "Climate of silence: Pluralistic ignorance as a barrier to climate change discussion." *J. Environ. Psychol.* 47: 79–90.

30 Mildenberger, Matto, and Tingley, Dustin. 2019. "Beliefs about climate beliefs: The importance of second-order opinions for climate politics." *Br. J. Polit. Sci.* 49(4): 1279–307.

31 Byerly, Hilary, Balmford, Andrew, Ferraro, Paul J., Hammond Wagner, Courtney, Palchak, Elizabeth, et al. 2018. "Nudging pro-environmental behavior: Evidence and opportunities." *Front. Ecol. Environ.* 16(3): 159–68; Cialdini, Robert B., and Jacobson, Ryan P. 2021. "Influences of social norms on climate change-related behaviors." *Curr. Opin. Behav. Sci.* 42: 1–8.

32 Sparkman, Gregg, and Walton, Gregory M. 2017. "Dynamic norms promote sustainable behavior, even if it is counternormative." *Psychol. Sci.* 28(11): 1663–74.

33 Fritsche, Immo, and Masson, Torsten. 2021. "Collective climate action: When do people turn into collective environmental agents?" *Curr. Opin. Psychol.* 42: 114–19.

34 Scholz, Christin, Baek, Elisa C., O'Donnell, Matthew Brook, Kim, Hyun Suk, Cappella, Joseph N., and Falk, Emily B. 2017. "A neural model of valuation and information virality." *Proc. Natl. Acad. Sci. USA* 114(11): 2881–86; Doré, Bruce P., Scholz, Christin, Baek, Elisa C., Garcia, Javier O., O'Donnell, Matthew B., et al. 2019. "Brain activity tracks population information sharing by capturing consensus judgments of value." *Cereb. Cortex* 29(7): 3102–10.

35 Scholz, Baek, O'Donnell, Kim, Cappella, and Falk, "A neural model of valuation and information virality."

36 Scholz, Baek, O'Donnell, Kim, Cappella, and Falk, "A neural model of valuation and information virality"; Doré, Scholz, Baek, Garcia, O'Donnell, et al., "Brain activity tracks population information sharing by capturing consensus judgments of value."

37 Doré, Scholz, Baek, Garcia, O'Donnell, et al., "Brain activity tracks population information sharing by capturing consensus judgments of value"; Rogers, Everett M. 1962. *Diffusion of Innovations*, 5th ed. Free Press.

38 Chan, Scholz, Cosme, Martin, Benitez, et al., "Neural signals predict information sharing across cultures."

39 Annenberg School for Communication. 2020. Emile: The Mission of Emile Bruneau of the Peace and Conflict Neuroscience Lab. https://www.youtube.com/watch?v=kJvfqft5v9U.

9장 세상을 바꾸는 더 큰 선택

1 Ressa, Maria. 2021. "Nobel lecture." Nobel Peace Prize 2021, Oslo City Hall, Oslo, Norway.

2 이 장에서 마리아의 삶에 관한 서술 중 따로 출처를 밝히지 않은 정보들은《권력은 현실을 어떻게 조작하는가》(마리아 레사 지음, 김영선 옮김, 북하우스, 2022)를 참고했다.

3 마리아 레사 지음, 김영선 옮김,《권력은 현실을 어떻게 조작하는가》.

4 Ressa, "Nobel lecture."

5 마리아 레사 지음, 김영선 옮김,《권력은 현실을 어떻게 조작하는가》.

6 Kitayama, Shinobu, and Uskul, Ayse K. 2011. "Culture, mind, and the brain: Current evidence and future directions." *Annu. Rev. Psychol.* 62: 419–49.

7   Kitayama and Uskul, "Culture, mind, and the brain."

8   Han, Shihui, and Ma, Yina. 2014. "Cultural differences in human brain activity: A quantitative meta-analysis." *NeuroImage* 99: 293–300.

9   Ma, Yina, Bang, Dan, Wang, Chenbo, Allen, Micah, Frith, Chris, et al. 2014. "Sociocultural patterning of neural activity during self-reflection." *Soc. Cogn. Affect. Neurosci.* 9(1): 73–80.

10 Telzer, Eva H., Masten, Carrie L., Berkman, Elliot T., Lieberman, Matthew D., and Fuligni, Andrew J. 2010. "Gaining while giving: An fMRI study of the rewards of family assistance among white and Latino youth." *Soc. Neurosci.* 5(5–6): 508–18.

11 Suárez-Orozco, Carola, and Suárez-Orozco, Marcelo M. 1995. *Transformations: Immigration, Family Life, and Achievement Motivation among Latino Adolescents*. Stanford University Press; Fuligni, Andrew J., and Pedersen, Sara. 2002. "Family obligation and the transition to young adulthood." *Dev. Psychol.* 38(5): 856–68; Hardway, Christina, and Fuligni, Andrew J. 2006. "Dimensions of family connectedness among adolescents with Mexican, Chinese, and European backgrounds." *Dev. Psychol.* 42(6): 1246–58.

12 Marwick, Alice E., and Boyd, Danah. 2014. "Networked privacy: How teenagers negotiate context in social media." *New Media Soc.* 16(7): 1051–67; Goffman, Erving. 1959. *The Presentation of Self in Everyday Life*. Anchor; Butler, Judith. 1988. "Performative acts and gender constitution: An essay in phenomenology and feminist theory." *Theatre Journal* 40(4): 519–31; Hall, Stuart. 1994. "Cultural identity and diaspora." In *Colonial Discourse and Post-Colonial Theory*, edited by Patrick Williams and Laura Chrisman, 392–403. Columbia University Press.

13 Hackel, Leor M., Coppin, Géraldine, Wohl, Michael J. A., and Van Bavel, Jay J. 2018. "From groups to grits: Social identity shapes evaluations of food pleasantness." *J. Exp. Soc. Psychol.* 74: 270–80.

14 Tveleneva, Arina, Scholz, Christin, Yoon, Carolyn, Lieberman, Matthew D., Cooper, Nicole, et al. 2023. "The relationship between agency, communion, and neural processes associated with conforming to social influence." *Pers. Individ. Dif.* 213: 112299.

15 Goffman, *The Presentation of Self in Everyday Life*; Butler, "Performative acts and gender constitution"; Hall, "Cultural identity and diaspora"; Uskul, Ayse K., and Oyserman, Daphna. 2010. "When message-frame fits salient cultural-frame, messages feel more persuasive." *Psychol. Health* 25(3): 321–37.

16 Paluck, Elizabeth Levy, Shepherd, Hana, and Aronow, Peter M. 2016. "Changing climates of conflict: A social network experiment in 56 schools." *Proc. Natl. Acad. Sci. USA* 113(3): 566–71.

17 이렇게 말했지만, 사회 규범을 거스른 결과가 모두에게 똑같이 나타나지는 않는다. 마리아는 자신의 선택 때문에 감금되고 폭력을 당할 위험을 무릅썼다. 정도에 따라 다르지만, 우리 대부분은 사회에 저항했을 때 개인적으로나 사회적으로 큰 비용을 치를 문화적 맥락에 얽혀있으며 이는 권력과 자원이 부족한 사회 집단에서 더 두드러진다. 앞서 지도력과 권력을 탐색한 결과를 바탕으로 생각해보면, 우리는 상대적으로 더 큰 권력을 가졌다는 점을 인식하지 못할 수 있고, 우리의 습관이나 행동이 주변 사람에게 어떤 영향을 미치는지 생각하지 못할 수도 있다. 그러나 이럴 때야말로 공동체에서 타인을 지지할 방법이 무엇인지 경청하고, 읽고, 알아내야 할 가장 중요한 시기이다.

18 Amir, Ori, and Biederman, Irving. 2016. "The neural correlates of humor creativity." *Front. Hum. Neurosci.* 10: 597; Klucharev, Vasily, Hytönen, Kaisa, Rijpkema, Mark, Smidts, Ale, and Fernández, Guillén. 2009. "Reinforcement learning signal predicts social conformity." *Neuron* 61(1): 140–51; Klucharev, Vasily, Munneke, Moniek A. M., Smidts, Ale, and Fernández, Guillén.

2011. "Downregulation of the posterior medial frontal cortex prevents social conformity." *J. Neurosci.* 31(33): 11934–40; Zaki, Jamil, Schirmer, Jessica, and Mitchell, Jason P. 2011. "Social influence modulates the neural computation of value." *Psychol. Sci.* 22(7): 894–900.

19 Nook, Erik C., and Zaki, Jamil. 2015. "Social norms shift behavioral and neural responses to foods." *J. Cogn. Neurosci.* 27(7): 1412–26.

20 Nook and Zaki, "Social norms shift behavioral and neural responses to foods."

21 Yu, Hongbo, Siegel, Jenifer Z., Clithero, John A., and Crockett, Molly J. 2021. "How peer influence shapes value computation in moral decision-making." *Cognition* 211: 104741.

22 Van Hoorn, Jorien, Van Dijk, Eric, Gürog͂lu, Berna, and Crone, Eveline A. 2016. "Neural correlates of prosocial peer influence on public goods game donations during adolescence." *Soc. Cogn. Affect. Neurosci.* 11(6): 923–33.

23 Brady, William J., McLoughlin, Killian, Doan, Tuan N., and Crockett, Molly J. 2021. "How social learning amplifies moral outrage expression in online social networks." *Sci. Adv.* 7(33): abe5641.

24 마리아 레사 지음, 김영선 옮김, 《권력은 현실을 어떻게 조작하는가》.

25 Schmälzle, Ralf, Häcker, Frank E. K., Honey, Christopher J., and Hasson, Uri. 2015. "Engaged listeners: Shared neural processing of powerful political speeches." *Soc. Cogn. Affect. Neurosci.* 10(8): 1137–43; Zadbood, Asieh, Chen, Janice, Leong, Yuan Chang, Norman, Kenneth A., and Hasson, Uri. 2017. "How we transmit memories to other brains: Constructing shared neural representations via communication." *Cereb. Cortex* 27(10): 4988–5000.

26 마리아 레사 지음, 김영선 옮김, 《권력은 현실을 어떻게 조작하는가》.

27 Peysakhovich, Alexander, and Rand, David G. 2016. "Habits of virtue: Creating norms of cooperation and defection in the laboratory." *Manage. Sci.* 62(3): 631–47.

28 마리아 레사 지음, 김영선 옮김, 《권력은 현실을 어떻게 조작하는가》.

29 애니 딜라드 지음, 이미선 옮김, 《작가살이》, 공존, 2018.

30 Ressa, "Nobel lecture."

에필로그 | 뇌를 들여다보면 보이는 것들

1 이 문단의 글 일부는 내가 벤 섀턱(Ben Shattuck)의 《여섯 걸음(Six Walks: In the Footsteps of Henry David Thoreau)》에 썼던 글이다.

연구에 대해 덧붙이는 말

1 Huettel, Scott A., Song, Allen W., and McCarthy, Gregory. 2014. *Functional Magnetic Resonance Imaging*, 3rd ed. Sinauer Associates/Oxford University Press.

2 Nishimoto, Shinji, Vu, An T., Naselaris, Thomas, Benjamini, Yuval, Yu, Bin, Gallant, Jack L. 2011. "Reconstructing visual experiences from brain activity evoked by natural movies." *Current biology* 21(19), 1641–46; Naselaris, Thomas, Prenger, Ryan J., Kay, Kendrick N., Oliver, Michael, and Gallant, Jack L. 2009. "Bayesian reconstruction of natural images from human brain activity."

Neuron 63(6), 902−15.

3   Henrich, Joseph, Heine, Steven J., and Norenzayan, Ara. 2010. "The weirdest people in the world?" *Behav. Brain Sci.* 33(2−3): 61−83; discussion 83−135. WEIRD라는 두문자어(acronym)에 대한 논평은 다음의 논문을 참고하라. Syed, Moin, and Kathawalla, Ummul Kiram. 2021. "Cultural psychology, diversity, and representation in open science." In *Cultural Methods in Psychology: Describing and Transforming Cultures*, edited by Kate C. McLean, 427−54. Oxford University Press.

4   Falk, Emily B., Hyde, Luke W., Mitchell, Colter, Faul, Jessica, Gonzalez, Richard, et al. 2013. "What is a representative brain? Neuroscience meets population science." *Proc. Natl. Acad. Sci. USA* 110(44): 17615−22.

찾아보기

ㄱ

가치
주관적 가치 38~42, 44~46, 129
핵심 가치 15, 77, 171~174
가치 기반 의사 결정 45~46
가치 산출 13, 15~16, 18, 20~22, 33~34, 37, 44~46, 53~55, 62~63, 72, 74, 83, 91, 93~94, 105, 108, 110~112, 116~117, 124~125, 127~128, 140, 145, 194, 206, 255, 278, 289~290, 292~294, 302~304, 306~307, 312
가치 체계 12~18, 21~25, 33~35, 42~43, 45, 47, 49~50, 52~54, 63, 68, 71, 74, 78, 92~94, 103~105, 108, 124, 126~129, 134~135, 144~145, 148~149, 158~159, 163~164, 171, 196, 203, 205, 219, 226~228, 258, 262, 276~280, 292~293, 301, 304, 306
자기 관련성 체계 18, 22, 53, 62~71, 73~74, 77~78, 81, 83, 85, 96, 116, 124, 127~129, 138~139, 157~159, 164~167, 171, 182, 185, 233, 255, 258~259, 265~266, 271~272, 276, 278, 280, 291, 293, 295, 303
사회 관련성 체계 23, 54, 73, 85, 91, 94, 96, 98~101, 103, 107~114, 116, 124, 127, 138, 159, 179, 182, 184~185, 194, 196, 200, 203, 205~207, 209, 213, 215, 219, 226~227, 233, 238, 244, 255, 258~259, 266, 270~273, 276, 278, 280, 291, 293, 295~296, 298, 300, 302~303, 308, 312
가치 평가 53, 96, 109, 140
가치 확언 170, 172, 174~178, 185
강유나 108, 170, 177
고정 관념 84, 112~113, 151, 295
공유 103~104, 137, 201~202, 214, 231, 233, 235~236, 238~239, 242, 244, 247, 251~283, 297~298, 300, 303~304, 320
관점 수용 181~186
〈구름 조금〉 100, 233
규범 12, 33, 83, 102, 108, 111, 116, 203, 254, 289, 296~299, 302~305, 308
그룬펠트, 어니 121~126, 133, 136, 142~143, 146, 149~150
금연 14, 50, 72~74
기억 40, 43, 48, 52, 64~68, 92, 99~100, 148, 181, 199, 204, 228, 253
기즈모 38~39

ㄴ

넛지 107
네치, 잭 161
뇌영상 11, 14, 23, 42, 47~48, 64~65,

67~68, 73, 135, 144, 170, 181, 188, 199, 239, 265, 315~316
뇌 활성도 14~15, 23, 38~40, 42, 45, 47, 49~50, 64~68, 73~74, 82, 92~93, 98~100, 103~105, 108, 127~129, 135, 144~145, 148, 158, 163~164, 166~167, 171, 177~178, 182, 205, 213, 224, 226~227, 258, 262, 265, 271~273, 275~280, 283, 291~292, 295~296, 301~303, 314~315
스캔 14, 40, 47, 49, 64, 67~68, 70, 73, 92~93, 108, 171, 177~178, 182, 199, 212, 232, 240, 243, 259, 272, 276~278, 292, 316
fMRI(기능적 자기공명영상) 40~41, 49, 67, 314~316

ㄷ

다원적 무지 273
동기화 23, 223~234, 236, 238~244, 246~247, 304

ㄹ

라이즈 프레임워크 201~202
레사, 마리아 287~289, 297, 304~308
《권력은 현실을 어떻게 조작하는가》 288
래플러 287, 297
래드클리프, 제니 29~33, 43, 53~55, 125, 293
리버먼, 맷 14, 48~49, 256
리처즈, 키아나 112

ㅁ

마음 10, 25, 32, 54~55, 64, 83, 93, 95~96, 101, 129, 140, 147, 150, 157, 162, 165, 170, 172, 178, 181, 196, 215, 241, 271, 279, 304, 312
마음챙김 149, 187~188
머그잔 현상 161~163
모슬리, 토냐 193~196, 198, 202~203, 207~212, 216~218, 238, 241
밀크먼, 케이티 131~132
유혹 묶기 132

ㅂ

배싯, 대니 197, 199, 210, 216~217
밸런스 게임 34~35, 41
버크먼, 엘리엇 14, 77, 110
워티드윗윗 110
번스, 섀넌 243, 245~246
변화 11~12, 14~16, 19~24, 44, 47~49, 52, 54, 68, 74, 78, 80~84, 94, 100, 109, 125, 130, 134, 145, 148~149, 157~159, 169~178, 178~180, 184~189, 194~197, 201, 234, 254, 256, 281, 296, 299~300, 305~306, 309~310
보상 13, 15, 17, 22, 33, 35~37, 41,

45~48, 52~53, 92, 104~105, 124, 126, 128~132, 134~135, 144, 149~150, 174, 227~228, 262, 292, 294, 301~302, 304, 315
　보상 체계 36~37
브래디, 윌리엄 303
브루노, 에밀 281~283, 309~312
비투섹, 실비아 모렐리 205~206

ㅅ

사회적 증거 107
상황의 힘 44
색스, 레베카 89, 96~100
샐린저, 제롬 데이비드 235
　〈예쁜 입과 초록빛 나의 눈동자〉 235
선조체 36
　복측선조체 41~42, 144, 163, 301
선크림 14, 49
성격 판단 과제 64, 68
세이델, 롤런드 196~199, 201~202, 210, 216~218
세일러, 리처드 161
소유 효과 163~164
숄츠, 크리스틴 68, 264, 274~275, 278
수, 카렌 180~181, 183
스마트폰 155~157, 159, 169~170, 178~179, 188, 280
스트레처, 빅 73, 176
스파크먼, 그레그 274
스피어, 서배스천 243, 246
슬레이트, 제니 59~65, 71, 77~81,

84~85, 165
마르셀 59, 61~64, 77, 81, 85
　〈신발을 신은 조개껍데기 마르셀〉 59, 61~62
시각 피질 315
시버즈, 보 239
신경 경보 체계 158
신경 세포 36, 38~39, 314
심리적 거리 두기 187, 189
씨앗 학생 298~299
쐐기앞소엽 65~67, 74, 98

ㅇ

아이젠버거, 나오미 103, 212
애쉬, 솔로몬 113~114
　동조 실험 114
야르체브, 마이클 224
엘더, 제이컵 165~167
예슈런, 야라 235
예측 부호화 99
예측 오류 45~46, 92~93, 103~104
　긍정적 예측 오류 45~46, 104
　부정적 예측 오류 45, 92, 103
오피오이드 104
　뮤오피오이드 104
옥스너, 케빈 145, 181
올즈, 제임스 36
와인코프, 에이미 144, 148
와츠, 덩컨 115
위틀리, 탈리아 230, 239
이서, 어윈 122~126, 136, 142, 150

인종차별 172, 208~209, 298

ㅈ
자아 15~17, 48, 62, 65, 75, 77, 80~83, 128, 151, 157~160, 163~164, 182, 185, 188, 280, 306
    자아감 77~83, 165, 168, 310
    자아 개념 72, 75, 166, 264
    자아상 72, 158
    자아 해체 82
자키, 자밀 205, 300~302
재평가 145~146, 148, 186
전두피질 36
    내측전전두피질 42, 64~65, 67~69, 74, 82, 144, 164, 167, 182, 258, 291
    배내측전전두피질 98
    복내측전전두피질 40~42, 49, 66, 98, 301~302
    안와전두피질 39
정체성 17~18, 33, 53, 55, 63, 70, 72, 74~78, 80~81, 124, 127~128, 138, 158, 163~165, 167, 171, 173, 201, 215, 234, 289, 292, 294~296, 315~316
제임스, 르브론 185~186
주른, 페리 210, 217
〈지구를 구하는 법〉 19, 24, 125
    피에르루이, 켄드라 19, 125

ㅊ
챙, 린다 137~138
추아, 해나 73
측두두정접합부 97~98, 291
치알디니, 로버트 111
친밀감 216, 244, 263

ㅋ
카너먼, 대니얼 161
카반, 타비다 89~91, 93, 96, 109
    《이 책은 베네딕트 컴버배치에 관한 책이 아니다》 89
카시오, 크리스 273, 295
카치오포, 스테파니 227
캔위셔, 낸시 96~98
컴버배치, 베네딕트 89, 91, 93, 95, 109, 203, 273
케이블, 조 128~129
코버, 헤디 134, 149
코스메, 다니 264
코헨, 제프리 174
크로스, 이선 185~186
크로켓, 몰리 82, 303
클라인바움, 애덤 230, 239, 241
클루카레프, 바실리 92

ㅌ
타미르, 다이애나 127, 180, 243, 262
텔저, 에바 292
템플턴, 에마 245

톰슨, 스티브 199
티벨레네바, 아리나 295

ㅍ

파도아스키오파, 카밀로 37~39
파킨슨, 캐럴린 230~231
판데이, 프라틱싯 카누 107
패스트 프렌즈 게임 243~244, 260, 263, 280
팰럭, 벳시 297~298
편도체 178
편향 71, 78, 115, 138, 141, 168, 203~204, 207, 235
  현재 편향(시점 할인) 127~128, 133, 137
플라스만, 힐케 40

ㅎ

하켈, 레오 294
함바흐, 필립 202
해슨, 우리 232, 235
허쉬필드, 핼 133
현, 라이언 231
호른, 요런 반 303
후대상피질 65~67, 98, 258
휴즈, 브렌트 165~167

옮긴이 **김보은**

이화여자대학교 화학과를 졸업하고 동대학교 분자생명과학부 대학원을 졸업했다. 가톨릭의과대학에서 의생물과학 박사학위를 마친 뒤, 바이러스 연구실에 근무했다. 글밥 아카데미를 수료한 후 현재 바른번역 소속 전문번역가로 활동 중이다. 옮긴 책으로 《GMO사피엔스의 시대》, 《더 커넥션》, 《슈퍼 유전자》, 《크리스퍼가 온다》, 《의사는 왜 여자의 말을 믿지 않는가》, 《케톤하는 몸》, 《집에서 길을 잃는 이상한 여자》, 《슈퍼 휴먼》, 《인생, 자기만의 실험실》, 《의학에 관한 위험한 헛소문》, 《5G의 역습》 등이 있으며 《한국 스켑틱》 번역에 참여하고 있다.

선택의 뇌과학
더 좋은 결정을 만드는 가치 판단의 비밀

초판 1쇄	2025년 12월 12일
지은이	에밀리 포크
옮긴이	김보은
발행인	문태진
본부장	서금선
책임편집	원지연　　편집 2팀 임은선 김광연　　교정 이보람
기획편집팀	한성수 임선아 허문선 최지인 이준환 송은하 송현경 이은지 김수현 이예림
마케팅팀	김동준 이재성 박병국 문무현 김은지 이지현 조용환 전지혜 김화정 천윤정
저작권팀	정선주
디자인팀	김현철 강재준
경영지원팀	노강희 윤현성 정헌준 조샘 이지연 조희연 김기현
강연팀	장진항 조은빛 신유리 김수연 송해인
펴낸곳	㈜인플루엔셜
출판신고	2012년 5월 18일 제300-2012-1043호
주소	(06619) 서울특별시 서초구 서초대로 398 BnK디지털타워 11층
전화	02)720-1034(기획편집)　02)720-1024(마케팅)　02)720-1042(강연섭외)
팩스	02)720-1043
전자우편	books@influential.co.kr
홈페이지	www.influential.co.kr

한국어판 출판권 ⓒ ㈜인플루엔셜, 2025

ISBN 979-11-6834-337-5 (03180)

- 이 책은 저작권법에 따라 보호받는 저작물이므로 무단 전재와 무단 복제를 금하며, 이 책 내용의 전부 또는 일부를 이용하려면 반드시 저작권자와 ㈜인플루엔셜의 서면 동의를 받아야 합니다.
- 잘못된 책은 구입처에서 바꿔 드립니다.
- 책값은 뒤표지에 있습니다.
- ㈜인플루엔셜은 세상에 영향력 있는 지혜를 전달하고자 합니다. 참신한 아이디어와 원고가 있으신 분은 연락처와 함께 letter@influential.co.kr로 보내주세요. 지혜를 더하는 일에 함께하겠습니다.